Ruth L. David

Ein Kind unserer Zeit

Autobiographische Skizzen eines jüdischen Mädchens: Kindheit in Fränkisch-Crumbach, Kindertransport nach England, Leben im Exil

Aus dem Englischen von
Gerd Hofmann und
Petra Marzinzig

dipa

Die Deutsche Bibliothek – CIP-Einheitsaufnahme

David, Ruth L.:
Ein Kind unserer Zeit : autobiographische Skizzen eines
jüdischen Mädchens: Kindheit in Fränkisch-Crumbach,
Kindertransport nach England, Leben im Exil / Ruth L. David.
– Frankfurt am Main : dipa-Verl., 1996
ISBN 3-7638-0369-6

Fotos: Privatbesitz Ruth David
Lektorat: Willi Pohl
Druck: Elektra, Niedernhausen
Printed in Germany

ISBN 3-7638-0369-6

Inhalt

An meine Kinder, Margaret und Simon Finch • 7
Wie es in Fränkisch-Crumbach anfing • 9
Auswanderungspläne • 21
Die neue Schule in Höchst • 30
Der Alltag zu Hause vor dem November 1938 • 35
Vaters Geschäft • 41
Mina • 50
10. November 1938 in Fränkisch-Crumbach • 57
Mannheim • 63
Ausreise aus Deutschland • 68
Tynemouth • 75
3. September 1939 • 80
Schule in Tynemouth • 84
Das Leben im Heim • 93
Das Krankenhaus • 99
Das Heim in Windermere • 105
Jugend in Windermere • 114
Die letzten Jahre im Heim • 120
Briefe aus Frankreich • 127
Die Oakburn Schule in Windermere • 132
Das Ende des Kriegs • 139
Das Ende der Kindheit • 147
Treffen der Heimbewohnerinnen • 153
Rückkehr nach Deutschland • 165

Zum Gedenken an meine Eltern
Moritz Oppenheimer
* 1878 Fränkisch-Crumbach – † 1942 Auschwitz
Margarethe Oppenheimer
* 1892 Mannheim – † 1942 Auschwitz

In dankbarem Gedenken für das Überleben
meiner Brüder und Schwestern
Ernest Oppenheimer
* 1915 Fränkisch-Crumbach – † 1975 New York
Werner Oppenheimer
* 1917 Fränkisch-Crumbach – † 1980 New York
Hannah Oppenheimer
* 1925 Frankfurt am Main
Michael Oppenheimer
* 1930 Darmstadt
Féodora Madar
* 1934 Fränkisch-Crumbach

An meine Kinder, Margaret und Simon Finch

Ihr habt mich nach der Geschichte meiner Kindheit gefragt, und ich versprach euch, sie so wirklichkeitsgetreu, wie es mir möglich ist, aufzuschreiben. Es ist die Wirklichkeit, wie ich sie heute sehe.

Ihr werdet bemerken, daß ich meine Erlebnisse mit den wichtigen historischen Daten dieser Zeit verknüpft habe. Diese sind jedem gut bekannt außer denjenigen, die die Wahrheit der Geschichte aus sehr fragwürdigen Gründen bestreiten.

Da meine Kindheit keine gewöhnliche Kindheit war, wollte ich euch, als ihr heranwuchst, nicht mit meiner Traurigkeit belasten. Aus diesem Grunde erzählte ich euch nur wenig. Ihr wart rücksichtsvoll und sensibel, ihr habt mich nicht mit Fragen bedrängt. Vielleicht haben wir mit dieser Verdrängung einen Fehler gemacht. Ich empfinde jetzt, daß ich mehr darüber hätte sprechen sollen; es hätte mir geholfen, mit den Gefühlen von Haß und Ärger fertig zu werden. Vielleicht wäre es für euch und andere gut gewesen, von mir zu hören, wie mein Leben verlief.

Meine Kindheit war für die Zeit, in der ich aufgewachsen bin, nicht ungewöhnlich. Ungewöhnlich aber war mein Glück. Anderthalb Millionen Kinder, wie ich eins war, haben heute nicht mehr wie ich die Möglichkeit, sich ihren Lebenserinnerungen zu widmen.

Ich bin nicht vergast, verbrannt, erschossen oder für medizinische Experimente mißbraucht worden. Es ist mir auch erspart geblieben, nach einem Massaker oder in einem Massengrab unter dem Gewicht der Toten begraben zu werden. Ich hatte Altersgenossen, Schulkameraden und Freunde von Freunden, deren Leben nach Ansicht der Vertreter der Herrenrasse überflüssig war.

Durch menschliche Güte und die Weitsicht einiger Menschen wie auch durch die tatkräftige Hilfe anderer wurde mein Leben gerettet. Als Kind hatte ich Schwierigkeiten damit, dafür dankbar zu sein. Ich sehnte mich nach meiner Familie, wo immer sie auch war, in welcher Gefahr sie sich auch befand. Ich wollte nicht in einem fernen Land unter lauter Fremden sein. Als ich dann älter wurde, erkannte ich erst, welches Glück mir beschieden war, aber ich fragte mich: Warum gerade ich? Warum war ich gerettet worden und so viele andere nicht? Auch heute weiß ich darauf keine Antwort. Ich bin dankbar, daß es mir möglich war, zu leben und euch zu erleben.

Ich möchte euch und all meinen Freunden wie auch der Society of Friends, den Quäkern, für die Hilfe, die Unterstützung, die Ermutigung und die mir entgegengebrachte Liebe danken.

Wie es in Fränkisch-Crumbach anfing

Auswanderung. Dieses deutsche Wort für Emigration ist anschaulich, nicht so abstrakt wie das englische. Meiner Erinnerung nach war dieses Wort Bestandteil unserer täglichen Gespräche. Das Wort machte mir Angst. Wohin würden wir wandern? Wie würden wir losziehen? Wie Pilger? Wie Bettler? Was würden wir mitnehmen können?
Bald entdeckte ich, daß, wohin wir auch immer gehen würden, es kein Ort sein würde, an dem deutsch gesprochen wurde. Das empfand ich als besonders beängstigend. Wie sollte man jemals lernen, eine andere Sprache zu sprechen? Wie sollte man seine Gefühle, Sorgen und Ängste in einer anderen Sprache mitteilen? Mit der Absolutheit eines Kindes war mir klar: Es ist unmöglich.
Warum auswandern? Jahrzehnte später ist mir mehr denn je klar, daß niemand leichten Herzens auswandert. Es muß besonders für Eltern, die für eine Familie verantwortlich sind, enorm schwer sein, sich für den Weg ins Unbekannte zu entscheiden. Ein junger Mann, der auswandert, um das Abenteuer zu suchen und jederzeit die Möglichkeit hat, nach Hause zurückzukehren, ist kein echter Emigrant. Aber die Welt ist heutzutage voll von umherziehenden Menschen, die aus ihrer Heimat geflohen sind, weil sie verfolgt oder weil auf ihr Leben Anschläge verübt wurden, weil sie hungern oder verängstigt sind. Gerade dann ist die Versuchung groß, dort zu bleiben, wo man sich auskennt. Man hofft, sich verstecken zu können, bis die Gefahr vorbei ist, und betet für bessere Zeiten. Manchmal jedoch ist die drohende Gefahr, die wir kennen, schlimmer als das Unbekannte, das wir nicht kennen, und es bleibt nur die Auswanderung.
Das Böse, mit dem wir konfrontiert wurden, war Hitler mitsamt seiner großen Komplizenschar. Ich war vier Jahre alt, als dieser Diktator 1933 in Deutschland an die Macht kam, so daß fast all meine Kindheitserinnerungen von der Angst und Verzweiflung dieser Zeit geprägt sind. Mein Leben und das zahlloser anderer sollte sich durch die Turbulenzen, die der deutsche Führer verursachte, drastisch ändern oder gewaltsam beendet werden.

Unser Zuhause war das Dorf Fränkisch-Crumbach im Odenwald, einer schönen ländlichen Gegend in Hessen. Auch heute noch ist Fränkisch-Crumbach für einen nicht informierten Touristen ein archetypisches Beispiel für ein idyllisches deutsches Dorf. Jedes Haus ist gemäß den jeweiligen finanziellen Möglichkeiten oder dem Status des Besitzers individuell gewachsen. Gärten umgeben die mit roten Ziegeln gedeckten Häuser. Die älteren Häuser sind mit den traditionellen Schindeln dieser Gegend verkleidet, sich überlappende Scheiben aus handgeschnitztem Holz, rund oder spitz zulaufend und angestrichen. Viele dieser Häuser waren früher Bauernhöfe. An einigen dieser Häuser kann man heute noch die offenstehenden, vergitterten Öffnungen im Untergeschoß sehen, wo das Vieh gehalten wurde. Im Stockwerk darüber wohnten die Menschen, und der Haupteingang war über eine Steintreppe zu erreichen. Es gibt auch heute noch die großen runden Holztore, groß genug, um mit einem beladenen Heuwagen in den Innenhof des Gehöfts zu fahren. Heutzutage führen diese Holztore vielleicht in eine Garage. Auch eine jahrhundertealte gotische Kirche und ein Herrenhaus inklusive Baron findet man dort, und in der Nähe des Dorfs die romantischen Ruinen einer alten Festung, Burg Rodenstein, umgeben von Hügeln, Blumenwiesen, Obstgärten und dunklen Wäldern.

Als Kind fiel es mir nicht schwer, an die Märchen der Gebrüder Grimm zu glauben. Ich wußte, wo Rotkäppchen durch den Wald gelaufen war und wo Dornröschen versteckt sein konnte. Ich wäre nicht erstaunt gewesen, das Pfefferkuchenhäuschen von Hänsel und Gretel bei einem unserer Spaziergänge im stillen, dunklen, dichten und wohlriechenden Wald zu entdecken.

In meiner Kinderzeit gab es nur wenige Autos. Das übliche Transportmittel auf den ungeteerten Dorfstraßen waren Pferde und Karren. Fuhrwerke wurden von Ochsengespannen auf die Felder und nach Hause gezogen. Pferdeäpfel wurden von den einheimischen Hausbesitzern sofort eingesammelt, was einen zweifachen Nutzen hatte: die Straßen wurden gesäubert, und man erhielt einen kostenlosen Gartendünger. Ein scharfer Dunggeruch durchzog das Dorf. Jeder Bauernhof hatte seinen eigenen Misthaufen, der zur geeigneten Zeit auf den Feldern verteilt wurde. Heute gibt es keine Misthaufen mehr, nur der Geruch des Viehs ist dann und wann noch zu bemerken.

Ich wußte, daß wir Juden waren, begriff aber nicht wirklich, wodurch uns das von anderen Leuten unterschied. Wir waren ein Teil der Dorfgemeinschaft. Als Kinder spielten wir mit den anderen Kindern des Dorfes. Wie jeder andere auch besuchten meine Schwester Hannah und ich die Volksschule. Unser Vater betrieb eine Zigarrenfabrik, die sein Vater im letzten Quartal des 19. Jahrhunderts gegründet hatte.

Mein Vater war Moritz Oppenheimer, einer der zahlreichen Kinder von Isaak und Johanna Oppenheimer. Diese war eine geborene Rohrheimer, eine Familie, die schon seit alten Zeiten in Lorsch (ebenfalls in Hessen) lebte. Unsere

Familie schien völlig integriert zu sein. Sie war bekannt, beliebt und respektiert und hatte viele Freunde im Dorf. Vater wurde zu dieser Zeit als Sozialdemokrat in den örtlichen Gemeinderat gewählt.

Auch mein Großvater war in diesem Dorf geboren und aufgewachsen. Sein Großvater war wahrscheinlich der erste Jude, der hier, Ende des 18. Jahrhunderts, ansässig wurde. Fränkisch-Crumbach war, wie fast das ganze Land, durch den Dreißigjährigen Krieg fürchterlich verwüstet worden. Das Dorf zählte gerade noch acht Familien am Ende dieser kriegerischen Epoche. Langsam trafen Neuankömmlinge ein, unter ihnen auch einige jüdische Familien.

Der Name Oppenheimer kommt wahrscheinlich daher, daß meine Vorfahren ursprünglich aus der Stadt Oppenheim am Rhein kamen, die im Mittelalter viele jüdische Einwohner hatte. Als verachtete Minderheit in einer feindlich gesinnten Welt lebten die Juden eng zusammen, um sich gegenseitig zu unterstützen.

Die Kirche ermutigte von Zeit zu Zeit zu einem jüdischen »Aderlaß«, um die Massen der Menschen, die unter schweren Bedingungen lebten, zu besänftigen.

Die Tradition des legalisierten Mordens geht zurück bis zu den Kreuzzügen, als heldenhafte Ritter aus England, Frankreich, Deutschland und anderen Ländern auf ihrem Weg dem Rhein entlang ihrer Freude am Töten der Ungläubigen, der Juden, freien Lauf ließen. Alles im Namen des Christentums. Vermutlich mußte das Abschlachten nicht als Sünde gebeichtet werden, sondern stellte eine glorreiche Heldentat dar.

Eine erste dunkle Ahnung davon, daß Juden getötet wurden, weil sie Juden waren, bekam ich, als ich lesen lernte. Als Kinder entdeckten wir im Dachgeschoß unseres Hauses ein verstecktes Bücherlager. Wurden diese Bücher dort aufbewahrt, weil sie ausrangiert oder weil sie nicht für unsere Augen bestimmt waren? Wenn das letztere zutreffen sollte, hätten die Eltern eigentlich wissen müssen, daß gerade versteckte Bücher von Kindern besonders eifrig gelesen werden. Jedenfalls stieß ich dort auf ein Geschichtsbuch, welches die Kreuzzüge in anschaulichen Details und schauerlichen Bildern darstellte. Man sah auf diesen Bildern jüdische Frauen mit flehentlich erhobenen Händen, hinter ihnen zusammengekauert ihre Kinder, während ein mutiger, behelmter Ritter in Rüstung mit einem Kreuz auf dem Brustpanzer das Schwert hob, um die gefährlichen Ungläubigen zu töten. Im Hintergrund sah man brennende Häuser und Menschen. Über allem schwebte, das Ganze stillschweigend duldend, das Symbol des Kreuzes.

Das englische Wort »crusade« ist nicht so anschaulich wie das deutsche Wort »Kreuzzug«, welches genau dasselbe besagt: »eine Prozession des Kreuzes«. Das, was dort geschrieben stand, stellte zusammen mit den Bildern zum ersten Mal eine Warnung vor einer bestimmten Gefahr dar. Ich wagte nicht, mit jemandem darüber zu sprechen. Diese Angst mußte ich für mich behalten. So war ich auch nicht in der Lage, meine Eltern zu überreden, mich zu beruhigen, um mir zu sagen, daß das alles nicht wahr sei; ich wußte, daß es die Wahrheit war.

Später, genau sechs Jahre später, als ich mit meinen spärlichen Englischkenntnissen zu verstehen begann, was unsere Geschichtslehrerin erzählte, sprach auch sie von den großen und heldenhaften Kreuzzügen. Mein Begriffsvermögen und mein Mut wie auch meine englischen Sprachkenntnisse waren zu dieser Zeit zu begrenzt, um etwas dagegen sagen zu können. War es rechtens, schutzlose Menschen zu töten? Im Namen der Religion? Ich hatte die zehn Gebote der Bibel gelernt, von denen das sechste mir heute noch das allerwichtigste ist. Hoffentlich sind die Lehrer heutzutage besser informiert und die Schüler von heute im Nachfragen nicht so zögerlich.

Später dann, an der Londoner Universität, lasen wir den »Chanson de Roland« (Das Rolandslied, d.Ü.), das älteste und bedeutendste französische Epos. In einem Aufsatz, den ich dazu zu schreiben hatte, verurteilte ich das grausame Töten und den Mangel an echtem religiösen Gefühl. Der Professor fand meine Gedanken befremdlich, war aber bereit, gnädig meine exzentrische Position zu tolerieren.

Nicht nur die Kreuzzüge provozierten ein Abschlachten der Juden. Die periodischen Ausbrüche der Pest, ängstlich als der »Schwarze Tod« bezeichnet, mußte durch jemanden verursacht worden sein. Daß die Beulenpest durch Flöhe übertragen wurde, war noch nicht bekannt, und so vermuteten die Menschen, das Unglück käme von vergifteten Brunnen. Wer außer den Juden kam dafür in Frage? Sie vergifteten die Brunnen und schützten ihr eigenes Leben zweifellos mit Hexenkraft, das sie ja dasselbe Wasser benutzen mußten. Aus diesem Grund wurden Juden in ganz Europa gefoltert und verbrannt. Am St. Valentinstag 1394 wurden in Straßburg 2000 Juden verbrannt, obwohl in letzter Minute entschieden wurde, die zu schonen, die sich zum christlichen Glauben bekennen würden. Christlicher Haß schien keine Versöhnung zu kennen.

Auch in England wurden Juden niedergemetzelt oder vertrieben. Richard Löwenherz, besessen von seinen Kreuzzugs-Ideen, ersann antijüdische Maßnahmen und ermutigte seine Untertanen, es ebenso zu tun. 1189 fand in der Stadt York ein Aufstand gegen die Juden statt, die von Normannen nach England gebracht worden waren. York war zu dieser Zeit eine der größten englischen Städte mit einem relativ hohen Anteil jüdischer Einwohner. Die Juden, die dem Gemetzel entkommen waren, flohen in den Clifford-Tower, ein königliches normanisches Gebäude, das auch heute noch existiert; während draußen der Mob nach ihrem Blut schrie, begingen die Juden von York im Turm Selbstmord. 800 Jahre später wurde am Fuße des Turms eine Gedenktafel angebracht, die an dieses Ereignis erinnert.

Genau ein Jahrhundert später, im Jahre 1289, verbannte Edward I. alle Juden aus England. Aus Frankreich wurden sie noch früher vertrieben. Aus Spanien wurden sie von Ferdinand und Isabella, diesem allseits verehrten Paar, entweder verbannt, oder sie wurden verbrannt. Die Inquisition wurde ihrem Ruf gerecht und übertraf sogar ihre eigenen hohen Ansprüche an Grausamkeit in der Behandlung der spanischen Juden. Nicht einmal in der Schweiz, das Beispiel eines frühen demokratischen Staates, wurden die Juden verschont.

Wegen der immer wieder auftretenden Metzeleien und der Verfolgungen suchten die Juden oft einen Zufluchtsort in ländlichen Bezirken. In deutschen Ländern mußten sie beim jeweils zuständigen Baron, Grafen oder Herzog um eine Erlaubnis für Wohnrecht nachsuchen. Manche lehnten ab. Als sie jedoch das Recht erhielten, eine spezielle Steuer, das Schutzgeld, zu erheben, gaben einige wegen der Aussicht auf zusätzliche Einnahmen nach. Die Ankömmlinge waren allerdings ohne Zweifel froh, dem Blutvergießen in den Städten entkommen zu sein und überlebt zu haben. Die Juden mußten auch hier höhere Steuern zahlen als ihre christlichen Nachbarn. Das hatte zur Folge, daß sich deutsche Dörfer die Ansiedlung kleiner jüdischer Gemeinden wünschten, und im großen und ganzen kam es zu einem friedlichen Nebeneinander mit den christlichen Nachbarn. Die jüdischen Einwohner fühlten sich in diesen kleinen, ländlichen Bezirken sicherer, aber auch hier war es weise, ein unauffälliges Leben zu führen.

Das Zusammenleben mit den jüdischen Nachbarn war in der Vergangenheit in Fränkisch-Crumbach einfach, wenn nicht gar unkompliziert. Es gibt Aufzeichnungen von nachbarlichen Querelen, wie das Herüberhängen von Früchten eines Birnenbaums in einen anderen Garten, also den üblichen Auseinandersetzungen, die es schon immer und überall gab.

Was taten die Juden, um ihren Lebensunterhalt zu verdienen? Das war nicht einfach. Sie durften kein Land besitzen, also war die Existenz als Bauer in einer vorwiegend landwirtschaftlich geprägten Wirtschaft nicht möglich. Es war ihnen nicht erlaubt, als Handwerker zu arbeiten. Um rechtlich anerkannter Handwerker zu werden, mußte man eine lange Ausbildung absolvieren. Handwerker waren in uralten Handwerksgilden organisiert, die keine Juden aufnehmen wollten. So war es für Juden unmöglich, sich handwerkliche Fähigkeiten anzueignen, um damit den Lebensunterhalt verdienen zu können. Der Handel war ihnen erlaubt, besonders mit Vieh, so daß viele der Landjuden Viehhändler wurden. Der andere ihnen erlaubte Beruf war der des Geldverleihers. In den Augen der Christen war das eine Sünde (Wucher), so wurden die Juden, die gesellschaftlich niedriger eingestuft waren, dazu ermutigt, diesen Beruf auszuüben. Sie verliehen Geld an die Christen – und wurden dafür verachtet. In den Städten wurden die Juden manchmal vertrieben, um Schulden nicht zurückzahlen zu müssen. Als der listige Edward I. die Ausweisung der Juden

aus England verfügte, befahl er, daß alle noch offenen Schulden an Juden bezahlt werden müßten – in die Schatullen des Königs! Derartige Zugriffe auf das Vermögen und den Besitz fanden immer wieder dort statt, wo Juden vertrieben oder ermordet wurden, einschließlich der Zeit des Dritten Reichs.
Napoleon war es, der den Weg für mehr Rechte und die Gleichstellung der Juden in Frankreich wie in den von ihm besetzten Ländern ebnete. Deutsche Juden wußten ihre neu gefundene Freiheit hochzuschätzen und waren dankbar und stolz, Teil dieses aufgeklärten Landes zu sein. Sie wußten vom Leid der Juden in Polen und im zaristischen Rußland, sie fühlten sich zuweilen sogar überlegen, da sie an der deutschen Bildung und Kultur teilhatten.
Die jüdische Gemeinde von Fränkisch-Crumbach bestand, dank der vergleichsweisen Sicherheit, die sie auf dem Land gefunden hatte, weiter und verdoppelte sich im Verlauf des 19. Jahrhunderts, wie auch der christliche Anteil der Dorfgemeinschaft. Großvater Isaak Oppenheimer war 1870 für den Bau einer Synagoge im Dorf verantwortlich, ein einfaches, aber robustes Gotteshaus. Ein jüdischer Friedhof wurde etwas weiter weg in der Umgebung des Dorfes Reichelsheim geschaffen. Dort wie auch in unzähligen anderen Dörfern des Odenwaldes und überall in Deutschland hatten sich Juden niedergelassen.
Im Ersten Weltkrieg schlossen sich viele Juden freiwillig der Armee des Kaisers an. Taten sie das, weil sie den Grund für den Krieg als gerechtfertigt ansahen, oder um zu zeigen, was für gute patriotische Deutsche sie waren? Der Antisemitismus war überall, auch in der Armee, weit verbreitet. Mein Onkel Louis sandte als Soldat eine Postkarte nach Hause, auf der ein bärtiger, russischer Jude neben einer haarigen, russischen Laus zu erkennen war. Die Aussage war vermutlich antirussisch, denn die Russen waren der Feind, aber es wurde wohl angenommen, daß, wenn man einen Juden hinzufügte, der Kontrast noch deutlicher würde.
Die Todesrate der deutschen Juden in der Armee des Kaisers war die gleiche wie die ihrer nichtjüdischen Kameraden. Das Kriegerdenkmal in Fränkisch-Crumbach für die im Krieg 1914–1918 gefallenen Soldaten trägt auch die Namen von drei jüdischen Einwohnern, zwei Karlsbergs und ein Oppenheimer (Simon). Es ist erfreulich diese Namen dort heute zu sehen. Denn wegen der Schande, die mit einem jüdischen Namen verbunden war, wurden einige dieser Namen auf deutschen Kriegerdenkmälern während des Nazi-Regimes ausgelöscht. Viele Städte und Dörfer verloren während dieser Zeit ihre gesamte jüdische Einwohnerschaft, die Synagogen und Friedhöfe wurden zerstört, es wurde alles vernichtet, was an sie erinnern konnte. Auch heute noch ist unter den Menschen ein stillschweigendes Übereinkommen zu beobachten, und es ist wenig übriggeblieben, anhand dessen man der heutigen Jugend erzählen kann, daß hier einst deutsche Juden gelebt haben.

Mein Cousin Herbert Rubel floh aus Deutschland nach Amerika, als er noch ein Kind war. Als Soldat der amerikanischen Besatzungsarmee kam er in seine frühere Heimat, nach Hochspeyer in der Pfalz, zurück. Er war darauf vorbereitet, seinen Ärger und seine Bitterkeit zu unterdrücken. Er wurde aber doch ungehalten, als er bemerkte, daß die Namen seiner beiden Onkel, die im Ersten Weltkrieg für Deutschland ihr Leben gegeben hatten, vom Kriegerdenkmal entfernt worden waren. Er ersuchte die Verantwortlichen um die Wiederherstellung der Namenseintragungen, kam aber nie zurück, um zu prüfen, ob man seinem Ersuchen nachgekommen war. Vierzig Jahre später, auf einer Fahrt von Saarbrücken nach Mannheim, bemerkte ich einen Wegweiser nach Hochspeyer. Ich bat meine deutsche Freundin Traudel, mich dorthin zu fahren, und sie tat es freundlicherweise. Wir fanden ein neues Kriegerdenkmal, auf dem man der Toten der beiden Weltkriege gedachte. Darunter waren auch die Namen der beiden Onkel von Rubel.
Nach dem Ersten Weltkrieg erfuhr Fränkisch-Crumbach, wie auch das restliche Deutschland, das Trauma und die Nöte die eine Niederlage begleiten. Die Menschen hungerten, und es gab wenig Arbeit. Isaak Oppenheimers Söhne versuchten, seine Zigarrenfabrik weiter zu betreiben. Ende 1918, während einer schrecklichen Epidemie der Spanischen Grippe am Ende des Ersten Weltkrieges, waren ihre Eltern, meine Großeltern, innerhalb weniger Tage nacheinander gestorben. Die zwei anderen Söhne, Joseph und Louis, zogen in die nächstgelegene Stadt, nach Darmstadt. Mein Vater, mit seinem älteren Bruder Gustav im Hintergrund, betrieb die Firma weiter.
Gustav war schwerbehindert. Infolge einer angeborenen Dysplasie der Hüften hatte er nie gehen können. Er konnte sich aber inzwischen vorwärts bewegen, ohne mit den Füßen den Boden zu berühren, denn er hatte gelernt, seinen Körper mit Hilfe von Krücken und kräftigen Armen fortzubewegen. Er war sehr belesen und hatte sich eine Bibliothek zugelegt, in der wir als Kinder gerne herumschmökerten. Er muß intelligent und erfindungsreich gewesen sein, denn er konstruierte einen Apparat für den Rollstuhl, der es ihm ermöglichte, die Treppen hinaufzukommen. Er war Autodidakt und klug, und er hatte immer Besucher um sich. Wir Kinder freuten uns, wenn er Geschichten erzählte oder vorlas, und die Erwachsenen unterhielten sich gerne mit ihm.
Mein Vater war mit Klara Löwenstein aus Rexingen verheiratet. Sie starb an einer mißlungenen Gallenoperation und ließ meinen Vater mit drei kleinen Kindern (Anni, Ernst und Werner) zurück. Im Eßzimmer hing ein Ölporträt von ihr, einer schönen, aber geheimnisvollen Frau. Geheimnisvoll war sie, weil wir jüngeren Kinder fast nichts über sie wußten und es nicht wagten, unsere Halbbrüder, die wir innig liebten und die wir, als die jüngeren, auch respektierten, über sie zu befragen. Heute bin ich über dieses angeborene Taktgefühl überrascht. Schließlich wurde uns durch das Bildnis ihrer Mutter die

schreckliche Möglichkeit vor Augen geführt, einen Elternteil zu verlieren, bevor man selbst erwachsen war. Dieser Gedanke ließ mich nicht mehr los. Das Wort »Waise« mußte damals wie heute in der Vorstellung jedes Kindes schreckliche Angst auslösen.

Vater heiratete dann Margaret Krämer, allen bekannt als Grete. Diese Ehe war mit vier Kindern gesegnet: Das älteste war Hannah, dann kam ich, dann Michael und schließlich Feodora, genannt Feo. Mir vorzustellen, was meine Mutter empfand, als sie in dem Dorf ankam, zu dieser Zeit tiefste Provinz, ist äußerst schwierig für mich. Sie war eine Frau aus der Stadt, in Mannheim geboren und später in der damals liberalen Stadt Frankfurt aufgewachsen. Ihre Eltern gehörten zur Frankfurter Gesellschaft. Theater- und Opernbesuche waren selbstverständlich in ihrem Leben. Mutter selbst, zusammen mit ihrer jüngeren Schwester Liese, besuchte bereits als Kind die Oper. Ein Grund dafür war, daß ihre Eltern ein Abonnement besaßen und somit reservierte Plätze für jede Opernaufführung. Opern, die ihnen zu langweilig waren oder einfach nicht wert schienen, ein zweites Mal gesehen zu werden, besuchten die Töchter. Tante Liese, die den Holocaust überlebt hat, erzählte mir, sie hätte zusammen mit meiner Mutter den »Freischütz« so häufig gesehen, daß sie ihn auswendig konnten.

Frankfurts Juden waren integriert und führten ein angstfreies Leben. Tatsächlich waren sich viele Juden kaum ihres Judentums bewußt, so auch Großmutter Feodora Krämer, eine geborene Pappenheim. Sie beging schließlich Selbstmord, als die Verfolgung der Juden virulent wurde. Ich bedaure das nicht, auch nicht, daß meine anderen drei Großeltern gestorben waren, bevor ich sie kennenlernen konnte. Uns, ihren Nachkommen, ist damit die Pein erspart geblieben, die viele meiner Freunde zu ertragen haben, mit der Vorstellung zu leben, wie ihre älteren Verwandten zusammengepfercht in Viehwaggons, tagelang ohne Wasser und Nahrung, Heizung oder frische Luft, vielleicht mit Stroh auf dem Boden, aber keinem Platz, um sich hinzulegen, einem Eimer als öffentliche Toilette auf ihrer Fahrt in den Tod nach Auschwitz durchgerüttelt werden.

Die Schwestern Liese und Grete hatten gute Schulen besucht. Meine Tante Liese machte schließlich noch eine Ausbildung in Fröbel-Pädagogik und richtete einen interessanten und in Frankfurt sehr bekannten Kindergarten ein. Meine Mutter entschloß sich, an der Universität Mathematik zu studieren. In den ersten Jahrzehnten diesen Jahrhunderts war es in Deutschland wie auch anderswo für Frauen noch unüblich, an der Universität zu studieren. Um dort einen Studienplatz zu erhalten, mußte Grete Prüfungen bestehen, für die der Unterricht an den Mädchenschulen, die sie besuchte, nicht ausreichte. Sie wechselte die Schule und wurde als einziges Mädchen an einem Jungen-Gymnasium zugelassen. Zu dieser Zeit gingen nicht viele Frauen einem Studium

Mutter und Feo 1938

Vater, Hannah und Ruth 1932

der Mathematik nach, aber Mutter studierte an vier verschiedenen Universitäten: Frankfurt, Berlin, Jena und Heidelberg. Von Universität zu Universität wie mittelaterliche Scholaren zu ziehen, war in Deutschland noch üblich. Schließlich nahm sie eine Stelle als Mathematiklehrerin an einer Schule in Kovno, Litauen, an. Es war eine Schule für jüdische Mädchen, die bis zu diesem Zeitpunkt nur wenig Möglichkeit hatten, eine Schulbildung zu erhalten. Es war eine Pionierarbeit.
Was machte sie nun aus ihrem Leben in Fränkisch-Crumbach? Ich würde es zu gerne wissen. Sie war eine intelligente, kultivierte und auch weltoffene Frau. Mit wem konnte sie sich in Fränkisch-Crumbach austauschen und unterhalten? Es war nicht schwierig, nach Darmstadt oder Frankfurt zu fahren, und sie hatte ja auch Hilfskräfte im Haushalt. Wie auch immer, sie fand eine komplette Familie vor, die bisher alleine zurechtkam und über ihre Ankunft nicht unbedingt erfreut war.
Den Erzählungen nach, die ich gehört habe, waren die Oppenheimer Halbwaisen im Dorf beliebt und wurden bedauert. Geschichten über Stiefmütter gab es reichlich, die Gebrüder Grimm hatten die deutsche Öffentlichkeit in ihren Märchen mit vielen Schreckensgeschichten versorgt. So wurde Werner, der jüngste, in der Fabrik von einem mitfühlenden Arbeiter gefragt, wie er seine neue Schwiegermutter fände. Er antwortete zögernd: »Das kann ich nicht sagen, sie hat mich noch nicht geschlagen.«
Das Leben muß für Grete von Anfang an sehr schwer gewesen sein. Anni, das älteste Kind, erkrankte an Tuberkulose. Es wurde viel Zeit, Sorge und Geld darauf verwendet, ihr Leben zu retten, aber sie starb im Alter von 19 Jahren. Ich erinnere mich noch an den Tag ihres Todes, obwohl ich erst zwei Jahre alt war. Meine älteren Geschwister bezweifeln das und meinen, ich bilde mir das nur ein. Aber ich denke, daß mich der Ernst dieses Tages so beeindruckte, daß ich sie heute noch auf ihrem Bett, ich vermute auf ihrem Sterbebett, vor mir sehe. Es vergingen viele Jahre, bevor ich die Ausmaße dieses Verlustes für meine Brüder, den sie noch während ihrer Kindheit hatten ertragen müssen, begriff.
Während dieser Zeit, den späten zwanziger und frühen dreißiger Jahren, litt ganz Deutschland in einem bisher unbekannten Ausmaß unter der Inflation und dem damit verbundenen Elend. Preise stiegen in astronomische Höhen und hatten schließlich überhaupt keine Bedeutung mehr. Briefmarken kosteten eine Million Mark. Mutter erzählte uns, wie ihr Vater sich eine Lebensversicherung auszahlen ließ und die große Menge Geldscheine mit einem Schubkarren transportieren mußte. Als er zu Hause ankam, hatte das Geld seinen Wert verloren.
Meine Familie stellte da keine Ausnahme dar. Der Grund für die finanziellen Schwierigkeiten war aber nicht nur die Inflation. Auch die doppelten Kosten

für medizinische Behandlung und ein schweizer Sanatorium mit den Ärzten, den Schwestern und der Medizin hatten die Geldmittel meines Vaters erschöpft. Der Kampf um die Existenz bestimmte den Alltag.
1933 kam Hitler an die Macht, und die Bedrohung durch die Nazi-Philosophie, die Hitler bereits in seinem Buch »Mein Kampf« dargelegt hatte, wurde grausame Realität. Die politische Opposition avon links wurde sofort und rücksichtslos unterdrückt. Konzentrationslager wurden für diejenigen eingerichtet, die es wagten, andere Meinungen zu äußern. Diese Gefängnisse waren nicht nur da, um politische Denker, Schriftsteller und Künstler aus dem Weg zu räumen, es waren auch Orte größter Brutalität, wo Sadismus, Folter und Hinrichtungen an der Tagesordnung waren.
Hitler war nicht durch einen Staatsstreich an die Macht gekommen, er war gewählt worden. Viele Deutsche sehnten sich danach, einem starken Führer zu folgen. Hitler selbst bezeichnete sich ja als »Führer«, und sein Volk folgte ihm blindlings, manchmal wohl wissend auch dann, wenn das Übel dieses Regimes für alle innerhalb und außerhalb Deutschlands offensichtlich war. Die Kirchen mußten Hitler ihre Loyalität zusichern; beide Kirchen, die katholische und die evangelische, fühlten sich dazu verpflichtet, nur daß die letztgenannte einen Monat länger dafür brauchte. Die Justiz wurde ebenfalls gleichgeschaltet. Jeder, der es wagte zu opponieren, wurde nach Dachau, Buchenwald oder Sachsenhausen geschickt. Von dieser Zeit an wußte jeder, was die Namen dieser Konzentrationslager bedeuteten. Warum wurde das später geleugnet?
Bücher, die von Juden, Sozialisten und unerwünschten Ausländern verfaßt waren, wurden von den Braunhemden bündelweise zusammengetragen. Es gibt noch Filme, in denen zu sehen ist, wie sie mit begeistertem und leidenschaftlichem Gesichtsausdruck im Schein der Flammen Romane, philosophische und andere wissenschaftliche Bücher, Kochbücher und harmlose Unterhaltungsliteratur in die brennenden Scheiterhaufen warfen, die auf zentralen Plätzen jeder Stadt errichtet worden waren. Das löste Ängste aus, denn es gab einige, die sich an Heines Ausspruch erinnerten, daß dort, wo Bücher verbrannt werden, schließlich auch Menschen verbrannt würden.
Es wurde damit begonnen, antijüdische Gesetze zu erlassen. Alle Juden in öffentlichen Anstellungen, wie Staatsbeamte, Lehrer, Professoren an den Universitäten und Wissenschaftler in den Forschungslaboratorien, wurden fristlos entlassen, ohne Entschädigung oder Pension. Jüdische Musiker, von denen es viele gab, durften nicht länger öffentlich auftreten. Allen, denen es irgendwie möglich war, versuchten zu emigrieren.
Es gab keinen Aufschrei der Öffentlichkeit zu ihrer Verteidigung. Manche der Berufskollegen betrachteten ihren Weggang mit leisem Bedauern, andere mit Zustimmung und viele mit Befriedigung.

Auswanderung wurde zur Wirklichkeit. Schriftsteller, Philosophen und Künstler, nicht nur Juden, verließen Deutschland. Das führte zum größten Aderlaß einer intellektuellen Elite, die ein Land jemals erlitten hat. Viele dieser Flüchtlinge hatten das Glück, daß ihnen wegen ihrer Begabung Türen offenstanden. Sie bereicherten Musik, Kunst und Theater ihrer Gastländer. Gewöhnlich standen ihnen die Mittel für die Auswanderung zur Verfügung, und wenn nicht, waren ihre Freunde im Ausland bereit, sie zu unterstützen und zu helfen. Berühmt zu sein, zahlte sich aus.

Für durchschnittliche jüdische Bürger war es so einfach nicht. Es gab in vielen Ländern Probleme wegen der allgemein herrschenden Arbeitslosigkeit, da war die Furcht vor Fremden, und es gab nicht viel Sympathie für Juden. Es mangelte auch an der richtigen Einschätzung der Nazi-Politik. Antisemitismus gab es nicht nur in Deutschland. Es gab im Ausland aber auch viele Einzelpersonen, die sich sorgten und daran arbeiteten, die Verfolgten zu retten. Religiöse und akademische Gruppen versuchten, es ihnen gleich zu tun, aber die Regierungen verhielten sich zurückhaltend. Auch heute hören wir von denen, die an der Macht sind, den frommen Spruch, sich nicht in die interne Politik eines Landes einmischen zu wollen, als Entschuldigung dafür, etwas nicht wissen zu wollen.

Für diejenigen, die auswandern wollten und Geld hatten, war es im allgemeinen nicht schwer, in die USA oder nach Großbritannien zu gehen. Für die Reichen war es leichter zu überleben als für die Armen. Viele Arme mußten bleiben und kamen im Holocaust um. Es gab auch diejenigen, die fühlten, sie würden ein Leben im Exil, mit dem eine neue Sprache und weitere neue Anforderungen verbunden waren, nicht durchstehen. Einige waren zu alt oder zu krank, um irgendwo anders aufgenommen zu werden. Andere waren vielleicht jung und fähig auszuwandern, wollten aber die gebrechlichen Alten nicht verlassen. Selbstmorde waren an der Tagesordnung. Es gab auch diejenigen, die den Ersten Weltkrieg überlebt hatten, für ihre Tapferkeit ausgezeichnet worden waren und nun irrigerweise glaubten, das Eiserne Kreuz würde ihnen das Leben retten. Sie trugen ihre Orden bis in die Todeslager.

Auswanderungspläne

Anfangs verbrachte die Familie Oppenheimer lange Stunden mit der Diskussion über ihre Auswanderung, daraus wurden Wochen und schließlich Jahre. Verwandte und andere, die wir im Odenwald kannten, hatten sich für Südamerika entschieden. Es war damals möglich, ohne großen finanziellen Aufwand nach Paraguay, Uruguay und Argentinien auszuwandern. Den Immigranten wurde dort unbewirtschaftetes Land zur Verfügung gestellt, auf dem sie sich ansiedeln konnten. Mit dieser Maßnahme glaubte man, auch der Wirtschaft des Landes zu helfen.
Diese Möglichkeit wollten nun auch wir nutzen. Mutter war begeistert, Vater jedoch weniger. 1878 geboren, war er kein junger Mann und auch nicht mehr bei bester Gesundheit. Da es für einzelne Personen leichter war auszuwandern als für ganze Familien, wurde beschlossen, daß unser Bruder Werner zuerst gehen sollte. Es sollte das Land urbar machen, eine Farm aufbauen und uns dann nachholen.
Werner wurde sofort auf einen Bauernhof außerhalb von Fränkisch-Crumbach geschickt, um sich dort die nötigen Fähigkeiten anzueignen. Heute ist mir klar, daß der Bauer, bei dem er in die Lehre ging, Adam Weidmann, ein guter Mensch gewesen sein mußte, da er Werner zu einer Zeit aufnahm, als Juden in keiner Anstellung mehr gern gesehen waren. Später, als in den örtlichen Geschäften bereits Schilder mit der Aufschrift »Juden ist der Eintritt verboten« hingen, verkaufte uns dieser Bauer noch Eier. Darüber vergingen Jahre, so daß Werner erst 1938 nach Argentinien auswandern konnte.
So war aus einem schelmischen, spaßliebenden und fröhlichen Jungen schnell ein sich der Verantwortung bewußter, erwachsener Mann geworden. Er arbeitete in Argentinien anfangs im Angestelltenverhältnis, später dann selbstständig. So hatte er kaum Freizeit und konnte sich auch nicht den Luxus einer Krankheit leisten. Die Briefe, die er nach Hause schickte, waren immer in einem ermutigenden Ton geschrieben, immer drückten sie den Wunsch aus, daß die Familie, nach der er große Sehnsucht hatte, bald zu ihm kommen sollte. In einem Geburtstagsbrief an Mutter schrieb er ihr: »Dieses Jahr in Argentinien!« und fügte halb hoffnungsvoll hinzu: »Einmal wird es schon werden.«
Werner ging als »Vorfahrer«, als der erste. Seine Arbeit war nur dem einen

Ziel gewidmet, die herauszubringen, die zurückgeblieben waren. So arbeitete er. Trotzdem fand er immer Zeit, nach Hause zu schreiben, stets besorgt über das, was in Deutschland geschah und wie es uns erging. Das einzige verfügbare Transportmittel sei ein Pferd, schrieb er. Es war für ihn jedesmal eine mühsame Reise, wenn er die Einwanderungsbehörde aufsuchte, um die Bearbeitung unserer Einreisegenehmigungen zu beschleunigen. Er mußte sich dort der geballten Macht der Bürokratie stellen, manchmal war sie hilfreich, aber oft auch nicht. Er erlebte viele frustrierende Termine und versuchte, in seinen Briefen nicht darüber zu klagen, aber die Enttäuschung war oft aus den Sätzen zu erkennen, z.B: »Ich verstehe nicht warum... was... wo... ?«
Werner wurde von den Argentiniern beständig Schwierigkeiten gemacht und uns von den Deutschen.
Es wurde uns klar, daß wir nach anderen Auswanderungsmöglichkeiten suchen mußten. Meine Eltern beschlossen, die Einreise in die USA zu beantragen, mußten aber feststellen, daß es für eine so große Familie schwierig war, eine Genehmigung zu erhalten, noch dazu mit älteren Familienmitgliedern. So wurden wir schließlich auf die Warteliste gesetzt, die berühmte »quota«. Es war eines der ersten englischen Wörter, die ich erlernte, und in der Familie wurde es zu einem wichtigen Faktum, daß wir auf einer Liste eine Nummer hatten, die eines Tages an der Reihe sein würde. (Sie kam auch an die Reihe, aber viel zu spät.) Die Amerikaner wichen von dieser Warteliste nicht ab, auch dann nicht, als klar wurde, daß damit über Leben und Tod entschieden wurde.
Es ist seltsam, daß gerade in der Zeit, als die gefährdeten Juden aus Europa eine Zuflucht suchten, von den USA weniger Einwanderer aufgenommen wurden als zu irgendeiner anderen Zeit in der Geschichte der amerikanischen Immigration. Warum? Vielleicht weil es wirtschaftlich schwere Zeiten waren, oder vielleicht weil sich die Politiker nicht genügend um das Problem kümmerten? Neuere Untersuchungen belegen, daß der ganze Prozeß, der für eine Einwanderung nötig war, bewußt verlangsamt wurde, daß die amerikanischen Konsulate in Stuttgart, Paris und Lissabon vom State Department die Order erhielten, die Bearbeitung der Anträge zu verschleppen: »aufschieben, hinausschieben, verschieben«. Antisemitismus war in den USA weniger virulent als in Europa, aber es gab ihn, und er trug seinen Teil zum Geschehen bei.
Unser ältester Bruder Ernst ging nun als »Vorfahrer« in die USA. Er hatte dort die Onkel Löwenstein, die bereit waren, für ihn zu bürgen, und so unterzog er sich der langwierigen Prozedur, die für eine Ausreise nötig war.
Als dann später unser Leben in Deutschland immer mehr eingeschränkt wurde, faßten meine Eltern den schweren Entschluß, zu versuchen, die jüngeren Kinder an einen sicheren Ort zu bringen, wenn möglich in Europa. Unsere Eltern wollten wenigsten das beruhigende Gefühl haben, uns nicht zu weit ent-

Die Geschwister Oppenheimer 1938; hintere Reihe von links nach rechts: Werner, Hannah, Ernst; vordere Reihe von links nach rechts: Michael, Ruth, davor Feo.

fernt zu wissen. Die Niederlande waren zu dieser Zeit, in der zweiten Hälfte der dreißiger Jahre, bereit, Kinder in Familien oder Kinderheimen aufzunehmen. Für uns im Odenwald waren die Niederlande recht nah, wir Kinder konnten sie sogar auf dem Atlas finden. So wurden Hannahs und mein Name ordnungsgemäß auf eine Warteliste für die Niederlande gesetzt. Als ich das entdeckte, brach ich in einen hysterischen Anfall aus, aus reiner Panik bei dem Gedanken, mein Zuhause verlassen zu müssen, worauf meine Eltern meinen Namen strichen und dafür meinen Bruder Michael einsetzten. Michael war ein Jahr jünger als ich und viel mutiger. Er und Hannah hatten den Abenteuergeist, der mir fehlte. Sie waren immer gern zusammen und schienen mit dieser Entscheidung einverstanden.

Da zu dieser Zeit so viele Kinder darauf warteten, in die Niederlande ausreisen zu können, kamen Hannahs und Michaels Namen vor dem Ausbruch des Zweiten Weltkrieges nicht mehr an die Reihe. Das war ein großes Glück. Wenn sie während des Überfalls durch die Deutschen in den Niederlanden gewesen wären, hätte man auch sie mit all den anderen Flüchtlingskindern zusammengetrieben und nach Osten in die Gaskammern deportiert. Nur wenig Erwachsene kamen nach dem Krieg aus den Niederlanden zurück, und so gut wie keine Kinder.

Unsere jüngste Schwester wurde 1934 geboren. Wir älteren Geschwister waren in einem Krankenhaus zur Welt gekommen, Hannah und ich in Frankfurt, Michael in Darmstadt. Das vierte Kind war eine Hausgeburt, und ich weiß nicht, ob der Grund dafür neue Einschränkungen waren oder Geldmangel. Das Baby wurde nach meiner Großmutter Feodora Krämer Feo genannt. Diese hatte gerade in ihrer Heimatstadt Frankfurt Selbstmord begangen, indem sie sich in den Main stürzte. Durch den Anblick meiner bekümmerten Mutter wurde mir zum ersten Mal klar, daß auch Erwachsene verzweifelt sein können. Als Kinder hatten wir nie erfahren, daß Großmutter keines natürlichen Todes gestorben war. Erst nach 30 Jahren, später in England, nachdem Tante Liese gestorben war und ich deren Briefe durchsah, entdeckte ich Großmutter Feodoras Totenschein.

Niemand von uns entwickelte Feo gegenüber geschwisterliche Eifersucht. Sie war dafür viel zu klein, und wir beteten sie an. Durch ihr spontanes Lachen sorgte sie für viel Spaß. In unserem Leben stellte sie eine Quelle großer Freude dar. Sie war nicht ängstlich; sie hatte noch keine Ahnung von der drohenden Gefahr, sie wußte nicht, was das Wort »Auswanderung« bedeutete, sie kümmerte sich um so etwas nicht, sie war wirklich glücklich. Sie war ein überaus gutmütiges Kind und folgte uns treu wie ein junger Hund, sie war mit allem einverstanden, was wir vorhatten. Nachdem es uns nicht mehr möglich war, draußen zu spielen, und die Nachbarskinder nicht mehr die Erlaubnis erhielten, sich mit uns zu treffen, waren wir auf uns selbst angewiesen, hatten aber eine leere Fabrik als Spielplatz. Manchmal verdarb uns Feo unser Versteckspiel, wenn sie wie ein junger Hund durch freudiges Quieken unsere Verstecke verriet. Einmal versuchten wir, das zu verhindern, indem wir ihr erzählten, daß wir einen ganz besonders guten Platz für sie wüßten. Dort könnte sie bleiben, bis wir sie holten. Dann setzten wir sie auf das Ablagebrett eines Schranks, schlossen die Türen und setzten unser Spiel fort. Dieses vertrauensvolle, engelhafte Kind tat einfach, was wir von ihr verlangten, und blieb dort in dieser Platzangst auslösenden Dunkelheit. Als wir sie dann gnädig wieder abholten, war sie reizend wie immer. Jedes andere Kind hätte vielleicht etwas davon erzählt, aber Feo nicht. Das sagt uns viel über ihren Charakter – und auch über unseren! Feo, der eine schwere Kindheit mit viel Entbehrung und Gefahr bevorstand, bewahrte sich trotz allem diesen bemerkenswerten Charakter, auch später als Mutter und heute als Großmutter. Freunde und Verwandte, besonders die Kinder, kommen gerne zu ihr, um sich mit ihr zu unterhalten, sich Ratschläge zu holen oder einfach um zu essen und sich verwöhnen zu lassen.

Was bemerkten wir in Fränkisch-Crumbach von dem Nazi-Regime? Das Bild des »Führers« war inzwischen überall zu sehen, in Schulen, Geschäften, Büros, auf Reklamewänden und in Wohnungen. Nach und nach trugen immer mehr Männer braune Uniformen. Sie liefen steif herum und hoben den Arm zu dem lächerlichen »Heil Hitler«, das sich eher wie ein Bellen anhörte. Soldaten mit Gewehren oder mit geschulterten Spaten marschierten zu Militärmusik durchs Dorf. Alle hatten die Hakenkreuzbinde am Arm. So ist es auch nicht verwunderlich, daß der Anblick des Hakenkreuzes bei uns Überlebenden heute noch ein Schaudern auslöst. Es war überall zu sehen, an allen öffentlichen Mitteilungen, auf Briefmarken und auf den allgegenwärtigen Fahnen. Diese scheußlichen, bedrohlichen Fahnen, blutrot mit einem weißen Kreis in der Mitte, auf dem sich das abstoßende Hakenkreuz zu drehen schien. An jedem Haus mußten sie zu sehen sein. Wir hatten keine. Uns Juden war es verboten, eine Hakenkreuzfahne oder ähnliches zu besitzen. Das Fehlen der Fahne an unserem Haus kennzeichnete uns deutlich. So entfernten wir uns immer mehr von einer Gesellschaft, von der wir gedacht hatten, daß wir dazugehörten.

Aber nicht nur die Erwachsenen trugen Uniformen. Für die Jungen gab es die Hitlerjugend und für die Mädchen den BDM (Bund Deutscher Mädel). Wie gerne hätte ich an ihren Aktivitäten teilgenommen. Aber ich war gezwungen zu akzeptieren, daß die Sportveranstaltungen, die Lieder und die Lagerfeuer für mich nicht in Frage kamen.

Uniformen und Fahnen tauchten nun in allen Zeitungen auf. Zu dieser Zeit, vor der Verbreitung des Fernsehens, hatten wir illustrierte Magazine, die über das Thema »Hitler« in endlosen Varianten berichteten – man sah ihn inmitten

einer Schar von braunen oder schwarzen Hemdenträgern, gewöhnlich umgeben von einer ihn anhimmelnden Menschenmasse, und im Hintergrund ein Meer von Fahnen. Wenn er nicht die geschlossenen Reihen grüßte, streichelte er einen großen Hund oder tätschelte den blonden Schopf eines Kindes. Auch heute noch hege ich Abscheu gegen Uniformen und Fahnen, wo immer sie auftauchen, gegen den Nationalismus, den sie ausdrücken, gegen die damit implizierte Überlegenheit und den Ausschluß anderer, die weniger wert sind.
Zu dieser Zeit wurde dann auch das Wort »Arier« ein Bestandteil des täglichen Sprachschatzes. »Arisch«, das bedeutete nun gut, aufrecht, nordisch, blond, blauäugig, ohne Furcht und natürlich deutsch. Das war weit entfernt von der ursprünglichen Bedeutung dieses Wortes. Ein Jude konnte niemals »arisch« sein und schon gar nicht gut, aufrecht, blond, blauäugig und so weiter. Auf einen großen Teil der christlichen Deutschen trafen diese Eigenschaften allerdings auch nicht zu. Trotz meiner Jugend war ich mir dieser Unlogik bewußt.
Obwohl ich nie viel mit Puppen spielte, besaß ich eine, die ich mochte. Ich gebrauche hier nicht das Wort »liebte«, denn ich denke, wenn ich sie wirklich geliebt hätte, wäre ich besser mit ihr umgegangen. Es war eine wunderschöne »arische« Puppe, mit langen blonden Zöpfen und blauen Augen. Meine und Hannahs Augen waren ein Gemisch von Farben, also nicht so, wie sie idealerweise hätten sein sollen, obwohl unser Vater wie auch Michael und Feo blaue Augen hatten. Nachdem ich meine Mutter gefragt hatte, ob ich nicht auch Zöpfe haben könnte, und sie mir erklärt hatte, mein Haar wäre dafür nicht geeignet, schnitt ich gekränkt und verletzt meiner Puppe die glänzenden Zöpfe ab.
1935, als ich sechs Jahre alt wurde, begleitete ich Hannah in die Dorfschule. Meiner Schwester hatte es dort immer einigermaßen gefallen, und ich hatte vor, es auch zu versuchen. Mein Lehrer trug die braune Uniform. Wenn er oder ein anderer Lehrer den Klassenraum betrat, erwartete er von uns, daß wir aufsprangen und unseren rechten Arm zum Hitlergruß hochrissen. Obwohl ich wußte, daß meine Eltern das nie von mir verlangt hätten, brauchte ich mir keine Gedanken in dieser Richtung zu machen. Es wurde mir verboten, so zu grüßen, ich mußte sitzenbleiben. Immer wenn die Klasse für diese absurde Zeremonie aufsprang, senkte ich schamvoll meinen Kopf. Ich haßte es, die einzige zu sein, die nicht mitmachen durfte. Es war mir nun klar das ich nicht dazugehörte, daß ich anders war.
Von vielen Gleichaltrigen habe ich gehört, wie unfreundlich, sogar grausam Lehrer sein konnten. Die Jungen wurden, speziell in der Turnstunde, lächerlich gemacht. Man flößte ihnen Angst ein, indem man sie zwang, über zu hohe Hindernisse zu springen oder Übungen auszuführen, die für sie zu schwer waren. Ein ehemaliger Schüler aus dem Odenwald, der Zuflucht in

Südafrika gefunden hatte, erzählte mir, daß seine Klasse ein Diktat über den minderwertigen Charakter der Juden schreiben mußte. Anderen wurde die Rassentheorie der Nazis mit Hilfe von Bildern beigebracht, auf denen besonders häßliche Juden neben gutaussehenden »Ariern« zu sehen waren. Obwohl ich zu der Vermutung Anlaß habe, daß auch mein Klassenlehrer ein Nazi gewesen sein muß, war er doch niemals gemein zu mir. Er ignorierte mich einfach; ich existierte nicht für ihn.

Jüdische Schüler wurden von ihren Mitschülern oft schikaniert, was von den Verantwortlichen einfach übersehen wurde, sie stellten sich blind. Gute arische Kinder petzten nicht. Hatten diese mißhandelten Kinder Glück, wurden sie nur verachtet, wenn nicht, wurden sie verspottet, angespuckt oder geschlagen. Sie wurden für Vergehen zur Rechenschaft gezogen, die sie nicht begangen hatten, immer mit dem Bewußtsein, rechtlos zu sein, sich nicht verteidigen zu können. Da nun einmal die Welt für uns zusammengebrochen war, wußten wir, daß alles möglich war, daß uns weder unsere Freunde noch unsere Nachbarn, die Vertreter des Gesetzes oder das Gesetz selbst schützen konnten. In der Schule wurde ich von meinen Altersgenossen nicht attackiert, aber auf dem Weg nach Hause warf man Steine nach mir. Der Gedanke, daß mir bekannte Kinder im Bewußtsein, etwas Rechtmäßiges zu tun, das auch versuchen könnten, machte mir mehr Angst als die physische Bedrohung selbst.

Ich bin sicher, daß manche Eltern ihre Kinder drängten, sich zurückzuhalten. Allerdings war mir auch klar, daß ich keinen Erwachsenen um Hilfe hätte bitten können. Das war für mich eine Tatsache, die ich erst verdauen mußte, denn bis zu diesem Zeitpunkt war ich der Überzeugung gewesen, Erwachsene seien zum Schutz der Kinder da.

Unsere Schulprobleme lösten sich dann von selbst. Obwohl viele jüdische Kinder in ganz Deutschland ihren Unterricht bis zum 9. November 1938 an staatlichen Schulen fortsetzen konnten, verhielt man sich im Odenwald besonders »fortschrittlich«. Hier war der Nationalsozialismus begeistert aufgenommen worden, und die Behörden machten klar, daß sie in ihren Schulen bereits 1935 keine jüdischen Kinder mehr haben wollten. In jeder dieser kleinen Gemeinden wie Höchst, Michelstadt, Bad König, Reichelsheim und Fränkisch-Crumbach gab es nur eine Handvoll jüdischer Kinder, und es ist mir nicht klar, welchen Schaden sie den arischen Kindern hätten zufügen sollen. Wie auch immer, ich mußte zu meiner Freude die Schule in Fränkisch-Crumbach verlassen.

Ich würde gerne wissen, wie der Schuldirektor von Fränkisch-Crumbach es damals formulierte, als er meine Eltern bat, uns von der Schule zu nehmen. Wie konnte er diese Anweisung Leuten gegenüber, die er gut kannte, rechtfertigen?

Daß wir Ausgestoßene waren, stand nun für uns außer Zweifel. Die Ausgren-

zungen und Demütigungen waren ein unvermeidliches Vorspiel für die größere Tragödie, den Holocaust. Da das Leben mir nun unsicher erschien, wollte ich mich nicht mehr außerhalb unseres Hauses aufhalten.
An Schwimmbädern, Kinos, Rollschuhbahnen und anderen Freizeiteinrichtungen waren jetzt überall Hinweisschilder angebracht, daß Juden der Zutritt verboten sei.
Ich wollte unbedingt schwimmen lernen, was mir jetzt nicht mehr möglich war. Wir mußten nun zu Hause spielen, aber da mein Vater das Geschäft aufgegeben hatte, stand uns eine leere Fabrik als Spielplatz zur Verfügung. Wir konnten durch die leeren Räume rennen, Verstecken spielen und die einfachen Flaschenzugaufzüge vom Hof zu den oberen Stockwerken manövrieren. Es war harte Arbeit, die Seile zu ziehen, und unheimlich, den Passagier zu spielen. Die Aufzüge hatten weder Türen noch Licht. Das Warnschild an der Rampe »Personenbeförderung streng verboten« war für Michael und mich ein besonderer Nervenkitzel. Die Aufzüge durften eigentlich nur für Tabakkisten benutzt werden.
In Fränkisch-Crumbach gab es keine Tageszeitung. Es war 1930 auch nicht üblich, daß jeder ein Radiogerät besaß, aber das Dorf hatte einen Ausrufer, der täglich zur Mittagszeit erschien. Er läutete mit seiner Handglocke, damit die Dorfbewohner herbeikamen, um zuzuhören. Er blieb in der Allee, unserer Straße, nicht weit entfernt von unserem Haus stehen. Er war es, der die Nazi-Propaganda für alle wiederholen mußte, und es waren viele, die ihr Glauben schenkten. Hinter ihm war die öffentliche Bekanntmachungstafel, an der die örtlichen Behörden die Informationen für die Bauern, die Termine für die Zahlungen der Abgaben und so weiter anbrachten. An dieser Tafel stachen besonders die Seiten des »Stürmers« hervor, eines antisemitischen Hetzblattes mit abscheulichen Zeichnungen. Die Juden wurden als Ungeheuer dargestellt, die Arme bestahlen, die aßen, während andere Hunger litten, und die kleine arische Mädchen verführten.
An dieser Tafel mußte ich vorbeigehen, wenn ich Onkel Gustav und Tante Ida besuchen wollte, die im Haus der verstorbenen Großeltern wohnten, welches sich an die Fabrik von der Erbacher Straße aus anschloß. Die Zeichnungen des »Stürmers« machten mir Angst. Damit hatten sie ohne Zweifel das erreicht, was sie beabsichtigten. Ich haßte es, daran vorbeigehen zu müssen. Ich hätte auch einen Umweg gehen können, aber dann wäre ich den Blicken im Zentrum des Dorfes ausgesetzt gewesen, und das wollte ich nicht. So entschloß ich mich, an der Tafel vorbeizurennen und einfach nicht hinzusehen. Auf Kinder übt Angst eine eigenartige Faszination aus, und so kam es, daß ich für gewöhnlich nicht bei meinem Entschluß blieb und ich meine Ängste noch vergrößerte, indem ich einen verstohlenen Blick riskierte, wodurch meine panische Angst noch wuchs.

Als ich viele Jahre später zum ersten Mal nach Fränkisch-Crumbach zurückkam, traf ich dort einen Mann, der während des Krieges noch ein Kind gewesen war. Ihm war erzählt worden, daß sein Vater damals eine alte jüdische Frau verspottet hatte und sie drängte, einen Blick auf den »Stürmer« zu werfen, als sie vorbeigehen wollte. Aber sie, eine mutige Frau, antwortete ihm: »Ein ekelhaftes Dreckblatt«, woraufhin er sie niederschlug. Ich hatte einen momentanen Schock, denn ich dachte mir, daß meine alte, etwas verrückte Tante Ida die einzige alte Jüdin gewesen sein konnte, die an diesem unwürdigen Platz vorbeigegangen war. Ich erschrak noch mehr, als der Mann mir erzählte, daß er seinen Vater niemals wiedergesehen hatte. Er war an der russischen Front gefallen, und sein Sohn wuchs mit der unausgesprochenen Vorstellung auf, daß der Tod seines Vaters eine Bestrafung für diese Tat war. Da wurde mir zum ersten Mal klar, daß auch einige Deutsche den Rest ihres Lebens mit einer Erinnerungslast leben müssen, die vielleicht noch schwerer ist als meine.

In der zweiten Hälfte der dreißiger Jahre hatte Fränkisch-Crumbach nur ein winziges Kino. Das sollte sich ändern. Der Besitzer des örtlichen Cafés kaufte von der jüdischen Gemeinde die Synagoge. Ein legales Geschäft.

Erst seit kurzem lernt die jüngere Generation in Fränkisch-Crumbach, welche Bedeutung dieses alte Gebäude einst besaß. Örtliche Friedens- und kirchliche Gruppen wollten zum Gedenken an die frühere Bedeutung eine kleine Tafel anbringen. Der Besitzer war aber nicht bereit, für eine derartige Mahntafel seine Einwilligung zu geben. Jahre später weigerte sich sein Sohn ebenso hartnäckig.

Durch die ständige Auswanderung von Juden war die Gemeinde geschrumpft, so daß die zehn Männer, die zum Abhalten eines Gottesdienstes nötig sind (Frauen zählen nicht!), nicht mehr da waren. So verwandelte sich die Synagoge in ein Kino. Juden war es nun nicht mehr gestattet, über die Schwelle dieses Hauses zu treten.

Den Verkauf des Hauses bedaure ich nicht, denn dadurch steht es heute noch. Eine der wenigen originalen Synagogen, die in Deutschland übriggeblieben sind. (Hunderde wurden in der Nacht des 9. November 1938 durch Feuer oder Vandalismus zerstört). Heute ist das Haus kein öffentliches Gebäude mehr. Es gibt nichts, was an die ursprüngliche Bedeutung erinnert. Lediglich die farbigen Glasfenster an den Seitenwänden, die man durch unbefugtes Betreten des Grundstückes erkennen kann, lassen es erahnen.

Die neue Schule in Höchst

1935 wurde in Höchst im Odenwald eine neue jüdische Schule eröffnet. Die Thematik »Juden in Höchst« wurde vor kurzem von einer bemerkenswerten Gruppe von Historikern erforscht, einschließlich der Entstehung der Schule und ihrer Vernichtung. Sie beschreiben auch, wie sich jede der kleinen Odenwald-Gemeinden weigerte, eine jüdische Schule auf ihrem Territorium zuzulassen. Der zuständige Parteiführer in Höchst weigerte sich als treues Mitglied natürlich auch, aber schließlich wischten seine Vorgesetzten in Darmstadt alle Einsprüche vom Tisch. Diese wollten erreichen, daß alle Kinder, auch die unerwünschten, von den Straßen verschwanden und in Schulen untergebracht würden.
In Höchst gab es schon lange eine jüdische Gemeinde. Bereits Mitte des 18. Jahrhunderts hatten sie einen Raum, in dem sie sich zum Beten zusammenfanden. Zu Beginn des 20. Jahrhunderts wurde eine neue, große Synagoge im Zentrum der kleinen Stadt erbaut. Zwei Räume an der Rückseite des Gebäudes sollten nun unsere Klassenräume werden, denn Geld für ein neues Schulgebäude war nicht vorhanden.
Der Rektor der Schule, Hermann Kahn, wohnte nebenan. Er war eine von Christen und Juden gleichermaßen respektierte Persönlichkeit, ein gebildeter Deutscher, ein Musiker mit einer großen Vorliebe für die deutsche Musik. Er war der erfolgreiche und populäre Chordirigent des Höchster Gesangvereins wie auch der Direktor des Odenwald-Chores. Die Odenwälder waren zu recht stolz auf diese hervorragende Musikgruppe. Hermann Kahn hatte Hebräisch und Religion studiert. Da es in Höchst keinen Rabbiner gab, war Herr Kahn auch verantwortlich für die anfallenden Dienste in der Gemeinde und für die religiöse Erziehung der Kinder. Er gehörte zu den vielen deutschen Juden, die sich vollständig mit Deutschland identifizierten, die das Land und seine Kultur liebten, die sich ein Leben außerhalb Deutschlands nicht vorstellen konnten. Er mußte umdenken lernen.
Wir waren 35 Schulkinder aller Alterstufen. Wir trafen uns in Höchst aus allen Richtungen des Odenwalds. Als die Räume auf der Rückseite der Synagoge nicht mehr ausreichten, mußten auch Herrn Kahns private Räume für uns herhalten. Da die Schule sich nicht viele Lehrer leisten konnte, hatte sie nur

zwei Vollzeitkräfte angestellt: Herrn Strauß und Herrn Seif. Herr Seif und seine junge Familie kamen später im Holocaust um. Heute wünschte ich mir, daß wir ihn damals nicht mit dem Namen »Seife« aufgezogen hätten.
Meine Mutter unterrichtete als Teilzeitkraft an unserer Schule. Für Hannah und mich war das wenig erfreulich, denn nach unserer Meinung sollten Schule und Zuhause streng getrennt sein. Die Kinderzeit hat eben ihre eigenen, manchmal lächerlichen Sorgen. Zugegebenermaßen war die Schule in diesen schlechten alten Zeiten förmlicher, und ich quälte mich die Stunden über damit, nicht unabsichtlich das Wort »Mami« über meine Lippen kommen zu lassen. Als das Unvermeidliche dann doch geschah, schien es niemand aufzufallen. Es wußten sowieso alle, daß es sich um meine Mutter handelte.
Wir erhielten keinen »gute« oder »normale« schulische Erziehung. Man beschäftigte uns ohne pädagogische Einrichtungen, Einrichtungen für Sport oder naturwissenschaftlichen Unterricht, aber immerhin hatten wir ein paar Bücher. Vor allem blieben wir vor Hitler-Bildern, Nazi-Fahnen und »Heil Hitler«-Grüßen und der Nazi-Rhetorik verschont und brauchten keine Angst zu haben, in der Schule schlecht behandelt zu werden.
Ich erinnere mich heute mit großem Schamgefühl daran, wie unfreundlich ich zu der Klassenkameradin war, die neben mir saß. Sie hieß Evi Krämer und war das älteste Kind einer großen und armen Familie. Ich erinnere mich meiner Zänkereien mit ihr und daß ich ich es brutal zu meinem Vorteil nutzte, größer und stärker als sie zu sein, obwohl sie älter war. Jahrelang machte ich mir Gedanken darüber, ob sie meine Unfreundlichkeit und die der Umwelt überlebt hatte. Leider nicht.
Die Armen hatten weniger Chancen zu überleben. Eine Familie ohne Vermögen konnte nicht emigrieren, sie mußte bleiben, wo sie war, bis das Schicksal über sie entschied. Das Schicksal erschien bei den Krämers an einem Septembertag 1942 in der Uniform der örtlichen Polizei. Die Juden von Höchst, denen es nicht gelungen war, nach Darmstadt oder Frankfurt zu fliehen, wo einige hofften in der Anonymität untertauchen zu können, mußten sich vor dem Rathaus versammeln. Dort wurden sie auf Lastwagen geladen und in die nächste Stadt, nach Darmstadt, gefahren und von dort weiter nach Osten deportiert. Es gab keine Möglichkeit zu entkommen. Alle Juden waren bekannt, und wenn sie durch irgendeinen Zufall nicht bekannt waren, so mußten sie sich durch das seit 1941 angeordnete Tragen des gelben Sterns selbst kenntlich machen.
Man erzählt sich heute in Höchst folgende Geschichte: An ihrem letzten Tag in Höchst, ihrem Heimat- und vermutlich ihrem Geburtsort, sagte die verzweifelte Frau Krämer, eine junge Witwe mit vier Töchtern und mitleiderregenden Gepäckstücken, sie müßte schnell nach Hause zurück, um Kinderschuhe und Verpflegung zu holen, die sie auf dem Tisch vergessen hätte. Ei-

ner der Männer, der die Opfer für den Transport nach Darmstadt verlud und versuchte, ein Aufkommen von Panik zu vermeiden, sagte angeblich zu ihr: »Die kannst du ruhig stehen lassen! Wo ihr hinkommt, braucht ihr das nicht mehr!«
Er wußte also genau, was auf diese Menschen zukam. Wenn er es wußte, wußten die anderen es auch. Warum dann diese angebliche totale Unwissenheit nach dem Krieg?
Am 24. September 1942 verließen die Krämers mit den anderen, alt und jung, in Viehwaggons Darmstadt in Richtung Auschwitz, um dort ermordet zu werden. Ich kann nur hoffen, daß Evi (14) und ihre Schwestern Betty (10), Ruth (8) und Ilse (6) schnell gestorben sind. Nicht alle aus meiner Klasse ereilte dieses Schicksal. Viele meiner Klassenkameraden aus Höchst wurden gerettet, aber über die ganze Welt verstreut. In Deutschland zu bleiben und zu überleben, war offensichtlich nicht möglich. Es kam auch niemand nach Deutschland zurück.
Inzwischen hatten wir unsere neue Schule in Höchst. Für einige Kinder war die Schulausbildung damit zu Ende, da sie entweder einen zu weiten Schulweg hatten oder das Geld nicht aufbringen konnten. Wir wußten, daß wir uns glücklich schätzen konnten, aber Feindseligkeiten und ständige Belästigungen auf dem Schulweg sorgten dafür, daß ich lieber zu Hause geblieben wäre. Manche Kinder hatten die Möglichkeit, mit der Bahn zu fahren, wenn sie die entsprechende Verbindung zu ihren kleinen Gemeinden im Odenwald hatten. Aber wir aus Fränkisch-Crumbach und aus dem nächsten Dorf, Reichelsheim, wurden mit einem Wagen, den man heute vielleicht als Minibus bezeichnen würde, nach Höchst gebracht. Es war bei weitem nicht so luxuriös, wie es sich heute anhört.
Wenn es schneite, war es eine beschwerliche Fahrt, dann steckten wir manchmal fest, und es war schwer, Hilfe zu finden. Hin und wieder blieb der Bus unterwegs liegen, was uns dann in Schwierigkeiten brachte. Als wir einmal einen Hügel herunterfuhren und uns dem Dorf Höllerbach näherten, versagten die Bremsen des Busses. Unglücklicherweise kam uns auch noch eine Herde Schafe entgegen. Armer Herr Seif, eine Schar ängstlicher Kinder im Bus und eine ähnlich unkontrollierte Herde draußen. Was konnte er tun? Er versuchte, den Schafen auszuweichen, aber drei wurden doch erfaßt und getötet. Ich kann verstehen, wenn sich ein Bauer darüber sehr ärgert, aber hier wurde daraus ein gewalttätiger Wutausbruch, da ja der Unfall durch einen jüdischen Verbrecher verursacht worden war. Es war ein furchtbares Erlebnis. Wenn ich später durch Höllerbach mußte, hatte ich immer Angst. Da ich mir von klein auf der Bedeutung des Wortes »Hölle« bewußt war, wurden für mich das Dorf wie auch der Name Höllerbach zum Symbol des Schreckens.
In den meisten Dörfern, durch die wir fahren mußten, wurden Steine nach

dem »jüdischen« Bus geworfen. Später wurde es noch schlimmer. 1938 gehörten Übergriffe auf Juden zum Alltag. Wir ahnten noch nicht, daß unsere Schule im Spätherbst (am 10. November) zu Ende sein würde. Wir waren meistens gut gelaunte, fröhliche Kinder. Oft sangen wir auf unserem Weg und machten Späße miteinander. Eines Tages, als es für uns anscheinend nichts zu fürchten gab, sahen wir in einiger Entfernung einen Lastwagen quer auf der Straße stehen. Herr Seif stand vor einem großen Problem. Er war gezwungen anzuhalten. Meine Mutter und wir Oppenheimer Kinder kannten den Lastwagen. Er gehörte zu einer Transportfirma aus Fränkisch-Crumbach. Er war leicht wiederzuerkennen. Ich sehe ihn heute noch vor mir: dunkelblau, mit einem Muster aus weißen Karos um die ganze Lastwagenplane. Er gehörte Herrn K., und da war er auch schon. Er stieg aus der Fahrerkabine und hatte eine Startkurbel in seiner Faust. Er kam auf uns zu und begann, ohne ein Wort zu sagen, die Fenster unseres Busses zu zerschlagen, hinter denen wir Kinder kauerten und zu schreien begannen. Warum tat er das? Würde er sich wohlfühlen, wenn er abends beim Bier mit dieser Tat prahlte? Würde einer der Zuhörer etwas dagegen sagen?
Auf jeden Fall war es ein einschneidendes neues Erlebnis für mich, denn noch nie zuvor hatte ich einen erwachsenen Mann gesehen, der ganz offensichtlich Angst hatte. Armer, hilfloser Herr Seif. Ich erkannte zum ersten Mal, daß Eltern nicht immer in der Lage sind, ihre Kinder zu beschützen. Bis zu diesem Zeitpunkt war es noch nie vorgekommen, daß Mutter uns nicht in der Not hatte helfen können. War das nicht der ganze Sinn ihres Daseins? Noch heute habe ich ihr Bild vor Augen, wie sie dort neben dem Fahrer sitzt, mit starrem Gesichtsausdruck geradeaus schauend.
Nach diesem Vorfall wollte ich nicht mehr zu Schule gehen. Wir hatten alle die gleichen Ängste, es war bestimmt kein »sich vor der Schule drücken wollen«. Aber egal was geschehen war, wir mußten so tun, als wäre das Leben ganz normal, und mußten weiterhin zur Schule fahren, auch wenn es ein wenig unregelmäßiger geschah. Ich war bestimmt nicht die einzige, die Krankheit vorschützte und sich Listen ausdachte, um den möglichen Gefahren auf dem Schulweg zu entgehen.
Nach über 40 Jahren kam ich mit Herrn K. noch einmal zusammen. Bei einem kurzen Besuch in Fränkisch-Crumbach traf ich durch Zufall seinen freundlichen Sohn, als ich tanken mußte, und er erfreut feststellte, wer ich war. Er bestand darauf, mich seinem Vater vorzustellen. Ich war von dieser Idee nicht angetan, aber er nahm mich an der Hand und zog mich mit sich zu einem alten, niedergeschlagen wirkenden, düster dreinschauenden Mann. Begeistert stellte er mich seinem Vater vor: »Weißt du wer das ist? Es ist Ruth Oppenheimer!« Als der alte Mann meinen Namen hörte, sagte er: »Ich kenne Sie nicht.« Ich bin sicher, daß er die Wahrheit sagte. Mutlos erwiderte ich: »Ich

bin eine Tochter von Moritz Oppenheimer, dem die Zigarrenfabrik am Ende der Straße gehörte.« Er reagierte nicht, und ich verließ den Raum so schnell ich konnte.
Wieder mußte ich mich darüber wundern, wie wenig die jungen Deutschen über die Aktivitäten ihrer Eltern während der Hitlerzeit wußten. Es wurde sicher wenig erzählt und dieses Thema gemieden. Man hatte wohl die Hoffnung – die sich meistens erfüllte –, daß die Opfer nicht überleben würden und so die Untaten nicht bestätigen konnten.
Ich bemerkte eine fast unüberbrückbare Kluft zwischen den Generationen.

Unser Alltag zu Hause vor dem November 1938

Wenn ich heute lese, wie viele Maßnahmen zu dieser Zeit gegen Juden erlassen wurden, wird mir klar, wie sehr sich unsere Eltern bemüht haben müssen, uns vor allem abzuschirmen. Es schien uns Kindern ein ganz normales Familienleben zu sein, das wir führten, obwohl wir zugegebenermaßen isoliert lebten. Als Kind wußte ich nichts von den Nürnberger Gesetzen, den kleinlichen Einschränkungen und den großen Erniedrigungen. Daß Juden nicht wählen durften, hatte ich verstanden, aber ich schloß daraus nicht auf den Verlust von anderen Rechten. Erst viel später erfuhr ich, daß es zum Beispiel jüdischen Ärzten nicht erlaubt war, Nicht-Juden zu behandeln, oder es Nicht-Juden nicht länger gestattet war, in jüdischen Unternehmen zu arbeiten. Mischehen waren streng verboten, und jede außereheliche Beziehung zwischen Juden und Nicht-Juden wurde streng bestraft. Da Juden nicht der Nazi-Partei angehören konnten, zahlten sie auch keine Mitgliedsbeiträge. Zum Ausgleich dafür wurden sie mit speziellen Steuern belegt.

Viel mehr beschäftigte mich, daß man neue Namen annehmen mußte. Unter uns Kindern verursachte diese Tatsache aber eher Heiterkeit im Gegensatz zu den Erwachsenen, wo sie wachsende Besorgnis hervorrief. In Deutschland wie auch in den anderen europäischen Ländern wurden alttestamentarische Namen wie Hannah, Rachel, Ruth, David, Jonathan, Jakob weitaus mehr (aber nicht ausschließlich) von Juden als von Christen benutzt. Im Unterschied dazu waren in den USA oder Großbritannien biblische Namen, egal ob aus dem Alten oder dem Neuen Testament, schon immer beliebt gewesen. Es gab auch Juden mit sehr deutschen Namen, schließlich waren sie Deutsche und stolz auf ihre deutsche Geschichte wie jeder andere auch. Es war also nicht ungewöhnlich, einen Siegfried, einen Hermann oder andere germanische Helden in jüdischen Familien zu haben. Damit sich Juden nicht länger hinter solch edel klingenden Namen verstecken konnten, wurde eine Liste mit Namen herausgegeben, die für Juden noch erlaubt waren.

Aus dieser Zeit besitze ich noch einen Zeitungsausschnitt der *Frankfurter Zeitung*. Männern waren danach folgende Namen erlaubt: Abel, Abieser, Abimelech, Abner, Absalom, Ahab, Ahasja... bis zu Zadek, Zedekia, Zephanja, Zeraja, Zewi.

Manche dieser Namen klangen sehr ausgefallen. Für Frauen war die Auswahl etwas geringer. Dem für englische Ohren sehr respektvollen Namen Abigail folgten Namen wie: Baschewa, Beile, Bela, Bescha... bis zu Zerel, Zilla, Zimle, Zipora, Zirel, Zorthel. Für den Fall, daß Juden keinen dieser Namen hatten, und das traf auf die meisten zu, mußten alle Männer den Namen »Israel« und alle Frauen den Namen »Sara« ihrem eigenen hinzufügen. Das geschah, um sicherzustellen, daß Briefe und Dokumente von Juden sofort als solche erkannt werden konnten. Ab sofort mußten Juden, wenn eine Unterschrift erforderlich war, mit ihrem vollständigen neuen Namen unterschreiben. Taten sie es nicht, drohten ihnen Strafen. Für mich war dieser Zusatzname keine wirkliche Demütigung, denn die Vornamen »Ruth Luise Sara« hörten sich für mein Empfinden ausgesprochen üppig an, gerade in diesem Teil der Welt, wo bereits zwei Namen prahlerisch wirkten. Durch Bücher wußte ich außerdem, daß nur der Adel ebenso extravagant war.
Wir lasen viel. Woher die Bücher kamen, weiß ich nicht, aber in unserem Haus schienen sie immer im Überfluß vorhanden zu sein. In Fränkisch-Crumbach gab es keine Bibliothek, und wenn es eine gegeben hätte, wäre sie für Juden ohnehin verboten gewesen. Lesen zu lernen, schien für mich kein Problem gewesen zu sein, denn ich kann mich an diesen Prozeß nicht erinnern. Da Deutsch im Grunde eine phonetische Sprache ist, ist das Lesen lernen leichter als zum Beispiel in englischsprachigen Ländern. Meine Schwester Hannah war mein Vorbild. Ständig versuchte ich, mit ihr zu wetteifern, und bin so bestimmt ein lästiger Plagegeist gewesen. Hannah las alles, was ihr in die Hände fiel, wann und wo immer sie konnte. Ich tat es ihr nach, wenn ich auch nicht immer alles verstand, was ich da las. Hannah war vermutlich die einzige, die meine Verstellung erkannte und mich förderte. Ich bin mir sicher, daß ich Ausreden erfunden und scheinbar unschuldig protestiert habe. Heute bin ich ihr sehr dankbar für alles, was sie für mich getan hat.
Unterdessen war bei uns ständig von »Auswanderung« die Rede. Mir war inzwischen klar, daß wir unsere »Heimat« verlassen mußten. »Heimat« läßt im Deutschen Assoziationen zu Heim, häuslichem Herd und Land aufkommen. Das Wort beinhaltet sehr viel für mich und für alle Deutsche aus jener Zeit. Ich wurde mir auch der Tatsache bewußt, daß ich eine neue Sprache erlernen müßte, denn wo immer wir in der westlichen Welt hinkommen würden, die deutsche Sprache würde nicht verstanden werden. Da ich bereits in jungen Jahren einen pessimistischen Zug hatte, stand für mich fest, daß es mir nie gelingen würde, eine fremde Sprache zu erlernen. Englisch war nicht die Sprache, die mir Angst machte, sondern Spanisch. Wenn wir in dieses weit entfernte Argentinien emigrieren würden, was wir zu diesem Zeitpunkt beabsichtigten, würden wir Spanisch lernen müssen. Auch andere exotische, mysteriöse Länder waren plötzlich im Gespräch, wie Uruguay und Paraguay, und tat-

sächlich verschwanden aus unserer kleinen Gemeinschaft in Deutschland Cousins, die in diese Länder ausgewandert waren.
Ich machte mir auch ganz konkrete Sorgen, denn mir wurde klar, daß ich so des Lesevergnügens beraubt werden würde. Wie sollte es überhaupt möglich sein, Bücher in Englisch oder Spanisch zu lesen, ganz zu schweigen von der Freude am Lesen? Diese fremde Literatur mußte einfach schlechter sein als unsere deutsche. Daß »David Copperfield« (ich denke, in einer vereinfachten Version) »Tom Sawyer« und »Onkel Toms Hütte« ursprünglich auf Englisch geschrieben waren, ahnte ich nicht. Diese Bücher hatte ich gelesen, beweint und verehrt.
Wir verschlangen deutsche Kinderbücher, besonders die aus der Reihe »Nesthäkchen«. Diese Bücher waren lustig und auch traurig. Sie handelten vom Familienleben und seinen Abenteuern. Diese Bücher waren meine absoluten Favoriten. Das Buch, in dem Nesthäkchens Familie Urlaub an der Nordsee macht, beeindruckte mich besonders. Eines Tages geschah mit ihr das Unvermeidliche: Sie wurde von der Flut überrascht und vom Land abgeschnitten. Ich wußte, daß sie nun ertrinken mußte. Die Spannung war unerträglich. Erst in der letzten Minute wurde sie doch gerettet.
Bis dahin hatte ich selbst das Meer noch nie gesehen. Deutschland ist ein großes Land, hat aber nur einen kleinen Küstenstreifen im Norden. Nach der Lektüre dieses Buchs faßte ich den Entschluß, nie nahe am Meer zu leben. Aber nach weniger als einem Jahr kam ich in Tynemouth, Northumberland, an und hörte Tag und Nacht das Rollen der Wellen. Obwohl ich großen Respekt, sogar Ehrfurcht vor dem Meer habe, liebe ich es nicht auf die gleiche Weise wie meine englischen Freunde.
Ein anderes Buch aus der Nesthäkchen-Reihe erzählte die melodramatische Geschichte eines Waisenschicksals. Ich kann mich heute nicht mehr daran erinnern, ob dieses Unglück der jungen Heldin passierte oder ihrer Freundin. Damals nahm ich die Geschichte sehr persönlich. Es gab ohne Frage nichts schlimmeres, als ein Elternteil zu verlieren. Diese Angst verfolgte mich, seitdem ich erkannt hatte, daß auch mir so etwas zustoßen könnte. Später dann, als ich mit anderen geflohenen deutschen Kindern in England lebte, war ich sehr erstaunt darüber, daß niemand die Nesthäkchen-Bücher kannte, so daß es mir leider nicht möglich war, mit anderen Liebhaberinnen über diese Bücher zu sprechen.
Fünfzig Jahre später sprach ich mit deutschen Freunden bei einem Spaziergang durch einen deutschen Wald über Bücher, die wir in der Kindheit gelesen hatten. Ich war erfreut, als einer von ihnen, Pastor Helmut Starck, von Nesthäkchen schwärmte. Von ihm erfuhr ich auch, daß die Autorin, Else Ury, Jüdin war, die in den Gaskammern von Auschwitz ihr Leben lassen mußte.
Mit der Zeit gab es immer mehr antijüdische Erlasse. Uns Kindern war die

Tragweite nicht immer klar, wenn es zum Beispiel um den Entzug allgemeiner Menschenrechte ging oder um spezielle steuerliche Abgaben. Wir konnten trotzdem nicht übersehen, daß das Besteck, welches wir täglich benutzten, abgegeben werden mußte. Es war Juden nicht mehr erlaubt, Wertgegenstände in Form von Silber (Besteck) oder Schmuck zu besitzen. Alles mußte bei den zuständigen Nazis im Ort abgegeben werden. Unsere ehrlichen Eltern taten, wie ihnen befohlen wurde. Es wurde ohne Widerspruch akzeptiert. Die Schwester meiner Mutter, Tante Liese, alleinstehend und ohne Kinder, war nicht so entgegenkommend. Ich bin stolz auf sie, denn sie sagte, wenn sie das ererbte Familiensilber schon weggeben müßte, dann nur an jemanden ihrer Wahl. Eine mutige Frau. Sie gab alles nach Ulm zu Freunden und sagte ihnen, es sei ein Geschenk, sie sollten es als ihr Eigentum betrachten, sie würde es nicht zurückhaben wollen.

Tante Liese war es schließlich möglich, nach England auszureisen. Sie hatte die Erlaubnis, dort als Hausangestellte zu arbeiten. Alleinstehenden Frauen war es möglich, in England Zuflucht zu finden unter der Bedingung, daß sie dort ausschließlich als Hausangestellte arbeiteten, was natürlich sehr schlecht bezahlt wurde. Sie hatte es schwer, aber sie schaffte es, mit ihrem geringen Einkommen zu überleben. Nicht lange nach Ende des Krieges erreichte sie ein in braunes Packpapier eingeschlagenes, gut verschnürtes Paket in York. Meine Tante war überwältigt. Ihre Freunde aus Ulm, die nach dem Krieg in sehr beschränkten Verhältnissen lebten, hatten ihr das silberne Besteck zurückgeschickt.

Trotz allem, was sie während der Nazi-Zeit erlebt und erduldet hatte, lebte sie voll und ganz in der deutschen Kultur: Kunst, Musik, Literatur und Theater. So war uns später noch der Name des Bestecks ein Begriff. Tante Liese nannte sie »Rheingold« oder »der Schatz des Nibelungen«. Tante Liese hinterließ meinem Bruder Michael und mir dieses Besteck. Ich halte meinen Anteil in Ehren. Nicht wegen des Geldwertes, sondern weil es menschliche Güte bezeugt in einer Welt, in der es so wenig Anzeichen dafür gab.

Mutter fing nun an, Spanisch aus Büchern zu lernen. Sie hatte zwar keine Sprachen studiert, hatte aber Grundkenntnisse in Französisch und Englisch. Spanisch zu lernen, stellte für sie kein Problem da. Werner schrieb uns ermutigende Briefe aus Argentinien. Er hatte natürlich Spanisch gelernt und beeindruckte uns mit Wörtern wie »Gaucho«. Unsere Eltern machten uns klar, daß die Emigration gut und wünschenswert war. Für Hannah und Michael war die ganze Angelegenheit mehr ein Abenteuer. Ich glaube, ich war die einzige, die alles sehr negativ auslegte. Abgesehen von der Sprache, die ich nach meiner Überzeugung nie beherrschen würde, war mir die Vorstellung, nun das Melken der Kühe übernehmen zu müssen, ein Greuel. Diese tägliche unumgängliche, aber unangenehme Aufgabe würde bestimmt den jüngsten Familienmitgliedern übertragen werden. Kühe machten mir Angst, und wenn mir diese nur Angst machten, so versetzten mich Pferde in Panik. Daß wir den Weg zur Schule oder wohin auch immer auf dem Rücken eines Pferdes zurücklegen müßten, war mir klar. Meine Ängste drückten sich in Klagen und durch Tränen aus. Ich war bestimmt ein quengeliges Kind.

Mit Christen durften wir gesellschaftlich nicht mehr verkehren, aber wir besuchten gelegentlich unsere Verwandten in Frankfurt, Mannheim und Hanau. Diese Reisen waren eine besondere Freude. Ich erinnere mich an einen Ausflug, den ich mit meiner Mutter nach Heidelberg machte. Während wir an der Universität vorbeigingen, erzählte sie mir von ihrer Studentenzeit in Heidelberg. Mich erschraken die Anschläge, die Juden den Zutritt verboten. Was muß sie empfunden haben? Das sollte die Universität sein? Die Wissenschaftler? Die Apotheose einer langen und stolzen Bildungstradition und Kultur?

Nach dem Krieg wurde bekannt, daß einige der Universitätsprofessoren versucht hatten, ihren jüdischen Kollegen und Studenten zu helfen, aber viel zu oft traf das Gegenteil zu. Viele nutzten die unglückliche Position aus, in der sich die Juden befanden, und halfen tatkräftig mit, die Universität von ihnen zu befreien. Einige Akademiker gingen gar so weit, Themenbereiche zu verspotten, die durch ihre jüdischen Kollegen berühmt geworden waren, wie zum Beispiel »Jüdische Psychologie« oder »Jüdische Physik«, um Freud oder Einstein in Mißkredit zu bringen.

Heute begegne ich die besten und berühmtesten Bildungszentren der ganzen Welt mit Vorsicht. Rassismus und Antisemitismus gibt es neben anderen »Ismen« überall unter den scheinbar Gebildeten.

Und wie ging es den Verwandten, die wir besuchten? Alle sprachen von der Auswanderung. Wohin? Wie? Jeder versuchte, das Land zu verlassen. In Hanau besuchten wir unseren Großonkel Leopold Oppenheimer. Seine Frau Olga, die Schwester unserer Großmutter Feodora Krämer, war bei einem Bahnunglück schwer verletzt worden und starb noch sehr jung. Nun kümmerte sich seine Tochter Lotte um ihn und besorgte den Haushalt. Sie hatte nicht die Möglichkeit gehabt, irgendeine berufliche Ausbildung zu erhalten. Es wurde als selbstverständlich angesehen, daß die unverheiratete Tochter sich um den verwitweten Vater kümmerte. Die einzige Fertigkeit, die sie als guterzogene junge Dame erlernt hatte, war das Klavierspielen. Annie, eine andere Schwester, hatte geheiratet. Im Frühling 1939 überredete Großonkel Leopold seine Tochter Lotte, nach London zu gehen. Auch sie hatte als alleinstehende Frau die Möglichkeit, als Hausangestellte nach Großbritannien auszureisen, natürlich mit der Auflage, keine andere Arbeit anzunehmen. So wurde sie Putzfrau. Manchmal kochte sie auch für Londoner während des Krieges und der Luftangriffe. Sie verdiente sehr wenig. Dadurch war es ihr nicht möglich, ihren alten Vater nachkommen zu lassen, wie sie es vorgehabt hatte. Er lebte

nun mit Annie und deren Ehemann zusammen. Alle drei wurden schließlich verschleppt, und Lotte konnte nie erfahren, wo sie umgekommen waren.
Lotte blieb bis ins hohe Alter in London, war aber zutiefst unglücklich. Eines Tages schickte ihr jemand eine Zeitung aus Hanau mit einem Bild ihres früheren, eleganten Hauses, das nun ein nobles Hotel war.

Vaters Geschäft

Im Dorf gab es neben den Bauern noch die traditionellen ländlichen Handwerksberufe. Wie in anderen europäischen Ländern gab es Korbflechter, Leinenweber, Töpfer, Schuster, Wagenbauer, Bierbrauer, Müller und den heute ausgestorbenen Beruf des Nagelmachers. Gegen Ende des 19. Jahrhunderts begründete Großvater Oppenheimer die erste moderne Industrie in Fränkisch-Crumbach, die Zigarrenherstellung.
Zu dieser Zeit sah man im Rauchen noch keine Gesundheitsschädigung oder eine unsoziale Verhaltensweise. Es waren auch keine Zigaretten, sondern Zigarren, und die Verwendung von Chemikalien oder anderen Hilfsstoffen war unbekannt. Anders als Zigaretten werden Zigarren in Tabakblätter gewickelt, nicht in Papier, welches beim Verbrennen möglicherweise weitere giftige Stoffe entwickelt. Großvater nahm für sich in Anspruch, nur beste Tabakqualitäten zu verwenden.
Damals war man sogar weitgehend davon überzeugt, daß Zigarrenrauchen der Gesundheit zuträglich sei, ganz wie etwa die Weinbauern heute behaupten, das tägliche Glas Wein würde uns guttun, im Unterschied dazu, was wir sonst Negatives über die Auswirkungen des Alkohols hören.
Fränkisch-Crumbach brachte Großvaters Unternehmen einen Vorteil gegenüber anderen Dörfern im Odenwald, die auf die Landwirtschaft in einem Gebiet angewiesen waren, wo der Boden nicht sonderlich fruchtbar war. Es bedeutete auch den Beginn des industriellen Zeitalters in unserem Dorf und brachte die nötigen Arbeitsplätze in eine Gegend mit niedrigem Lebensstandard. Die Fabrik bot Männern wie Frauen Arbeitsmöglichkeiten. Zur Herstellung von Zigarren war manuelle Geschicklichkeit erforderlich, die besonders von Frauen aufgebracht wurde. Dadurch war es den Frauen erstmals möglich, bei eigenem Lohn in einem Bereich zu arbeiten, der unabhängig von der Landwirtschaft war. Die Arbeit der Frauen auf den Feldern, in den Ställen und in den Bauernhäusern wurde nicht bezahlt. Man erwartete einfach diese Leistung von den Frauen und Töchtern der Bauern. Dadurch hatten sie kein Anrecht auf eine eigene Rente. Ich weiß erst seit kurzem, daß mein Vater für seine Arbeiter Beiträge in die Rentenversicherung zahlte, was zu dieser Zeit nicht überall obligatorisch war. Dadurch waren die Frauen, die in der Fabrik

arbeiteten, die ersten im Dorf, die sich einer Altersrente erfreuen konnten. Eine Vergünstigung, in deren Genuß mein Vater selbst nicht mehr kam.
Im Jahr 1929 machte sich die nationale und internationale Wirtschaftskrise auch in unserem kleinen Dorf bemerkbar. Die Fabrik blieb in den frühen dreißiger Jahren so gut wie geschlossen. Es wurde nur sporadisch mit wenigen Arbeitern produziert. Das war ein gewaltiger Schlag und eine große Einbuße für das Dorf.
Ich frage mich oft, wovon wir gelebt haben. Als ich noch sehr klein war, hatte die Fabrik nur wenige Arbeitskräfte. Es waren hauptsächlich Frauen, die die Zigarren herstellten. Wenn ich an die Arbeitsräume denke, denke ich mit Begeisterung an ganz besondere Spielplätze. Aber Vater hatte immer mit seinen Geschäften zu tun. Er schrieb viele Briefe und versuchte mit vielen Leuten handelseinig zu werden, per Telefon oder indem er sie in den umliegenden Städten aufsuchte. Erst heute, nach Gesprächen mit Freunden aus Fränkisch-Crumbach, ist mir klar, wie umfangreich seine Anstrengungen für die Rettung der Fabrik waren. Auch hier zeigte sich, daß alle Sorgen von uns Kindern ferngehalten wurden. Wie hatten es die Eltern nur geschafft, die schweren wirtschaftlichen Zeiten, die üblen Verfolgungen durch die Regierung und die Schikanen der niederträchtigen örtlichen Behörden von uns fernzuhalten?
In den Jahren der Wirtschaftskrise vor dem Ersten Weltkrieg und nach dem Alptraum der deutschen Inflation, als die Goldmark in Millionenbeträgen gehandelt wurde, hatte die Fabrik die gleichen Schwierigkeiten, wie die meisten anderen deutschen Unternehmen auch. Es war für alle eine traumatische Epoche. Der größte Teil des Vermögens meines Vaters wurde wohl für den vergeblichen Versuch aufgewendet, zwei schwerkranke Frauen zu heilen, seine Frau und seine Tochter. Dadurch hatte mein Vater offensichtlich Probleme, die anfallenden Steuern für die Fabrik zu zahlen. Das führte zu einem Entzug der Tabak-Lizenz (des zugeteilten Kontingents), die ein Zigarrenhersteller natürlich benötigte. Es ist noch ein beträchtlicher Teil der Korrespondenz vorhanden, in der es um diese Erlaubnis geht, die so entscheidend für die Weiterführung des Geschäftes war. Ohne Tabak gab es keine Arbeit für die Arbeiter, die meinen Vater um Hilfe baten, da sie dringend Arbeit brauchten. Auch er hatte keine Einkünfte und war so in einer ähnlichen Situation wie sie.
Durch Hitlers Machtergreifung hatte sich das Schicksal meines Vaters und der Fabrik entschieden. Im Nachhinein ist es leicht zu erkennen, daß es keine Hilfe geben konnte, aber damals blieb Vater beharrlich und tat alles, um die Fabrik zu retten. Daß wir emigrieren mußten, war auch ihm klar, aber ich denke, daß Mutter die Situation klarer beurteilte. Er war 14 Jahre älter als sie, in einem fortgeschrittenen Alter und für eine zweite Familie mit kleinen Kindern verantwortlich. Ich glaube, er hoffte immer noch, daß die Normalität in Deutschland wieder Einzug halten würde, dem einzigen Land, das er kannte

und liebte. Wenn ich heute seine Korrespondenz durchsehe, die durch einen glücklichen Zufall erhalten blieb, kann ich seine Qualen noch einmal durchleben. Gegen Ende des Zweiten Weltkriegs, als die alliierten Armeen Deutschland von allen Seiten her besetzten, wurde befohlen, alle Dokumente, die die Nazizeit betrafen, und alles, was mit Juden zusammenhing, zu vernichten. Die Befehle wurden wie immer befolgt, so daß die meisten der belastenden Papiere verschwanden. Aber es gab soviel Akten, daß in der verbliebenen Zeit nicht alles verschwinden konnte, wie zum Beispiel in Fränkisch-Crumbach. Vieles war zwar schon verbrannt oder zerrissen, aber die Unterlagen über meinen Vater und dessen Fabrik blieben ausnahmsweise verschont. und bezeugen heute seinen damals aussichtslosen Kampf. Die Nachkommen sollten eigentlich die Wahrheit nicht erfahren.
Im Frühling 1934 hatten mein Vater und die Gemeinde Fränkisch-Crumbach im Rathaus eine Vereinbarung getroffen, die vorsah, externe Kontrollen und Inspektionen in Vaters Firma zuzulassen. Außerdem wurde festgelegt, daß nur Arbeiter aus dem Dorf eingestellt werden durften. Es herrschte noch immer große Arbeitslosigkeit. Mein Vater wurde weiter unter Druck gesetzt. Im Juni dieses Jahres setzte Herr T., der Vorsitzende der örtlichen NSDAP, der auch Bürgermeister war, folgendes Schriftstück auf:
»Der Unterzeichnete erklärt sich damit einverstanden, daß ihm eine gleichberechtigte Person arischer Abstammung beigegeben wird, die berechtigst verpflichtet ist alle Geschäftsvorfälle mitzuunterzeichnen, sofern sie Rechtsverbindlichkeiten haben sollen. Die besagte Person wird dann auch als Betriebsführer in Frage kommen. Den Vorschlag für die zu ernennende Person macht die Ortsgruppe der NSDAP Fränkisch-Crumbach.
Fränkisch-Crumbach am 5. Juni 1934
Für die Ortsgruppe der NSDAP
T., Ortsgruppenleiter«

Ein Brief der Deutschen Tabak-Union vom Oktober 1934 ist an den Bürgermeister gerichtet. Er beginnt mit einem großen Hakenkreuz und endet mit »Heil Hitler!«. Er beinhaltet die realistische Einschätzung, daß es zum gegenwärtigen Zeitpunkt unmöglich sei, das Geschäft wieder zu beleben. Inzwischen fand Vater nur noch als »Oppenheimer« Erwähnung. Früher war er noch »Herr Oppenheimer« gewesen.
In einem anderen Brief an eine übergeordnete Behörde in Dieburg (Fränkisch-Crumbach war vergleichsweise klein und unbedeutend), brachte Herr T. seine Schwierigkeiten zum Ausdruck: Er war besorgt und suchte für die zahlreichen Arbeitslosen im Dorf Arbeit, um ihnen eine Verdienstmöglichkeit zu schaffen. Gleichzeitig versuchte er Vater loszuwerden.
So schrieb er am 2. Juni 1935: »Die Firma Oppenheimer ist doch erledigt und

bedeutet jeder Tag der Hinausschiebung der Sache eine weitere Schädigung der deutschen Wirtschaft durch einen Juden... Oppenheimer muß ausgeschaltet werden, damit endlich ein Betrieb in dieser Firma aufgenommen wird... Besonders ist zu erwähnen, daß es sich um Arbeiter handelt, die eine sehr gute Einstellung zu unserem Staate haben und gehabt haben, also aus diesem Grunde ein Anrecht auf eine Besserung ihrer Lage verdienen.«
Er erinnerte die Vorgesetzten daran, daß es sich um einen Juden handele und schlug für den ganzen Besitz »Oppenheimer« eine Zwangsversteigerung vor. Hilfsbereit fügte er hinzu, daß die Gemeinde Fränkisch-Crumbach deren Organisation übernehmen würde. So könnte das Dorf Eigentümer der Fabrik werden und hätte die Möglichkeit, sie jemanden ihrer Wahl zu übergeben.
Der Bürgermeister fuhr fort, schriftliche Eingaben zu machen. So bat er um eine Gebührenerhöhung für die Tabak-Lizenz, aber in einer Weise, »damit erstens der Jude keinen Vorteil hat«. Er sah inzwischen keine Notwendigkeit mehr, einen Namen hinzuzufügen. Es war Vater nun nicht mehr erlaubt, das Geschäft weiterzuführen, obwohl er faktisch noch der Eigentümer war.
Herr T. wußte um die schwere Situation der Arbeiter. Es stand in Fränkisch-Crumbach keine weitere Arbeit zur Verfügung. Er beschrieb die Situation treffend, indem er hinzufügte: »Nur die blühende Zigarrenindustrie hatte einst hier gute Verhältnisse unter den Arbeitern geschaffen.«
Er erwähnte natürlich nicht, wer diese Industrie ermöglicht hatte.
Man muß hier fairerweise erwähnen, daß das Bremer Büro für die Tabakkontrolle und -verteilung weder das Wort »Jude« gebrauchte noch den immer populärer werdenden Hitlergruß. Mutige Menschen! Der Bürgermeister erkannte, daß das Büro in Bremen sich Zeit ließ mit seinen Anfragen und fragte beim zuständigen Ministerium nach, ob das nicht zu beschleunigen wäre.
Der örtliche Rechtsanwalt Dr. jur. Karl Warthorst, der aus Darmstadt stammte, war einst auch der Rechtsanwalt meines Vaters gewesen. Ich bin sicher, daß mein Vater seine antisemitische Einstellung nicht ahnte. Es ist also nicht erstaunlich, daß Dr. Warthorst einen Brief an den Bürgermeister von Fränkisch-Crumbach mit folgender Wendung abschloß: »Ich bitte mein Schreiben vertraulich zu behandeln.« Rechtsanwalt Warthorst hatte schriftlich bei der Bank für Deutsche Arbeit in Frankfurt nach einem Darlehen angefragt, um die Fabrik wieder zu beleben. Er erklärte, daß dies nötig sei, um einigen Arbeitern Brot und Arbeit zu geben, aber auch, um sicherzustellen, daß die Fabrik verkauft werden könne, und in »arischen Besitz« gelange.
Es überrascht natürlich in dieser Angelegenheit nicht, in einem Brief der NSDAP, auf dem zwei Hakenkreuze zu sehen waren, zu lesen:
»Meines Erachtens ist es ein Unding, einer jüdischen Firma ein Darlehen aus den Spargroschen der deutschen Volksgenossen oder aus Mitteln des Staates zu gewähren, da aufgrund der früheren Geschäftsgebaren zu befürchten ist,

Nationalsozialistische Deutsche Arbeiterpartei

Gauleitung Hessen-Nassau

Gaugeschäftsstelle:
Frankfurt/Main, Gutleutstr. 8-14, Schließfach 1636
Girokonto 6221 Nassauische Landesbank, Frankfurt/Main
Telefon: Sammelnummer 30381
Postscheckkonto: Frankfurt/Main 53003

Kampfzeitungen des Gaues:
„Frankfurter Volksblatt" Frankfurt/Main
Gr. Gallusstraße 21, Telefon 28232
„Hessische Landeszeitung", Darmstadt
Rheinstraße 22, Telefon: 2445

Der Gauwirtschaftsberater.
N/LÜ/R

Tagebuch-Nr. 888
Bei Beantwortung unbedingt angeben!

Frankfurt/Main, den 14. Februar 193

An die
Bügermeisterei

Fränkisch-Grumbach.

J. No.

In Erledigung Ihres Schreibens vom 5.d.M. habe ich heute laut beifolgenden Durchschlag an die Tabaküberwachungsstelle in Bremen geschrieben und Ihren Besuch angekündigt.

Heil Hitler!

i.A.

Nationalsoz. Deutsche Arbeiterpartei
Der Gauwirtschafts Berater
Gau Hessen-Nassau

Anlage.

daß die Juden auf irgendeine Art und Weise doch wieder ihre Betrügereien weiter treiben. Als Nationalsozialisten dürfen wir hier nicht wegen einigen Arbeitslosen unsere Prinzipien aufgeben.« Soviel zu einer Partei, die sich um das Wohl der Arbeiter kümmerte. Die arbeitslosen Crumbacher waren weniger wichtig, wenn es um die antisemitische Überzeugung ging.
Im Juni 1937 schrieb der örtliche Parteivorsitzende, also kein anderer als der Bürgermeister (obwohl der Brief nicht unterschrieben ist) an seine Vorgesetzten in Dieburg, um mitzuteilen, daß er eine andere Tabakfirma gefunden hätte, die in Fränkisch-Crumbach eine Zweigstelle eröffnen wolle. Hierzu würden sie das Gebäude der Oppenheimer benötigen. Er betonte, wie wichtig es im Interesse der örtlichen Arbeiter sei, die Fabrik wiederzueröffnen. Er fügte hinzu, daß ein Einfluß der Juden nicht zu befürchten sei. »Der Betriebsleiter ist Arier.« Er erinnerte seine Vorgesetzten daran, daß der jetzige Besitzer ein Jude sei: »Ich habe mir zum Ziel gesetzt, die Juden alle aus der Gemeinde zu drängen und will hiermit keine Juden anziehen.«
Er beendet den Brief mit der Feststellung: »Meine Stellungnahme ist, daß hier im Interesse der Arbeiterschaft der Betrieb eröffnet werden muß, der Jude als solcher aber keine Unterstützung erhalten kann.«
In der Fabrik wurde die Arbeit wiederaufgenommen. Herr T. versicherte seinen Vorgesetzten wiederholt, daß alle Arbeiter »Arier« seien und das Geschäft ausschließlich nach nationalsozialistischen Grundsätzen geführt würde. Nur Parteimitglieder sollten eingestellt werden.
Anfang 1938 fand sich dann sogar ein Kaufinteressent für die Fabrik. Das war die einzige Hoffnung meines Vaters, das benötigte Geld für eine Auswanderung zu erhalten. Ein Herr J. M. Kopp aus Krotzenburg in Hessen zeigte Interesse und schrieb an den Bürgermeister: »Durch den hiesigen Bürgermeister erfuhr ich, daß evt. die dort ansässige jüdische Zigarrenfabrik zu verkaufen sei.«
Zwei Wochen später informierte der Bürgermeister den Reichstreuhänder der Arbeit in Karlsruhe: »Die frühere Firma J. Oppenheimer & Söhne war jüdisch, und es ist meine Absicht diese ganz zu erledigen... Ich wäre damit in meinem Bestreben die Juden restlos von hier zu vertreiben wieder einen Schritt vorwärts gekommen.«
In einem darauffolgenden Brief berichtet dieser inzwischen erklärte Feind meines Vaters über seine Angst, mein Vater könne durch den Verkauf der Firma zu Geld kommen, welches doch ohne jeden Zweifel der Gemeinde zukommen müßte: »Ich habe kein Interesse daran, daß der Jude dadurch, daß andere Stellen auf eine Forderung verzichten, Geld übrig behält.« Ein paar Tage später schrieb er an das Hauptzollamt in Offenbach und bat um Informationen: »...da ich annehmen muß, daß der Jude mich belügt.«
Im Jahr 1939 gab es viele einschneidende Ereignisse für unsere Familie. Vater

wurde gezwungen, unser schönes großes Haus in der Allee, das er zur Hochzeit mit Klara für die Familie gebaut hatte, zu verkaufen. Wir zogen in das alte Haus der Großeltern, welches an die Fabrik angebaut war. Dort lebte unser physisch behinderter Onkel Gustav mit seiner Schwester Ida, die geistig zurückgeblieben war. Am 10. November 1938 veranstaltete Fränkisch-Crumbach seine »Reichskristallnacht«, die zutreffender »Pogromnacht« bezeichnet wird. Damals verbreiteten sich Nachrichten noch langsam. In den meisten Teilen Deutschlands hatte dieses Ereignis bereits einen Tag vorher stattgefunden, nun war unser Dorf an der Reihe. Auch wir wurden nicht verschont, auch unser Haus wurde blindwütig zerstört. Unser Bruder Ernst, der in Mannheim die Zerstörung der Synagoge und die Übergriffe auf Juden miterlebt hatte, eilte zurück in unser Dorf. Alles was er damit erreichte war, daß er und Vater zusammengeschlagen und anschließend in das örtliche Gefängnis gezerrt wurden. Von dort aus verschleppte man beide nach Buchenwald. Einige Wochen später wurden sie entlassen. Vater kam als alter, kranker Mann zurück.
Auch mit dieser Demütigung der Familie Oppenheimer gab sich der Bürgermeister noch nicht zufrieden. In seinen folgenden Briefen erwähnte er weder die Übergriffe dieser Nacht noch die Internierung im Konzentrationslager. Er beschwerte sich nun darüber, daß der Eigentümer die Fabrik vernachlässige und sie sich dadurch nur schwer verkaufen ließe. Er informierte seine Vorgesetzten in Dieburg darüber, daß er »Oppenheimer« davon in Kenntnis gesetzt habe, daß dieser niemals eine Ausreisegeneh- migung erhalten würde, bevor nicht alle Angelegenheiten, die Firma betreffend, zufriedenstellend geklärt wären. Die zuständigen Büros bat er, keine Reisepässe auszustellen.
Ich weiß nicht, wie erfolgreich er mit seinen Bemühungen war, zu verhindern, daß Vater die nötigen Dokumente erhielt. Als es dann endlich soweit war, im Oktober 1940, brauchten meine Eltern keine Pässe mehr, um nach Frankreich in das Konzentrationslager Gurs auf dem Gebiet des französischen Vichy-Staates deportiert zu werden. Knapp zwei Jahre später war es ihnen wiederum ohne gültige Ausweise erlaubt, eine »Trans-Europa-Fahrt« zu unternehmen, dieses Mal in einem Viehwaggon nach Auschwitz in Polen.
Bereits zu Beginn des Jahres 1939 war die Familie Oppenheimer gezwungen, das Dorf zu verlassen. Wir zogen nach Mannheim. Tante und Onkel, beide durch ihre Behinderung hilflos, folgten uns nach Ausbruch des Krieges. Für diese alten, behinderten und unglücklichen Menschen war damit die Wanderschaft aber noch nicht zu Ende. Sie verließen uns, um in ein Altersheim nach Worms zu gehen. Von dort wurden sie nach Darmstadt transportiert und anschließend in das Lager Theresienstadt, eine Zwischenstation nach Auschwitz. Es ist glücklicherweise sicher, daß ihr Leidensweg hier, vor der Hölle von Auschwitz, ein Ende fand.
Es gab im Dorf auch andere Interessenten für die Fabrik und das anliegende

Haus. Das ist durch die juristische Korrespondenz belegt. Alle spielten »Katz und Maus« mit meinem Vater.

Ein Herr J., ein Einwohner aus Fränkisch-Crumbach, lebte ohne Vaters Einwilligung in unserem Haus. Über den Bürgermeister als Vermittler machte er ein Kaufangebot von 16 000 Mark für das Haus und die Fabrik. Vor diesem Angebot hatte Herr J. meinem Vater bereits 20 000 Mark geboten. Vater hatte beschlossen, auf dieses Angebot einzugehen, da es die einzig Möglichkeit schien und er sich keinen Ärgerm einhandeln durfte, als sich dann an dieser Stelle der Bürgermeister einschaltete. Vater antwortete in angemessener Form, denn ihm war klar, daß das die einzige Möglichkeit war. Man kann sich die Schadenfreude vorstellen, die seine Briefe, immer korrekt mit »Moritz Israel Oppenheimer« unterschrieben, in Fränkisch-Crumbach auslösten. Er betonte zum Beispiel, daß der Wert für die Besteuerung der Firma mit 45 000 Mark festgelegt sei und er aus diesem Grund das erste Angebot vorziehen würde. Inzwischen hatte der nie untätige Bürgermeister den Landrat in Dieburg darüber informiert, daß es im Dorf immer noch jüdischen Besitz gebe, und nachgefragt, wie damit zu verfahren sei. Der Eigentümer mache sich nicht die Mühe, den Besitz in gutem Zustand zu erhalten. Der Besitz sei offensichtlich noch nicht verkauft, denn »der Jude fordert noch unsinnig hohe Preise und sucht nur den Verkauf zu hintertreiben«.

Anfang 1941 muß die Nachricht, daß alle Juden aus Baden, der Pfalz und dem Saarland ausgewiesen und nach Gurs, einem Konzentrationslager im Südwesten Frankreichs, deportiert worden sind, auch den Odenwald erreicht haben. Die meisten dieser Menschen kamen aus Mannheim, wo viele gehofft hatten, sich in relativer Sicherheit zu befinden, einschließlich meiner Eltern, meinem Bruder Michael und meiner Schwester Feo.

Herr J. aus Fränkisch-Crumbach bewarb sich nun offiziell darum, die Fabrik zu kaufen. Auch hier war der Bürgermeister wieder Mittelsmann. Er wandte sich wieder an die Behörden in Dieburg, denn alles sollte regulär und korrekt aussehen. Und so geschah es auch. Es war ein neues Wort erfunden worden, das alles benannte, was früher einmal Juden gehört hatte. Die Dienststelle in Dieburg hatte es nun als Überschrift auf ihren Briefbogen eingedruckt. Die »Entjudung« wurde gefordert. Die deutsche Sprache ist geeignet, Wunder zu bewirken, und niemand anders als die amtlichen Würdenträger erdachten sich ein weiteres neues Wort. Dieses Wort fiel auch in der Korrespondenz zwischen Dieburg und dem Bürgermeister: »Zwangsentjudung«.

Dieburg informierte Fränkisch-Crumbach über ein neues Gesetz, welches jeglichen jüdischen Besitz in das Eigentum des Landes überschrieb, so daß alles, was meinem Vater gehörte, vom Land Baden beschlagnahmt wurde (Mannheim war die Hauptstadt Badens). Zu wissen, daß es nun keine Probleme mehr für Herrn J. geben würde, den Besitz meines Vaters zu kaufen, muß sehr

beruhigend gewesen sein. In dem Brief wurde nicht erwähnt, daß alle Juden bereits deportiert waren und ihre Rückkehr mehr als unwahrscheinlich war.
Ende Juni 1944 war die Fabrik immer noch nicht endgültig verkauft, und der Bürgermeister schlug dem Finanzamt vor: »Ich möchte hierzu nunmehr vorschlagen, das Anwesen der Gemeinde Fränkisch-Crumbach zu verkaufen, die bis Kriegsende das Gebäude verwalten könnte, um es dann an Interessenten zu geben, die für würdig empfunden werden, oder es auch evtl. zu behalten und für eigene oder parteipolitische Zwecke zu verwenden.«
Natürlich kam nur ein deutscher Sieg in Frage, obwohl die Alliierten bereits in der Normandie gelandet waren.
Warum nur investierte Herr T., der Bürgermeister, soviel Zeit, um meinen Vater zu verfolgen? Geschah es aus persönlichem Haß? Oder geschah es aus unsinniger Treue dem Nazi-Regime gegenüber, welches absolute Loyalität verlangte? Wenn man Erfolg daran messen würde, inwieweit man seinem Ziel nahekommt, dann wäre der Bürgermeister ein erfolgreicher Mann. Ob er als glücklicher Mann starb? Ein stolzer Diener Adolf Hitlers? Was bewirkte diese ruhelose Verfolgung in seinem Herzen, in seiner Seele?
Natürlich war Herr T. nur ein Rädchen im Getriebe dieser riesigen Todesmaschinerie – einer Maschinerie, die zwei Drittel der europäischen Juden vernichtete. Es gab Zehntausende wie ihn, die diese Maschinerie am Laufen hielten. Es gab Hunderttausende, die alles billigten, Millionen, die davon wußten.
An dieser Stelle nun möchte ich der Frau des Bürgermeisters meine Achtung aussprechen. Ich erfuhr erst kürzlich davon, daß sie unserer Familie heimlich Milch verkaufte, denn es war uns verboten, die Geschäfte des Ortes zu betreten. Uns Kindern erschien es selbstverständlich, genug zu essen zu haben. Woher die Lebensmittel kamen, wußten wir nicht, es wurde uns auch nicht gesagt. Es muß uns also jemand geholfen haben, und ich bin Frau T. für ihre Hilfe sehr dankbar. Ob ihr Ehemann darüber Bescheid wußte? Es gibt so vieles, was wir nicht verstehen können.

Mina

Ein wichtiges Mitglied unseres Haushalts war Mina, das Dienstmädchen. Damals war das ihre Berufsbezeichnung, aber sie war weit mehr als das. Sie führte den Haushalt, beaufsichtigte uns, gab jedermann Anweisungen und wollte das Wort »nein« nie hören. Sie teilte sich die Küchenarbeit mit Mutter, erledigte die Gartenarbeit mit einem von uns Kindern, und hin und wieder sagte sie ihre Meinung über ein Familienmitglied, die nicht immer gerade liebenswürdig war.

Mina und mich verband etwas Besonderes: Da Michael genau 364 Tage nach mir zur Welt kam und Mutter so dem neuen Baby viel Aufmerksamkeit schenken mußte, wurde ich sozusagen Minas Kind. Sie sorgte mit Hingabe für mich, und sie verwöhnte mich. Alle wußten das, und auch ich war mir darüber im klaren. Wenn es irgendwelche Streitereien mit den Geschwistern gab, war sie sofort auf meiner Seite, ohne zu fragen, worum es eigentlich ging. Daß ich diesen Vorteil zu nutzen wußte, daran erinnern sich noch heute die benachteiligten Parteien.

Aber Mina widmete sich nicht nur unserer Familie mit Hingabe. Als gute Katholikin war sie auch ihrer Kirche in Hingabe verbunden. Fränkisch-Crumbach hat eine Kirche aus dem 13. Jahrhundert, die bis zur Reformation natürlich katholisch war. Zu meiner Zeit gab es eigentlich fast keine Katholiken im Dorf. Heute gibt es eine moderne katholische Kirche, die für die Flüchtlinge aus dem Sudetenland gebaut wurde: eine der Ironien der europäischen Geschichte als Folge von Hitlers Einmarsch im Sudetenland, einem Teil der damaligen Tschechoslowakei. Er vertrieb die Tschechen aus dem Sudetenland, die angeblich rassisch minderwertigeren Slawen, um ein reinrassiges deutsches Gebiet zu schaffen. Als sich dann die deutschen Armeen zurückziehen mußten, kamen die Tschechen zurück und vertrieben nun ihrerseits alle Deutschen, einschließlich derer, die schon seit Generationen dort gewohnt hatten.

Die wenigen Katholiken in unserem Dorf vor diesem Zustrom katholischer Flüchtlinge waren prominente Leute gewesen. Zu meiner Zeit war das niemand weniger als die ortsansässige Frau Baronin und ihre Familie. Diese lebten in einem Gutshaus im Zentrum des Dorfes, umgeben von einem herrlichen Park. Als Abrundung ihres ansehnlichen Besitzes hatte diese ehrwürdige Fa-

Mina Dümig 1938

milie ihre eigene Kirche in einem abgeschiedenen Teil ihres Parks. Die Baronin und ihre Bediensteten gingen dort zur Messe, und es wurden auf unüblich demokratische Weise auch alle katholischen Dorfbewohner zu den Gottesdiensten eingeladen.
Mina besuchte regelmäßig die Messe, aber auch ich, allerdings nicht so regelmäßig. Daß Mutter von meinen Kirchenbesuchen an Minas Seite nicht begeistert war, wußte ich, aber in diesem Fall hatte sie nicht viel zu sagen. Ich wollte hingehen, und Mina nahm mich mit. Von dem Gottesdienst verstand ich nur wenig. Er wurde in lateinischer Sprache abgehalten. Da die Liturgie in der Synagoge hebräisch war, wovon ich ebensowenig verstand, kam mir das nicht merkwürdig vor. Von beiden Gottesdiensten wußte ich, daß Gott gepriesen wurde, und in diesem Fall war für mich, einem Mädchen von sechs Jahren, die katholische Kirche sehr viel attraktiver. Hier gab es nämlich Bilder, in einer Synagoge hingegen sind die Wände leer. Hier gab es Musik, in der Synagoge wurde zwar auch gesungen, aber die alten, sehr traurigen Lieder wurden ohne Begleitung vorgetragen. Ein wunderbarer Duft erfüllte die katholische Kirche. Für mich war dieser Duft ein Bestandteil ihrer ganzen Schönheit, ich wußte lange nicht, daß es Weihrauch war. Und es gab auch Kerzen. Im Vergleich dazu erschien mir die Synagoge viel zu nüchtern.
Das Schönste aber waren die Feste. Am besten kann ich mich an Mariä Himmelfahrt erinnern, Marias Fahrt in den Himmel. In anderen Sprachen wird dieses Fest mit einem ganz abstrakten Wort bezeichnet, zum Beispiel im Englischen mit »Assumption«. Bei dem deutschen Ausdruck kann man Maria fast in den Himmel emporstreben sehen, als wäre sie Aschenputtel in einer goldenen Kutsche. Ich kann mich an kleine, in weißen Musselin gekleidete Mädchen erinnern, die Blütenblätter streuten. Was könnte romantischer sein? Was könnte das Gefühl mehr ansprechen? Ich wollte nicht unbedingt eines dieser fügsamen Mädchen sein, aber ich war glücklich, so etwas Zartes und Schönes mitansehen zu dürfen. Daß ich nicht dazu bestimmt war, daran teilzunehmen, hatte ich schon recht früh verstanden. Das Kruzifix machte mir Angst. Jemand hatte mir gesagt, die Juden hätten Jesus getötet. Ich verstand, es gab eine vage Verbindung zwischen mir und diesem Tod und auch der Verantwortung dafür, aber genaueres wußte ich nicht. Die Erkenntnis, daß auch die anderen dachten, ich wäre mitschuldig, war für mich schwer zu ertragen.
Diese Mittäterschaft wurde damals tatsächlich von den Kirchen so dargestellt. Das war schon seit Jahrhunderten so und mußte als Entschuldigung für alles Schreckliche herhalten, was man den Juden antat. Auch während des Holocaust gab es Menschen, die sagten: »Das haben sie sich selbst zuzuschreiben!«
Ich habe hier bewußt nicht die Bezeichnungen »Deutsche« und »Juden« als Gegensätze benutzt. »Arier«, »Nicht-Juden« und »Christen« das sind Wörter,

zu denen ich stehen kann. Es war keine Angelegenheit zwischen Deutschen und Juden, denn die Juden waren Deutsche.
In unserem Dorf war die Vorstellung der Menschen von der Welt noch sehr einfach: Wir waren für sie die Juden, sie waren die Christen und somit höherwertiger. Eine einfache Logik, aber doch sinnvoll. Was, wenn nicht unsere Religion, unterschied uns von ihnen? Ich habe versucht, den Unterschied dieser beiden Formen von Gottesverehrung herauszufinden, und kam immer wieder zu der gleichen Erkenntnis: Wir alle beten zu demselben Gott, wenn auch nicht auf genau die gleiche Art und Weise. Das Alte Testament gehört zu beiden Religionen, und Teile daraus, wie zum Beispiel die Psalmen, sind für beide von großer Bedeutung.
In Osteuropa lagen die Dinge anders. In Rußland und Polen wurden Juden nie als national zugehörig angesehen, sie waren Juden und wurden dementsprechend behandelt, nämlich schlecht. Es spielte keine Rolle, daß sie im Land geboren waren und bereits seit Generationen dort lebten.
Nach dem Holocaust, so hatte ich gedacht, müßte die Kirche ihre verhängnisvolle Irrlehre revidieren. Nach meinem Verständnis der Bibel hatten die Römer den Juden Jesus getötet, da er sich nicht den Gesetzen der römischen Eindringlinge beugen wollte. Ich denke, heute würde man ihn einen Revolutionär nennen. Es ist mir bewußt, daß ich mit dieser Meinung bei einigen Menschen Anstoß errege. Es gab damals und es gibt heute fortschrittliche Vertreter der Kirchen, die bereit sind, die Lehren von der angeblichen Rolle der Juden im Zusammenhang mit der Ermordung von Jesus zu revidieren. Es ist aber manchmal erstaunlich, wie weitverbreitet dieses intolerante Denken noch immer ist.
Als meine Schwester Féo in den späten fünfziger Jahren, im weltoffenen Paris, eines Abends ihren Sohn Marc ins Bett brachte, fragte er: »Ich töte doch keine kleinen Tiere, oder?«
»Natürlich nicht!« versicherte ihm seine Mutter, aber er war zutiefst besorgt. Marc beharrte darauf, sein Freund Charles habe zu ihm gesagt, er hätte ein kleines Tier getötet. Die Verkleinerungsform zu bilden, ist in der französischen Sprache nicht so einfach wie in der deutschen. Wenn ein französisches Kind von einem »Hündchen« oder einem »Häschen« spricht, sagt es: »le petit chien« oder »le petit lapin« und so weiter. Charles hatte also zu Marc gesagt, daß sie keine Freunde mehr sein könnten, da Marc »le petit Jésus« getötet habe. Da der Name Jesus in jüdischen Familien aus eben dieser jahrhundertealten Anschuldigung für gewöhnlich nicht erwähnt wird, war für Marc »le petit Jésus« offensichtlich ein Tierkind. Daraufhin stellte meine Schwester Nachforschungen an. Es war der örtliche Pfarrer gewesen, der dem petit Charles verboten hatte, mit dem petit Marc zu spielen, und er begründete dieses Verbot mit dem Tod des petit Jésus.

Wird das den Kindern heute noch immer mit den Lehren des Katechismus beigebracht?
Immer wieder muß ich mich über die Haltung der Kirchen im Dritten Reich wundern. Es gab ohne Frage auch gute und mutige Kirchenleute, die offen ihre Gedanken aussprachen und dafür mit ihrem Leben bezahlten. Durch seinen Widerstand gegen das Regime wurde der Protestant Dietrich Bonhoeffer bekannt wie auch der Katholik Bernhard Lichtenberg, der täglich im Herzen Berlins gegen das sich ausbreitende Übel predigte. Aber die Mehrheit verhielt sich ruhig.
Eine Frage stellt sich allen, die an den Holocaust erinnern: Warum schwieg der Papst? Für Europas Bevölkerung, die überwiegend katholisch war, hätte er wohl die am meisten beachtete Stimme gehabt. Da er über zuverlässige Informationsquellen verfügte, wußte er über alles Bescheid.
Es gab vereinzelt Pfarrer, die den Verfolgten halfen, aber nicht die Mehrheit. Und wie war es in Fränkisch-Crumbach? Was sagte der hiesige Geistliche am Sonntag nach der Pogromnacht? Es gibt bestimmt einige, die sich daran erinnern. Ich denke, in irgendeiner deutschen Kirche, wurden die Brandanschläge auf die Synagogen bestimmt erwähnt. Fünfzig Jahre später gedachte der Geistliche der evangelischen Kirche meines ehemaligen Heimatdorfes dieser Nacht mit Worten des Grauens und der Reue. Und sogar im Jahre 1988 nahmen einige Gemeindemitglider an dieser Predigt Anstoß.
In Fränkisch-Crumbach habe ich heute eine Freundin, die sich an die Gespräche erinnern kann, die ihr Vater nach schweren Arbeitstagen mit den Nachbarn bei einem Bier zu führen pflegte. Diese Männer hatten ihr Zuhause nur einmal verlassen, um im Ersten Weltkrieg in Matsch und Blut an der Ost- oder Westfront zu kämpfen. Sie lauschte oft, wenn diese Männer über ihre Erlebnisse sprachen. So erfuhr sie, daß ein Krieg das Schlimmste sei, was einem Land und seinen Menschen widerfahren könne. Sie glaubte und vertraute ihrem Vater. Als Hitler an die Macht kam, sprach ihr Vater die drohenden Worte: »Jetzt kommt wieder Krieg.« Das ängstigte sie zutiefst. In der Kirche jedoch verkündete der Geistliche erfreut, unter Hitlers Führung werde nun das Paradies auf Erden beginnen. Eine dieser Aussagen mußte falsch sein, das war ihr, einem nachdenklichen und ernsten Kind, klar. Anzunehmen, daß der Geistliche nicht die Wahrheit sagte, fiel ihr schwer, aber es war der einzige Schluß, zu dem sie kam. Von der Aufrichtigkeit ihres Vaters war sie absolut überzeugt.
Mina, die nur wenig Bildung genossen hatte, liebte uns, obwohl wir keine Christen waren. Sie konnte bei uns offensichtlich nichts entdecken, was uns von den anderen unterschied. Sie hatte den praktischen Sinn einer Bauersfrau. Trotz allem, was man ihr in der Sonntagsschule beigebracht hatte, machte sie uns nicht für den Tod ihres Erlösers verantwortlich. Sie hatte einfache, aber

feste Vorstellungen; sie glaubte an einen Himmel und eine Hölle, mit Engeln und Teufeln. Sie war mutig, treu und gutherzig.
Als die Lakaien der ortsansässigen NSDAP kamen, um ihre Stimme für die Nazis einzusammeln, bekamen sie von Mina nur beißende Schelte zu hören, und so schlichen sie wieder von dannen. Als dann durch den Ausrufer ein Erlaß verbreitet wurde, der es Ariern verbot, für Juden zu arbeiten, vermute ich, daß sie mit den Schultern zuckte und diese Dummheit nicht beachtete. Als Vater versuchte, sie fortzuschicken (was schwierig war, denn sie hatte kein anderes Zuhause), weigerte sie sich zu gehen. Als sie dann schließlich doch gehen mußte, war das eine tränenreiche Angelegenheit. Ich konnte mich mit ihrem Fortgehen nicht abfinden. Langsam begann ich zu begreifen, was wirkliche Ungerechtigkeit war.
Als unsere Familie wenige Monate später, des anonymen Lebens und der Arbeit wegen, die Mutter dort gefunden hatte, nach Mannheim umzog, mußten Feo und ich zurückbleiben, da wir beide an Keuchhusten erkrankt waren. Mutter hatte eine Stelle als Leiterin des jüdischen Waisenhauses in Mannheim bekommen. Es wäre damals fast eine kriminelle Handlung gewesen, eine Infektionskrankheit in ein Haus voller Kindern einzuschleppen. Ob wir es wollten oder nicht, Feo und ich mußten im Dorf zurückbleiben. So lebten wir in Quarantäne allein mit Onkel Gustav und Tante Ida, die kaum in der Lage waren, für sich selbst zu sorgen. Mina, die niemals den Kontakt zu uns abgebrochen hatte, kam nun zurück, trotz des strengen Verbots durch die Nazis. Ich nehme an, daß die örtliche Polizei vor ihrem Mundwerk Angst hatte.
In den Geschäften, die für uns verboten waren, kaufte sie Lebensmittel für uns. Sie pflegte und verwöhnte zwei sehr verängstigte kleine Mädchen.
Später noch, im Oktober 1940, als meine Eltern aus Mannheim deportiert werden sollten und nur ein paar Stunden vorher davon in Kenntnis gesetzt worden waren, tauchte sie plötzlich bei ihnen auf. Wie hatte sie davon erfahren? Die Deportationsbefehle waren geheim. Wie konnte sie so etwas wagen? Sie war sicherlich ein kleiner Trost für meine Eltern in diesen unvorstellbar schrecklichen Stunden. Meine Eltern gaben schweren Herzens einen Ordner mit allen Briefen ihrer vier älteren Kinder, die sie seit ihrer Auswanderung geschrieben hatten, in ihre Obhut. Diese Briefe, einzigartige Erinnerungen an die frühe Exilzeit, sind heute in meinem Besitz.
Ich kenne die Kriterien der Kirche für eine Seligsprechung nicht. Es scheint mir, als ob in früheren Zeiten diejenigen, die ein Wunder vollbrachten, Kandidaten für eine Seligsprechung waren. Heutzutage sind Wunder keine Bedingung mehr. Das alles war mir solange gleichgültig, bis ich von der Seligsprechung Edith Steins vor etwa zehn Jahren hörte.
Ich persönlich fühle keine Abneigung gegenüber Edith Stein, sie war ohne Frage eine große und mutige Denkerin. Konvertiten sind üblicherweise nicht

sehr beliebt bei Glaubensgenossen, von denen sie sich durch ihre Ansichten unterscheiden. Edith Stein war Jüdin und konvertierte zum Katholizismus. Als ernsthafte Wissenschaftlerin betrieb sie wertvolle Forschungen auf theologischem Gebiet. Sie war in einen Kölner Orden eingetreten, wurde aber um ihrer Sicherheit Willen nach Holland versetzt. In den guten alten Zeiten der spanischen Inquisition reichte es zu konvertieren, um am Leben zu bleiben, aber die Nazis hatten es anders beschlossen. Orden und Klöster wurden durchsucht, man fand Edith Stein und brachte sie nach Auschwitz, wo sie, wie Millionen andere auch, umgebracht wurde. Sie wurde schließlich selig gesprochen. Warum? Weil sie eine Konvertitin war? Das waren andere auch. Weil sie eine Wissenschaftlerin war? Die Kirche hatte oft gerade Wissenschaftler abgelehnt und als unchristlich verstoßen. Weil sie in Auschwitz starb? Das war zu dieser Zeit kein Einzelfall.
Wenn die Nonnen des Ordens sich geweigert hätten, sie gehen zu lassen und dafür mit dem Tod bestraft worden wären, sähe ich hierin den besten Grund für eine Seligsprechung. Aus meiner Sicht wäre sie Heilige gewesen. Wenn sie gesagt hätten: »Wenn sie gehen muß, gehen wir alle auch« und sie bis zum Ende begleitet hätten, wäre das sogar ein überzeugender Grund gewesen.
Es gab einige großartige Menschen, die ihr Leben riskierten, indem sie ihren Mitmenschen halfen, als diese zu Tode gehetzt werden sollten. In Polen versteckten mutige Bauersfrauen Juden und verpflegten sie mit ihren kärglichen Mitteln, immer mit der Angst im Nacken, eventuell verraten zu werden. Einige von ihnen wurden denunziert und bezahlten mit ihrem Leben. Es gab auch in anderen Ländern Menschen, die als Retter hervortraten, wofür Dänemark vielleicht das herausragendste Beispiel bietet. In Holland gab es mutige Retter, aber auch Nazi-Sympathisanten, die für Geld oder einfach aus Boshaftigkeit Menschen verrieten. In Ungarn gab es einzelne mutige Retter sowie in der ehemaligen Tschechoslowakei; sogar in Deutschland, wo es am schwierigsten war. In meinen Augen hätten diese Menschen eine Seligsprechung verdient. Aber mir ist keine solche Ehrung bekannt.
Mina Dümig ist ein Beispiel für eine ergebene Haltung der Kirchen und ihren Nächsten gegenüber. Eine treue Frau voller Liebe. Ich denke gerne an sie als eine Heilige im Himmel, an den sie geglaubt hat. Sie zögert bestimmt nicht, den Engeln zu sagen, sie sollten ihre Schuhe und Heiligenscheine polieren, und ihre Rede wird noch immer ein wenig von der alten Schärfe haben. Aber der himmlische Gastgeber wird fraglos ihre reine Güte erkennen.

Der 10. November in Fränkisch-Crumbach

Der 9. November war ein schicksalhaftes Datum für jüdische und nicht-jüdische Deutsche. Es dauerte damals allerdings länger, bis die Nachrichten darüber die ländlichen Gebiete erreichten. In Fränkisch-Crumbach erkannte man die Bedeutung dieses Tages nicht sofort. Anderswo brannten schon die Synagogen, und die Geschäfte der Juden wurden verwüstet. Jüdische Männer wurden festgenommen und in die Konzentrationslager nach Dachau, Buchenwald und Sachsenhausen gebracht. Jüdische Kinder, die noch in die öffentlichen Schulen gingen, wurden endgültig ausgeschlossen, wie auch die Studenten, die noch an den Universitäten waren. Auf den Straßen wurden Juden angegriffen und gedemütigt. Einige wurden umgebracht.

Unser Bruder Ernst, der die Gewalttätigkeiten in Mannheim mitansehen mußte, beeilte sich, nach Hause zu kommen. Fränkisch-Crumbach würde keine Ausnahme darstellen. Wußten unsere Eltern Bescheid? Sie müssen Angst gehabt haben. Wir Kinder wußten nichts von alledem und gingen wie gewöhnlich zu Bett. Wir waren den Schrecken des 9. Novembers entgangen und verbrachten einen nicht leichten, aber doch ereignislosen 10. November, zumindest bis zum Abend.

Was waren wohl die Gründe für diesen von den Behörden sanktionierten Gewaltausbruch gegen uns alle? Die Parteivorsitzenden waren unterrichtet worden. Die Polizei war angewiesen, Hilfegesuchen von Juden nicht nachzugehen. Die Feuerwehren standen zum Niederbrennen der Synagogen bereit. Sie hatten die Aufgabe, sicherzustellen, daß die Gebäude in der Nachbarschaft nicht in Mitleidenschaft gezogen wurden. Sie erfüllten ihre Pflicht in vorbildlicher Weise. Noch heute kann man in Worms, einst Sitz der ältesten und blühendsten jüdischen Gemeinde Deutschlands, makabre Bilder betrachten, auf denen die Feuerwehr zu sehen ist, wie sie den Wasserstrahl ihrer Löschrohre an der ältesten Synagoge Deutschlands (11. Jahrhundert, romanisch) vorbei ausrichtet, und wie diese von den Flammen verschlungen wird.

Ende Oktober 1938 wurden alle in Deutschland lebenden Juden polnischer Herkunft zusammengetrieben und nach Polen deportiert. Eine polnische Herkunft wurde attestiert, wenn der Geburtsort in Polen lag oder die Eltern oder Großeltern aus Polen kamen. Viele von ihnen waren noch nie in Polen gewe-

sen und sprachen kein Wort polnisch. Das war für die Nazis ohne Relevanz. Daß dieser Zustrom jüdischer Menschen in Polen nicht erwünscht war, interessierte sie wenig. Man schob diese Nachkommen polnischer Vorfahren über die Grenze nach Polen ab. Dort waren sie ebenfalls unerwünscht, ein Teil der polnischen Bevölkerung stand ihnen feindlich gegenüber. Eine Rückkehr war wegen des Hasses, mit dem sie von den Nazis verfolgt wurden, ausgeschlossen. Einige von ihnen begingen Selbstmord, andere wurden von polnischen oder deutschen Wachposten erschossen.
Der 17jährige Herschel Grynspan, der wegen der Unterdrückung in Deutschland nach Paris geflohen war, in der Hoffnung seine Eltern würden ihm folgen, war verzweifelt, als er erkennen mußte, was ihnen nun in Polen widerfuhr. Er gab nicht auf, Erkundigungen bei der deutschen Botschaft einzuholen, um zu erfahren, ob es Neuigkeiten oder gar Hilfsmöglichkeiten gäbe. Ohne Zweifel wurde er dort wegen seiner Bemühungen verspottet. Er fand dort keinen Trost. In seiner Verzweiflung schoß er auf Ernst von Rath, ein Sekretär der deutschen Botschaft, und verwundete ihn.
Deutschland war fassungslos. In der Manipulation der modernen Medien, des Rundfunks und der Presse, war der Propagandaminister Goebbels führend in der Welt. Ständig wurde über den Zustand des verwundeten von Rath berichtet. In der Presse wurde dieses Attentat dann als Ausdruck der jüdischen Weltverschwörung hochstilisiert, und man drohte mit grausamer Vergeltung. Als von Rath dann am 9. November starb, gab die jüdische Gemeinde von Berlin eine Erklärung heraus, in der sie sich von dem Attentat distanzierte. Höchstwahrscheinlich gossen sie damit noch Öl ins Feuer. In dieser Nacht kam es überall zum Ausbruch organisierter »spontaner« Gewalt. Die Sturmtruppen (SA) und andere Uniformträger nahmen daran teil, aber auch anderen war es gestattet, sich dieser legalisierten Entrüstung anzuschließen, und viele waren dazu bereit. Wenn wir Juden alle für den Tod von Jesus verantwortlich waren, war es nicht schwer, zu glauben, daß wir nun auch am Ableben des Herrn von Rath schuldig waren.
Für uns endete die unheilschwangere Ruhe schlagartig in der späten Nacht des 10. November. Ein donnerndes Klopfen gegen unsere Haustür ließ mich aufwachen. Offensichtlich wurde sie nicht schnell genug geöffnet, denn ich konnte die Schläge einer Axt und das Splittern von Holz hören. Dann hörte ich Rufen und Schreie. Ob wir, die Kinder, zu schreien anfingen, weiß ich nicht. Aber 50 Jahre später erzählte man uns, die arme, geistig verwirrte Tante Ida hätte unmenschliche Schreie von sich gegeben, nachdem die gewalttätigen Eindringlinge sie traktiert hatten. (Trotz der schrecklichen Kriegszeit und des Schlimmen, das Deutschland erfahren sollte, können sich manche Einwohner Fränkisch-Crumbachs noch heute an die Greuel dieser Nacht erinnern. Das gab mir Stoff zum Nachdenken).

Dann kam meine Schwester Hannah in mein Zimmer. Sie schaltete das Licht ein, aber plötzlich war alles dunkel, man hatte ohne Zweifel die elektrischen Anlagen zerstört. Wir hatten panische Angst. Die Stimmen im Erdgeschoß verhießen nichts Gutes. Nur Wut. Wir wagten uns nicht hinunter und stürzten in Onkel Gustavs Schlafzimmer. Der arme behinderte Mann bemühte sich aufzustehen, um nachsehen zu können, was da vor sich ging. Wir lebten jetzt alle in dem alten Oppenheimer-Haus, einem Anbau der Fabrik. An seiner Rückseite führte eine Treppe hinunter in den Innenhof. Hannah und ich flüchteten über diese Treppe, weg von dem Tumult, barfuß und in Nachthemden. Es war eine kalte Nacht. Im Hof stand Vaters Auto. Was konnten wir tun? Wir sprangen hinein und versteckten uns zusammengekauert hinten im Autos. Dann hörten wir von der Hofseite des Hauses her das Geräusch von splitternden Fensterscheiben. Jemand versuchte, das Haus von außen anzugreifen. Etwas Unerwartetes geschah. Ein uns unbekannter Mann kam zum Auto. Er sprach uns nicht direkt an, tröstete uns nicht, aber er stand vor dem Auto und sagte, er würde schon mit jedem fertig werden, der uns etwas antun wollte.

Wie lange wir dort gekauert haben, kann ich heute nicht mehr sagen, aber damals erschienen uns die Stunden endlos, in denen wir vor Kälte und Angst zitterten. Heute weiß ich, daß ich dort, im Alter von neun Jahren, die größte Angst meines Lebens auszustehen hatte. Ich bin über die Jahre in verschiedenen gefährlichen Situationen gewesen, aber nichts reicht an den blanken Terror dieser Nacht heran. Wir hatten keine Ahnung, was in unserem Haus geschehen war, ob wir jemals dorthin zurückkommen würden oder was mit uns geschehen würde, wenn wir doch hineingingen. Wer würde dort sein? Und in welcher Verfassung? Schließlich endete auch diese Nacht. Die Randalierer waren anscheinend müde geworden. Schließlich hatten wir den Mut, ins Haus zurückzuschleichen. Das Chaos, das wir dort vorfanden, machte uns sprachlos. Unsere arme Mutter stand wie gelähmt, unfähig etwas zu tun. Sie muß verzweifelt gewesen sein, aber ich war noch zu jung, um alles zu verstehen. Ein paar Antworten bekamen wir aber trotzdem auf unsere Fragen. Vater und Ernst hatte man mitgenommen. Ja, sie war sich sicher, daß sie bald wieder hier sein würden. War sie sich wirklich sicher? Daß man beide zusammengeschlagen hatte, bevor sie weggeschleppt wurden, erzählte sie uns nicht. Sie erzählte uns auch nicht, daß die Nazibande unseren innig geliebten, behinderten Onkel Gustav mit seinem wundervollen, von ihm selbst konstruierten Rollstuhl die Treppe hinuntergestoßen hatte. Ich wünschte, er wäre damals gestorben. So mußte er das Martyrium noch drei weitere Jahre ertragen, bevor er im Konzentrationslager Theresienstadt starb. Tante Idas Gesicht hatte man übel zugerichtet. Sie war zu verwirrt und krank, um ihrem Bruder beistehen zu können.

Auch heute noch versuche ich, mich immer wieder daran zu erinnern, wie die

Tage nach dieser Nacht verlaufen sind, aber es ist mir nicht möglich. Ich weiß nicht, wie lange es dauerte, bis wir die Trümmer beseitigt hatten. Die Fenster und Spiegel, auch die Bilder waren zerschlagen. Jedes Möbelstück war von Axtschlägen beschädigt, wenn auch nicht alles völlig zerstört war. Die Gardinen und das Bettzeug waren augeschlitzt. Die Telefonschnur war aus der Wand gerissen, aber es war Juden ja ohnehin bald verboten, zu telefonieren oder Radio zu hören.

Erst später, als ich selbst Mutter war, kochte und meine Familie versorgte, konnte ich völlig verstehen, was meine Mutter am tiefsten getroffen hatte inmitten dieser ganzen Zerstörung. Wie alle Frauen im Dorf kochte auch meine Mutter alles ein, was bei uns im Garten wuchs. Es gab viel Arbeit, wenn die Erntezeit gekommen war; Obst und Gemüse mußten geerntet, gesäubert, geschält, sortiert und klein geschnitten werden. Manches mußte gekocht werden, Marmeladen wurden eingekocht, die Einmachgläser mußten vorher sterilisiert werden. Das Ergebnis war dann eine stattliche Reihe von etikettierten Einmachgläsern, die eine gute Versorgung auch im Winter in Aussicht stellten. Gab es tatsächlich Menschen, die daran Freude hatten, jedes Gefäß einzeln auf dem Boden in Stücke springen zu sehen? Das Durcheinander der Flüssigkeiten breitete sich blutrot zwischen den Scherbenhaufen aus.

Ich weiß nicht, wann Mutter davon erfuhr, daß man Vater und Ernst nach einer Nacht in der Polizeizelle von Fränkisch-Crumbach in das Konzentrationslager Buchenwald gebracht hatte. Der Name Buchenwald klingt so unschuldig. Als damals gutes deutsches Kind kannte ich Buchenwälder, ich liebte die mächtigen grauen Stämme und die glänzenden, braunen Bucheckern, von denen wir schon bald entdeckt hatten, daß sie ungenießbar waren. Obwohl ich erst neun Jahre alt war, wußte ich, daß sich hinter diesem Namen etwas Unheimliches, Schreckliches verbarg, das mir Angst machte. Zu diesem Zeitpunkt war Buchenwald noch kein Todeslager, aber viele der Gefangenen starben an Schlägen und Folterungen, Unterkühlung und Hunger. Ich hatte auch von den zynischen Karten gehört, die man den nahen Verwandten schickte, auf denen ihnen mitgeteilt wurde, ihre geliebten Angehörigen seien eines natürlichen Todes gestorben. Gleichzeitig wurde für die Übersendung der Asche Geld angefordert. Das alles erzählte man sich natürlich nicht vor uns Kindern, aber irgendwie kam ich an diese Informationen heran, ohne Zweifel auch durch mein heimliches Lauschen. Was ich auf diese Weise erfuhr und was eigentlich nicht für meine Ohren bestimmt war, ließ mich verzweifeln. Ich haßte es, im Ungewissen gelassen zu werden.

All das geschah vor langer Zeit, aber jedes Detail ist mir noch deutlich vor Augen. Die darauffolgenden Wochen jedoch sind aus meiner Erinnerung verschwunden. Habe ich alles verdrängt? Ich kann mich weder daran erinnern, wie wir lebten, noch was wir taten. Wir wagten uns nicht mehr aus dem Haus.

An die Nacht, in der Ernst von Buchenwald zurückkam, habe ich wieder Erinnerungen. Er hatte ein amerikanisches Visum bei sich gehabt, und vielleicht meinten die Nazis, es könnte jemand auf die Idee kommen nachzufragen, warum er es nicht benutzt hatte. Als er zurückkam, hatte er einen geschorenen Kopf, und ich fand es schwer, meinen normalerweise sehr gepflegten Bruder wiederzuerkennen. Er sprach nie über das, was er in Buchenwald erlebt hatte, jedenfalls nicht mit uns in Deutschland. Er erzählte uns lediglich, daß Vater seinen Bruder Joseph im Konzentrationslager entdeckt hatte. Wie viele tausend andere auch hatte man Joseph aus seinem Zuhause in Darmstadt verschleppt, um ihm dort beizubringen, was Demütigungen sind. Ein Vorgeschmack auf das, was noch kommen sollte.

Die Zeit, in der wir auf die Entlassung Vaters warteten, erschien uns sehr lang. Es waren insgesamt nicht mehr als zwei Monate, aber diese Zeit war für eine verängstigte Familie ohne jegliche Nachrichten von ihm wie eine Ewigkeit.

Alle Juden, die noch in unserem Dorf lebten, hatten das gleiche durchgemacht.

Unser Dorf stellte keine Ausnahme dar. Auch die anderen kleinen Dörfer und Städte im Odenwald waren nicht verschont geblieben. In Höchst konnten einige Familien entkommen, wie auch die von Herrn Kahn. Er war von einem anständigen Bürger der Stadt gewarnt worden, als die Übergriffe auf jüdisches Eigentum begannen. Andere konnten sich in den nahegelegenen Wäldern verstecken. Die Synagoge mit unserer kleinen Schule wurde zerstört. Ich trauerte der Schule nicht nach, es war eine Erleichterung für mich. Die schöne alte Synagoge in Michelstadt im Odenwald war nur innen verwüstet worden, denn um die alten Holzhäuser in der Nachbarschaft zu schützen, war eilig jegliche Brandstiftung verboten worden. Auch in Reichelsheim die gleichen Zerstörungen. Weiter erfuhr ich durch mein heimliches Lauschen, worin ich inzwischen eine Expertin geworden war, daß die Gebetsbücher und Schriftrollen, die als heilige Objekte verehrt wurden, verbrannt worden waren und daß man jüdische Männer gezwungen hatte, um die lodernden Scheiterhaufen zu tanzen. Der uns am nächsten gelegene Friedhof, auf dem auch die Gräber der Oppenheimerschen Familie waren, war zerstört worden. Man hatte die Grabsteine von ihren Podesten gestürzt und zerstört.

Dokumente belegen, daß die deutschen Versicherungsgesellschaften nach diesen Tagen bekanntgaben, sie würden für keine Schäden aufkommen, die aufgrund dieser Ereignisse entstanden wären. Die Regierung verfügte für die gesamte jüdische Bevölkerung ein Bußgeld in Höhe von einer Milliarde Mark. Jeder für die deutsche Bevölkerung sichtbare Schaden, entstanden durch Gewalt, Diebstahl oder Brandstiftung, mußte sofort von den jüdischen Eigentümern und auf deren Kosten beseitigt werden. Noch existierende jüdische Un-

ternehmen sollten arisiert werden. Konnte es nach all diesen Vorkommnissen noch jemanden geben, Juden oder Nicht-Juden, der nicht klar erkannte, daß das der Anfang vom Ende war, der Auftakt zur totalen Vernichtung?
Das alles sind Fakten die auch revisionistische Narren, die sich selbst als Historiker sehen, bestätigen können. Deuteten die Zeichen nicht alle auf einen größeren Plan hin? Bestand denn jetzt noch die Wahrscheinlichkeit, daß die Zerstörungsmaschinerie der Nazis an diesem Punkt haltmachen würde, nachdem sie nun richtig in Schwung gekommen war?
Noch bevor der Winter vorüber war, kam Vater endlich nach Hause. Diesen Augenblick konnte und werde ich nie vergessen. Noch heute erfüllt mich mein damaliges Verhalten mit tiefer Scham. Irgendwie müssen wir von seiner bevorstehenden Ankunft gehört haben. Wir warteten, und als es dann endlich soweit war, versteckte ich mich. Durch zufällig mitangehörte Gespräche, in denen es um Konzentrationslager und deren Auswirkungen auf die Gefangenen ging, hatte ich Angst davor, wie er wohl aussehen und sich verhalten würde. Die Familie rief nach mir, aber ich kam nicht. Schließlich fand man mich, und ich näherte mich sträubend meinem Vater. Wie gerne hätte ich ihn mit einem Lächeln begrüßt, aber ich brachte es nicht fertig. Ich fand meine Ängste bestätigt. Er hatte sich verändert; er war übel zugerichtet, war dünn geworden, krank und alt. Er sah aus wie ein Invalide, und Mutter widmete ihm viel Zeit, um ihn zu pflegen.
Ich weiß nicht, was das Dorf und die früheren Angestellten meines Vater empfanden. Aber ich kann mich an einen bemerkenswerten Besuch erinnern. Seit dem 10. November verursachte ein Klopfen an der Tür Panik bei uns, aber dieses Mal war der Besuch eine angenehme Überraschung. Ein Diener aus dem Gutshaus erschien mit einem Korb, der mit herrlichem Brot und Wein für Vater gefüllt war. Die Baronin hatte ihn geschickt. Es war eine mutige Tat. Ich nehme an, sie war sich der Symbolik des Geschenks bewußt. Als ich ihr Jahre später für ihre Güte danken wollte, kam ich zu spät. Sie war bereits gestorben.

Mannheim

Es war nun klar, daß es für uns in Fränkisch-Crumbach keine Zukunft mehr geben konnte. In ganz Deutschland erkannten die Juden, die in den Dörfern lebten, wie sehr sie den Feindseligkeiten ausgesetzt waren, und versuchten, in der nächstgelegenen Stadt unterzutauchen. Die Menschen in den Städten waren den Juden gegenüber nicht besser gesonnen oder weniger feindselig. Aber sie verhielten sich ihren Nachbarn gegenüber gleichgültiger, wie auch den anderen Menschen gegenüber, mit denen sie im täglichen Leben zu tun hatten. Man kannte sich nicht persönlich.

Mutter hatte noch Verbindungen zur Stadt Mannheim. Es war ihre Geburtsstadt, und ein paar Verwandte wohnten dort noch. Irgendwie fand sie eine Arbeit. Wir brauchten Einkünfte und ein Zuhause. Ihr wurde die Aufgabe übertragen, das städtische jüdische Waisenhaus für Jungen zu leiten und zu verwalten. Vater konnte sie dabei unterstützen, und es gab auch Platz für ihre vier noch bei ihnen verbliebenen Kinder.

Gerade als die Familie Fränkisch-Crumbach verlassen wollte, bekamen Feo und ich Keuchhusten. In diesem Zustand war es für uns unmöglich und gegen jede medizinische Vorschrift, ein Haus, in dem Kinder wohnten, zu betreten. Ob wir wollten oder nicht, wir mußten in Fränkisch-Crumbach bleiben. In dieser Zeit kam Mina und kümmerte sich um uns. Im Hause herrschte eine gedrückte Stimmung. Tante Ida war sehr niedergeschlagen und depressiv. Sie weinte oft. Auch Onkel Gustav war mürrisch. Im ganzen Haus sah man noch die Zeichen der Verwüstung. Feo und ich vermißten die anderen. Wir fühlten uns ausgeschlossen.

Dann wurde Mina krank. Es war mir bewußt, daß es eine schlimme Krankheit war. Daß es etwas Ernstes sein mußte, wenn ein Kranker beim Sprechen und Atmen Schwierigkeiten hatte, begriff ich trotz meiner neun Jahre. Onkel Gustav schleppte sich an ihr Bett. Er bat mich, den Hügel hinaufzulaufen und den Arzt zu holen, denn wir hatten kein Telefon mehr. Ich war geschockt und vor Entsetzen wie gelähmt. Ich war nicht bereit, mich der Feindseligkeit des Dorfes auszusetzen. Wie konnte man das von mir verlangen? Ich hatte ja wochenlang nicht mehr den Fuß vor die Türschwelle gesetzt. Seit dem 10. November war ich eine freiwillige Gefangene und weigerte mich hinauszugehen.

Ich sehnte Minas Gesundung herbei, aber meine Furcht und meine Feigheit waren einfach zu groß. Onkel Gustav schrie mich an. Mina war es unmöglich zu sprechen. Alles war vergeblich. Ich versteckte mich. Schließlich hörte ich, wie sich der Onkel die Treppen hinunterschleppte und das Haus verließ. In schrecklicher Angst spähte ich durch das Fenster, ich war überzeugt, man würde ihn angreifen. Da ging dieser mutige, gelähmte alte Mann trotzig in der Mitte der Straße und wand seinen behinderten Körper an den beiden Krücken den Hügel hinauf. Niemand näherte sich ihm. Ob es noch jemanden gab, der bei seinem Anblick das gleiche Schamgefühl empfand, das mich nun übermannte?
In vielen Situationen meines Lebens hatte ich Schuld- und Schamgefühle. Einige dieser Anlässe habe ich vergessen können, aber niemals werde ich diesen Moment meiner größten Schande aus meinem Gedächtnis streichen können. Selbst heute empfinde ich noch sehr meine damalige Schande.
Feo und ich lebten noch ein paar Wochen mit unserem Onkel und unserer Tante zusammen. Dann waren wir soweit und zogen nach Mannheim. Ich sollte Onkel Gustav und Tante Ida niemals wiedersehen. Den offiziellen Berichten nach starben beide in Theresienstadt, einem Vorposten von Auschwitz. Nach Gerüchten, die man sich in Fränkisch-Crumbach erzählt, soll Tante Ida von Aufsehern erschlagen worden sein. Natürlich gibt es dafür keine Beweise. Aber es scheint nicht unmöglich. Viele Gefangene starben durch wahllose, brutale Willkür. Bei der Auswahl der Aufseher fragte man nicht nach Mitgefühl oder Mitleid. Wegen ihrer geistigen Labilität und der scheußlichen Lebensumstände ist es durchaus möglich, daß Tante Ida einen hysterischen Anfall bekommen hatte. Sie umzubringen, war der einfachste Weg, damit fertig zu werden. In früheren Jahren waren mein Onkel und meine Tante nach meiner Erinnerung überwiegend glückliche Menschen gewesen. Da sie selbst kinderlos waren, freuten sie sich immer, uns Kinder zu sehen, wir waren ihre indirekten Nachkommen. Ich wünschte, ich könnte mich an ihr Lächeln erinnern. Aber wenn ich an sie denke, sehe ich nur Onkel Gustav, wie er sich mit verbissenem Gesichtsausdruck den Hügel hinaufschleppt, um den Arzt zu holen, und Tante Ida in ihrem tiefsten Elend.
Bevor wir gingen, hatte sich Mina von ihrer Lungenentzündung – denn das war es, woran sie litt – erholt, und wir, Feo und ich, hatten aufgehört, zu keuchen und zu husten. Wir waren es gewohnt, in einer großen Familie zu leben, aber die Familie, die wir in Mannheim vorfanden, war nun noch größer. Im großen und ganzen wußten wir das zu schätzen. So gab es weniger Anlässe, Angst ausstehen zu müssen. Wenn wir uns ab und zu hinaus wagten, rief uns niemand Beleidigungen nach oder warf mit Steinen. Es tat gut, unbekannt zu sein und ignoriert zu werden. Die Waisenjungen waren freundlich und schienen gut mit Mutter zurechtzukommen. Der Gedanke, ein Waisenkind zu sein,

machte mir nach wie vor Angst, und ich wunderte mich, wie diese Kinder es geschafft hatten, sich damit abzufinden.
Die Mannheimer Synagoge war durch Feuer zerstört worden, aber die jüdische Schule, die wir besuchten, gab es noch. Der Gedanke an den langen Weg dorthin begeisterte mich nicht. Klugerweise verließen wir das Waisenhaus nie in großen Gruppen. Wir hatte gelernt, daß wir uns so unsichtbar wir nur möglich machen mußten. An dieser Schule war es den Schülern trotz der Nazizeit möglich gewesen, regelmäßig zu erscheinen, und ich merkte nun, wie weit ich im Lehrstoff zurück war. Ich war drauf und dran, mich für ziemlich dumm zu halten. Mit meinen neun Jahren, nun auf der dritten Schule, kam ich zu dem Schluß, daß Bildung überbewertet würde. Schließlich fand ich auch Freunde dort. Daß diese kultivierteren Stadtkinder meinen ländlichen Dialekt lustig fanden, amüsierte mich allerdings nicht.
Viele meiner Klassenkameraden überlebten den Krieg nicht. Mit den restlichen Mannheimer Juden waren sie die ersten, die deportiert wurden, um die Stadt »judenrein« zu machen.
Ich hatte Glück. Ich wurde nicht deportiert. Aber Anfang Juni 1939 schockten mich meine Eltern mit der Ankündigung, daß sie mich nach England schicken würden. England? Durch meine kärgliche Schulbildung wußte ich nicht viel über England. Daß es dort keinen Führer gab, wußte ich aber. Früher war mein Vater ein begeisterter Briefmarkensammler gewesen. Einmal zeigte er mir eine besondere Briefmarke, die anläßlich der Krönungsfeier 1937 herausgegeben worden war. Darauf war ein ernst dreinschauender König und eine freundlich lächelnde Königin zu erkennen gewesen. Wo lag England? Auf jeden Fall weiter weg als Holland, Belgien oder Frankreich und auch noch jenseits des Meeres. Mein anfänglicher Kummer wich zunehmend einem Gefühl, ungerecht behandelt zu werden. Es war nicht fair, gerade mich, als erste von den jüngeren Oppenheimern, wegzuschicken. Natürlich verstand ich rein theoretisch, daß ich meiner eigenen Sicherheit wegen weggeschickt werden sollte. Nach allem, was ich erlebt hatte, war mir klar, das Leben würde hier nicht besser werden, und ich war begierig darauf, Deutschland zu verlassen, aber nicht allein und nicht nach England. An den Gedanken, daß wir alle nach Argentinien auswandern würden, um dort mit Werner zusammenzuleben, hatte ich mich gewöhnt, aber daß ich nicht nach England gehen wollte, stand für mich unumstößlich fest. Warum sollte ich mit anderen Mädchen, Flüchtlingen aus Deutschland, die ich nicht kannte, in einem Heim leben? Warum sollte ich vor Hannah gehen, die dreieinhalb Jahre älter was als ich? Meine Eltern liebten mich also weniger als sie. Tatsächlich aber waren Hannah und Michael auf eine Warteliste für Holland gesetzt worden. Heute haben wir allen Grund dafür, dankbar zu sein, daß es ihnen nicht möglich wurde, in dieses Land einzureisen.

In England hatte man Bedenken, Flüchtlinge aus Deutschland aufzunehmen. Wenn sie allerdings eigenes Kapital mitbrachten oder bereit waren, Berufe auszuüben, in denen Engländer nicht arbeiten wollten, war es dennoch möglich. Frauen ohne Familienangehörige erhielten die Erlaubnis, einzureisen und als Hausangestellte zu arbeiten, wie meine Tante Liese und Mutters Cousine Lotte. Aber begeistert war die englische Regierung nicht. Man unterstellte den Ausländern, daß sie übertrieben, und genaugenommen war die Judenverfolgung eine innere Angelegenheit Deutschlands. Premierminister Chamberlain wollte Hitler nicht unbedingt herausfordern. So hoffte er, den Führer ausreichend zufriedenstellen zu können, um einen Krieg zu vermeiden.
Es gab ohne Frage auch viele andersdenkende Engländer, die mit Chamberlains Politik nicht einverstanden waren. Sie wollten helfen und traten mit ihrer Einstellung an die Öffentlichkeit. Nicht nur englische Juden organisierten sich in Rettungs- und Hilfsorganisationen, es gab auch verschiedene Gruppen in der Kirche, die es ihnen gleichtaten, und es gab die Quäker.
Wenn es darum ging, Menschen in Not zu helfen, besonders den Verfolgten und Eingesperrten, standen die Quäker immer in der ersten Reihe. Sie waren keine große Gruppe, aber die guten Taten, die sie vollbrachten, waren um so größer. Quäker wirkten in Deutschland schon seit dem Ersten Weltkrieg. Der amerikanische und der britische Hilfsdienst der Quäker hatten danach beschlossen, den hungernden, besiegten Deutschen und Österreichern zu helfen. In den größeren Städten, wie Berlin, Frankfurt, Nürnberg und Wien, richteten sie Büros ein. Der im Lauf der Jahre wachsende Antisemitismus blieb von ihnen nicht unbemerkt und beunruhigte sie zutiefst. Die Zentrale der Quäker begann damit, den Juden beim Verlassen von Deutschland zu helfen. Bereits 1938 war dieses Vorhaben zu einem großen Unternehmen für die deutschen Büros der Quäker und das Londoner »Friends House« geworden.
Bertha Bracey, eine Quäkerin, die in Deutschland schon viel geholfen hatte, bekam im Oktober 1938 den Vorsitz in einem internationalen christlichen Komitee für deutsche Flüchtlinge, welches seinen Sitz in Bloomsbury in London hatte. Dieses Haus ist allen Flüchtlingen für immer als »Bloomsbury House« im Gedächtnis.
Nach der »Kristallnacht« schickte Bertha Bracey, um die Situation einschätzen zu können, sechs Quäker in verschiedene Teile Deutschlands. Sie kamen mit unzweideutigen Berichten über die drohende Gefahr, die verbreitete Angst und die Selbstmorde zurück. Zwei Quäker, Bertha Bracey und Ben Green, begleiteten Lord Samuel zum Innenminister, um ihn bei dem Gesuch zu unterstützen, jüdischen Kindern vorübergehend in England Zuflucht zu verschaffen. Noch am selben Abend stellte das Parlament in einer anständigen und menschenfreundlichen Geste 10 000 Einreiseerlaubnisse zur Verfügung. Das Unternehmen wurde unter dem Namen »Kindertransport« bekannt. Den An-

fang machte eine Gruppe von 200 Kindern, die im Dezember 1938 ohne Begleitung in England ankam. Bertha Bracey hat in ihrem ganzen Leben viel Gutes getan (sie starb 1989 im Alter von 96 Jahren), aber offensichtlich bereitete ihr die Rettung der Kinder die größte Befriedigung.
Über viele Jahre arbeitete man in den USA an einem ähnlichen Plan, der vorsah, 20 000 jüdische Kinder, die einen rettenden Zufluchtsort suchten, aufzunehmen. Dieses Projekt wurde zu einem Zankapfel der Politik, das viel diskutiert und zum Schluß im State Department zurückgestellt wurde. Man sah keine Notwendigkeit dafür, die Deutschen mit dieser Rettungsaktionen zu beleidigen. Antisemitismus gab es auch im State Department ebenso wie anderswo. Eine Dame der Gesellschaft, keine unbedeutendere als die Cousine des Präsidenten, gab zu bedenken, daß aus 20 000 niedlichen Kindern eines Tages 20 000 häßliche Erwachsene würden.
Als dann der Krieg in Europa ausbrach, nahmen die USA großzügig mehrere Schiffe mit evakuierten britischen Kindern auf, um sie vor den voraussichtlichen Bombardements zu schützen. Angelsächsische Kinder? Arier?
Auch für die Einreise im Rahmen des »Kindertransports« nach Großbritannien mußten gewisse Auflagen erfüllt werden: Für jedes Kind mußte eine Bürgschaft erbracht werden, damit es nicht eines Tages dem Staat zur Last fiel. Einige von uns hatten private Bürgen, andere fanden ihre Bürgen im »Bloomsbury House«. Unseren Eltern wurde mitgeteilt, sie müßten uns sobald als möglich wieder abholen und dann in ein anderes Land auswandern – nichts hätten sie lieber getan. Unser Aufenthalt sollte vorübergehend sein. Ein zukünftiger Arbeitsplatz war für uns in Großbritannien nicht vorgesehen.
Es zeugte von Anstand und Menschlichkeit der Regierung, daß sie uns schnell und ohne den üblichen Bürokratismus einzureisen erlaubte. Von den geplanten 10 000 Kindern begaben sich vor Ausbruch des Krieges, im September, 9354 Kinder auf ihre Reise in die Freiheit. Sie kamen aus Deutschland, Österreich und der ehemaligen Tschechoslowakei.
Am 7. Juni 1939 kam ich in Harwich, England, mit zwei Koffern und einem Kinderausweis an. Dieser enthielt meine drei richtigen Nahmen, die gezwungenermaßen hinzugefügte »Sara« und für den Fall, daß noch irgendein Zweifel bestand, ein großes J. Ich hatte die Nummer 6295.

Ausreise aus Deutschland

Erst kurz vorher wußte ich Bescheid, weniger als eine Woche. Von nun an fehlte mir der Mut zu protestieren. Ich war erschöpft von der Geschwindigkeit, mit der die Ereignisse sich überstürzten, von den allseitigen Ermutigungen und vom Packen. Ich hatte nur wenig Zeit für mich selbst, aber genug, um meinen verzweifelten Blick in eine ungewisse und unbekannte Zukunft zu richten, in eine Verbannung, die, wie ich hoffte, nur kurz dauern würde.

Am Abend vor meiner Abreise segneten mich meine Eltern. Sie legten ihre Hände auf meinen Kopf, und mit dem Gebet empfahlen sie mich der Fürsorge Gottes an:

Es segne dich der Ewige und behüte dich.
Es lasse der Ewige dir sein Angesicht leuchten und begnadige dich.
Es wende der Ewige dir sein Angesicht zu und gebe dir Frieden.«

Dieses jüdische Gebet ist Christen nicht unbekannt.

Es gab nicht viel, was meine Eltern tun konnten. Ich kann mir vorstellen, was in ihren Köpfen vor sich ging.

Der »Kindertransport«, für den ich vorgesehen war, sollte von Frankfurt aus losgehen. Die Kindertransporte gingen nur von den größeren Städten aus. Es war den Eltern nicht erlaubt, ihre Kinder zu den Zügen, die sie fortbringen sollten, zu begleiten. Es wäre wohl ungebührlich gewesen mitanzusehen, wie 200 Kinder und 400 Eltern versuchten, nicht die Beherrschung zu verlieren und dann doch weinten. Da es nur eine Handvoll Kinder waren, die Mannheim verließen, wurde es unseren Eltern schließlich doch gestattet, uns zum Bahnhof zu begleiten.

Ich kannte die anderen Kinder nicht. Meine Mutter bat einen größeren Jungen in unserer Reisegruppe, einen Jugendlichen von ungefähr 13 Jahren, auf mich aufzupassen. An seinem Gesichtsausdruck konnte ich erkennen, daß ein ihm unbekanntes Mädchen das allerletzte war, was er jetzt gebrauchen konnte. Unsere Bekanntschaft währte glücklicherweise nur sehr kurz, ungefähr eine Stunde lang. Der Abschied von meinen Eltern verlief ohne Tränen. Mutter beharrte darauf, daß wir uns bald wiedersehen würden, und ich winkte ihnen zu, bis ich sie nicht mehr sehen konnte. Ich fragte mich oft, ob dieses das letzte Mal gewesen war, daß ich sie gesehen hatte, und versuchte diesen Gedanken

Die Eltern 1939

zu verdrängen. Dieser Gedanke sollte noch oft wiederkommen, einfach so, unerwünscht, bis ich endlich, viel später, mit der Wirklichkeit konfrontiert wurde.

An die Reise kann ich mich nur wenig erinnern. Meine späteren Freundinnen, die alle die gleiche Reise unternahmen, scheinen sich besser erinnern zu können. Wenn ich mir meine ersten Briefe ansehe, die ich nach Hause schickte, beschrieb ich darin pflichtbewußt, daß wir den Rhein entlanggefahren waren, und daß sich, als wir nach Holland kamen, freundliche Frauen um uns kümmerten und uns Saft zu trinken gaben. Es wird so gewesen sein, aber erinnern kann ich mich an nichts, bis auf das Einschiffen in Hoek van Holland im Dunkeln, wobei ich Stimmen hörte, die ich nicht verstand. Das war also die englische Sprache. Es war unmöglich, auch nur ein Wort zu verstehen. Meine schlimmsten Befürchtungen hatten sich bestätigt. Ich war ohne jede Hoffnung. Allein und verlassen. Die Sprache, die ich hörte, klang barbarisch in meinen Ohren. Jemand machte sich die Mühe, mit mir zu sprechen, aber da ich kein Wort verstand, brach ich zusammen und weinte. Dieses Mal machte das nichts, denn ich kannte niemanden und brauchte mich meiner Tränen nicht zu schämen. Die freundliche, unverständliche Person hob mich hoch und brachte mich in eine Kabine.

Zweifellos war ich völlig erschöpft, denn ich erinnere mich an nichts, erst wieder an das Verlassen des Schiffs in Harwich und an die Bahnfahrt zur Liverpool Street Station in London. Sogar noch bevor er zerbombt wurde, muß das der düsterste Bahnhof Londons gewesen sein. Oder war es mein Kummer, der die Liverpool Street Station so schmutzig-trüb, grau und wenig einladend aussehen ließ?

Wir wurden in eine große Halle gebracht. Hier warteten wir darauf, abgeholt oder weitergeschickt zu werden. Langsam wurden Namen aufgerufen, und Kinder begrüßten glücklich Verwandte oder mißtrauisch fremde Menschen. Ich beobachtete alles mit Interesse, aber mein stark ausgeprägter Pessimismus sagte mir, daß für mich niemand da sei, um mich abzuholen. Ich würde bis zum Schluß bleiben und noch darüber hinaus. Da wurde mein Name aufgerufen; Frau Jacobson hatte mich nicht vergessen, und so verließ ich die Halle, noch bevor sie halbleer war. Mit Erleichterung bemerkte ich, daß Anna Jacobson deutsch sprach. Mutter hatte sie und ihre Schwester Rosi aufgenommen, als sie vor dem Ersten Weltkrieg in Deutschland lebten, wo sie Zuflucht vor den Pogromen des zaristischen Rußlands gesucht hatten. Das war unser erstes Zusammentreffen.

Wir gingen, und inmitten eines auf mich überwältigend wirkenden Verkehrs war sie freundlich und ruhig. Ich war erstaunt über die großen, roten Busse. Da ich den Ausdruck »Doppeldecker« nicht kannte, beschrieb ich die Busse in meinen ersten Briefen nach Hause als »zweistöckig«. In Fränkisch-Crumbach

war immer noch das Pferdefuhrwerk das wichtigste Transportmittel gewesen. Es hatte nur wenige Autos im Dorf gegeben, und die nächste asphaltierte Straße war zwei Kilometer entfernt. Ich hatte natürlich einiges von Frankfurt und Mannheim gesehen, aber London war etwas ganz anderes. Jahre später erzählte mir Anna Jacobson, ich hätte mich gesträubt, in den Bus zu steigen, da ich angenommen hatte, Juden wäre das nicht gestattet. Wenn das so war, muß es eine instinktive Reaktion gewesen sein, da ich es besser wußte.
Es wartete bereits eine Postkarte von meinen Eltern auf mich; umsichtigerweise hatten sie die Karte vorausgeschickt. Ich blieb nur drei Tage bei diesen netten Freunden. Sie hatten es sich zur Aufgabe gemacht, Menschen bei der Flucht aus Deutschland zu helfen, was sie mit Elan und Überzeugung taten, ohne viel Aufhebens davon zu machen.
In dieser kurzen Zeit erschien ihre Putzfrau und bemitleidete mich. Sie bot mir an, mit ihr in den nahegelegenen Londoner Zoo zu gehen. Ich war nicht besonders begeistert von einem Zoobesuch, aber zu höflich und zu ängstlich, um mich zu weigern. Warum ich Zoobesuche nicht mochte, wurde mir erst klar, als ich älter wurde. Die Käfige erschienen mir wie Gefängnisse. Meine Begleiterin war besonders auf einen Besuch des Reptilienhauses erpicht. Das wenige, was ich als Zehnjährige ohne größere Schulbildung über Schlangen wußte, hatte ich aus Büchern, vielleicht von Kipling, den ich auf deutsch gelesen hatte und von dem ich nicht ahnte, daß er eigentlich ein englischer Schriftsteller war. Ich wußte also von Schlangen, daß sie böse und listig waren, und so hatte ich große Angst, daß ich schreien und mich blamieren würde, aber ich konnte mich beherrschen. Fast noch mehr als die Schlangen störte mich das endlose Geschnatter der guten Frau. Sie meinte es bestimmt gut, aber ich war zu verlegen und durcheinander und dadurch unfähig, ihr meine Verwirrung zu vermitteln.
Von den Jacobsons wurde ich zur Kings Cross Station gebracht, um dort eine Engländerin zu treffen, die mich und ein anderes Kind, Stella Szipper, das gerade aus Österreich angekommen war, in den Norden Englands zu unserem endgültigen Bestimmungsort begleiten sollte. Von dem »Flying Scotsman« (dt.: »Der fliegende Schotte«), einem wunderschönen Eisenbahnzug, durften wir die Lokomotive besichtigen. Er sollte uns nach Newcastle bringen. Stella wirkte sehr niedergeschlagen und wollte nicht sprechen. Für unsere englische Begleiterin war es deshalb schwierig, eine Unterhaltung in Gang zu bringen.
Den letzten Teil der Reise, von Newcastle-on-Tyne aus, legten wir im Auto zurück, und als wir zur Küste nach Tynemouth eilten, sah ich zum allerersten Mal das Meer. In Hoek van Holland hatte ich wegen der Dunkelheit nichts vom Meer gesehen und auch nicht in Harwich, wo wir möglicherweise auch in einem inneren Hafen angelegt hatten. In Tynemouth war das Meer gewaltig und nicht zu übersehen. Es schien nirgends zu enden. Ich betrachtete es mit

Furcht. Auf der anderen Seite des Meeres lag Europa, das Festland. Wäre England keine Insel, wäre es möglich, nach Deutschland zurückzulaufen, wenn man wirklich verzweifelt war. Egal wie lange man auch laufen mußte, aber es wäre möglich gewesen. Aber von Tynemouth aus, das war mir klar, war es mir unmöglich, das Land auf der anderen Seite zu erreichen, egal wie groß mein Heimweh auch sein würde.

Wir wurden in dem Kinderheim freundlich von zwei älteren Damen, Mrs. U. und Mrs. S, begrüßt. Auch ihnen war die Einreise nach England gelungen, mit der Erlaubnis, in England als Hausangestellte zu arbeiten. Sie waren glücklich, diese besondere Arbeit als Leiterinnen gefunden zu haben. Auch wenn die Arbeit anstrengend war und Verantwortung mit sich brachte, war sie doch weniger entwürdigend als die Arbeit, die andere Flüchtlingsfrauen zu tun gezwungen waren. Die beiden Frauen waren im mittleren Alter, korpulent und wirkten vielleicht aus diesen Gründen besonders vertrauenerweckend. Mrs. U. trug immer einen weißen Kittel oder eine Schürze, sie hatte kurze weiße Haare, die sie glatt zurückgekämmt trug. Sie sah sehr geschäftsmäßig aus. Mrs. S. war selbstbewußt und elegant. Ihr dunkles Haar umrahmte kunstvoll gewellt ihr Gesicht. Sie trug eng geschnittene Kleider im Stil der zwanziger Jahre. Passend zu dieser Mode trug sie Spangenschuhe. In den zwanziger Jahren hatte sie ohne Zweifel auch als Frau Erfolge erlebt, und sie hatte sich diesen Stil bewahrt.

Später erkannte ich, daß jede von ihnen ihren alten Beruf repräsentierte: Mrs. U. war die Direktorin einer Kochschule gewesen und Mrs. S. Besitzerin und Leiterin eines Kinos. Wie auch wir mußten diese würdigen Damen das Land als Flüchtlinge verlassen. Beide waren auf sich allein gestellt, die eine war Witwe, die andere geschieden. Jede von ihnen hatte zwei Söhne. Zu ihrer großen Beruhigung war das eine Bruderpaar in die USA und das andere nach England gekommen. Durch Ihre Berufe waren sie finanziell unabhängig. Es war unser Glück, daß Mrs. U. die beste Köchinnenschule Wiens geleitet hatte, einer Stadt, die berühmt für ihre Küche war. Sie hatte ein Kochbuch geschrieben mit dem stolzen Titel: »So kocht man in Wien«. Es war ein Bestseller.

In antijüdischen Angelegenheiten war Deutschland für Österreich ein Vorbild. In Deutschland wurden bereits 1933 Bücher jüdischer Autoren verbrannt, und unabhängig vom Inhalt wurde die gesamte Literatur jüdischer Autoren verboten, auch wenn sie dem Feuer entkommen war. Man hätte Mrs. U.s Kochbuch also auch verbieten müssen. Das Buch hatte aber eine solche Nachfrage ausgelöst, daß es verlegt werden mußte, und man löste das Problem dadurch, daß der verbotene Autorenname durch einen anderen ersetzt wurde. In diesem Fall durch den eines respektablen Mannes und Nicht-Juden.

Auch nach dem Krieg und dem Holocaust wurde das Buch weiterhin verlegt, immer noch ohne den Namen der wirklichen Autorin. Es ist nicht allzu lange

her, da empfahl mir in meiner Heimatstadt Leicester eine österreichische Bekannte das Buch unter diesem falschen Autorennamen. Inzwischen ist diese Publikation verschwunden, nicht aus moralischen Bedenken, sondern ich nehme an, weil die reichhaltigen Rezepte nicht mehr in unsere cholesterinbewußte Zeit passen.
Als wir in unserem Kinderheim ankamen, nervten mich die vielen Augenpaare, die aus der Ferne auf uns Neuankömmlinge gerichtet waren. Wir wurden taxiert. Würde ich den Erwartungen genügen? Würde man hier auch über meinen Odenwälder Dialekt lachen? Es war eine große Erleichterung für mich, daß alle bis auf eine deutsch sprachen.
Zu diesem Zeitpunkt waren etwa 20 Mädchen in dem Heim. Hauptsächlich kamen sie aus Deutschland, wenige aus Österreich und eine noch kleinere Zahl aus der ehemaligen Tschechoslowakei. Den Neuankömmlingen gegenüber, die sich fremd fühlten und verängstigt waren, schienen sie freundlich zu sein. Die Mädchen aus Österreich und Deutschland hatten alle ähnliche Erlebnisse hinter sich, obwohl wir, die wir deutscher Herkunft waren, schon unser ganzes Leben den Antisemitismus zu spüren bekommen hatten.
Der Antisemitismus hat in Österreich, besonders in Wien, eine lange Geschichte, jedoch ohne offizielle Billigung, jedenfalls bis zum »Anschluß«, dem von einem Großteil der Bevölkerung begrüßten Einmarsch Hitlers in Österreich. In Wien war die sogenannte »Kristallnacht« besonders grausam verlaufen. Dieses Ereignis war unseren tschechischen Gefährtinnen erspart geblieben. Über unsere persönlichen Erlebnisse in dieser Nacht sprachen wir nicht, unsere Gefühle waren noch zu frisch. Aber die Mädchen aus Österreich berichteten, sie hätten alte Wiener Juden gesehen, die auf den Knien Bürgersteige schrubbten, wobei sie von der Menge verhöhnt und angespuckt wurden. Die Berichte über Demütigungen waren endlos.
Für uns Kinder waren Mrs. U.s Kochkünste zweifellos ein Segen. Von Zeit zu Zeit überraschte sie uns mit ihren Kreationen, und für die Mädchen aus Deutschland, wo es Nahrungsmittel nicht im Überfluß gegeben hatte und sie oft in Form von »Ersatz« auf den Tisch gekommen waren, hatte es den Anschein von Zauberei. Sie war einfallsreich und wußte offensichtlich viel über die Zubereitung aller möglichen Lebensmittel. Während der Kriegsjahre, als in England Nahrungsmittel rationiert und knapp wurden, gab es für uns Kinder keine Extras, denn es gab keine freundlichen Verwandten auf dem Land, die Gemüse anbauten oder Geflügel hielten. Aber wir hatten genug zu essen, manchmal durch Produkte, die anderen nicht bekannt waren oder von denen sie nicht wußten, wie man sie zubereitete. Ich erinnere mich an feine, in Teig gebackene Holunderblüten. Sie machte uns mit Schweizer Müsli bekannt, was man in England auch noch lange nach dem Krieg nicht kannte. Sie bereitete es aus unrationiertem, gestreckten Hafer und kleinen, wilden, sauren Äpfeln und

Brombeeren zu, die wir Kinder gesammelt hatten. In bezug auf die Ernährung ging es uns gut.
Das Heim war von einem fürsorglichen jüdischen Hilfskomitee in Newcastle-on-Tyne ins Leben gerufen worden. Dort war die Verfolgung durch Nazis und deren Auswirkungen bekannt, und man wollte auf diese Weise helfen. Als die »Kindertransporte« zur festen Einrichtung geworden waren, stellte man fest, daß nicht für jedes der Kinder ein Platz in einem privaten Haushalt gefunden werden konnte. So beschloß das Komitee, ein Heim für Mädchen einzurichten. Sie dachten und hofften, diese Einrichtung würde nur vorübergehender Natur sein, da unsere Eltern jede Anstrengung auf sich nehmen würden, um uns so schnell wie möglich wieder abzuholen und um dann weit weg von Deutschland, Österreich oder der Tschechoslowakei in Freiheit zu leben. Das war ohne Frage auch der sehnlichste Wunsch unserer Eltern. So unternahm das Komitee alles, um unter Einsatz von Zeit, Kraft und Geldmitteln diesen Dienst aus gutem Willen und Nächstenliebe zu bewerkstelligen. Es waren gute Menschen.
Der Krieg kam dann für alle viel zu schnell, zwar nicht überraschend, aber man hatte doch gehofft, er könne vielleicht noch vermieden werden. Da waren wir geflohenen Kinder nun, und es war unwahrscheinlich, daß wir von unseren Eltern in naher Zukunft wieder abgeholt werden würden. Auf der anderen Seite gab es die Menschen aus Newscastle, die für uns verantwortlich waren und nun der Tatsache ins Auge sehen mußten, uns auf unabsehbare Zeit auf dem Hals zu haben. »For the duration« (»Für die Dauer«, gemeint ist die Dauer des Kriegs, d.Ü.) war ein beliebter Ausdruck während des Kriegs, als man sich nicht traute, eine bestimmte Zeitdauer anzugeben. Es drückte die unbestimmte Zeit aus, die noch vor uns lag. Das Heim stellte angesichts der beschränkten zur Verfügung stehenden Mittel eine große Herausforderung dar. Die jüdische Gemeinde war nicht sehr groß, und nicht alle Mitglieder lebten in guten Verhältnissen. Für unerwartet lange Zeit, sieben Jahre, waren sie für unsere Versorgung zuständig und mußten Geld für ein Haus, Lebensmittel, Kleidung, Pflege und all die anderen Ausgaben zur Verfügung stellen, die 24 heranwachsende Mädchen, wenn auch in bescheidenem Maß ,brauchten.
Ich schulde dieser Gemeinschaft Lob und Dank, was ich als Kind nie zum Ausdruck brachte. Ohne zu fragen, erwartete ich damals, so leben zu können, und nahm es als selbstverständlich hin. Das war nicht richtig. Zurückblickend danke ich der jüdischen Gemeinde von Newcastle und möchte besonders die Erinnerung an die Familien Summerfield, Freedman, Collins und Wilkes in Ehren halten, die so viel taten, um uns dort das Leben möglich zu machen.

Tynemouth

Nach und nach lernte ich die anderen Mädchen kennen. Wir hatten keine Ahnung davon – und hätten uns mit dieser Vorstellung auch nicht abfinden können –, daß wir für sieben nicht enden wollende Jahre zusammenbleiben würden. So lernten wir zwangsläufig, wie Schwestern zusammenzuleben, mit geschwisterlichen Querelen und Mißverständnissen, aber auch mit dem Gefühl von geschwisterlichem Zusammenhalt. Nach dem ersten Jahr teilten wir uns instinktiv in drei Gruppen auf: die Großen, die Mittleren und die Kleinen. So nannte man uns dann auch. Bei den »Mittleren« gehörte ich zu den Jüngeren, zusammen mit Sophie Goldschmidt aus Langenselbold, Deutschland, Elfi Reinert und Lisel Scherzer aus Wien. Zwischen Sophie und Lisel war ein Altersunterschied von anderthalb Jahren, und so trennten jede von uns sechs Monate. Wir hielten eng zusammen und verloren tatsächlich bis heute niemals den Kontakt zueinander.

Die drei ältesten aus der Gruppe blieben durch Zufall in England, aber Lisl ging nach dem Krieg nach Israel.

Wir alle hielten an dem Glauben fest, es würde unseren Eltern noch gelingen zu flüchten und sie würden uns holen kommen. Das Warten darauf war frustrierend, aber es würde eines Tages soweit sein, davon waren wir überzeugt. Unsere Eltern hatten es uns versprochen, und unsere Wünsche und Gebete, das glaubten wir zu fühlen, mußten auch etwas bewirken. Daß es nicht unmöglich war, dafür gab es Beweise, denn einige Mädchen aus dem Heim waren bereits abgeholt worden: Lotte Jacobson aus Hamburg hatte uns verlassen wie auch Hannah und Lea Kohn aus Leipzig. Auf dem Weg nach Australien waren Vera und Liesel Reiss aus Prag von ihren Eltern abgeholt worden, nur ein paar Tage vor Ausbruch des Krieges. Als uns Lucy Preßburger, eines der ältesten Mädchen, verließ, waren wir alle traurig. Sie war eine nette, fröhliche Person und bei allen sehr beliebt. In ihrer Heimat Österreich hatte sie sich bereits als Schwimmerin einen Namen gemacht, aber nun war ihr Talent nicht länger gefragt. Nun würde sie nicht mehr, wie sie versprochen hatte, den jüngeren von uns das Schwimmen beibringen können. Überwiegend beneideten wir diese Mädchen. Daß wir von keinem jemals wieder etwas hörten, überraschte uns nicht. Sie führten nun ein besseres Leben und wollten sich vielleicht nicht an uns erinnern und daran, wie es ihnen auch hätte ergehen können.

Langsam gewöhnte ich mich an die neuen Lebensumstände. Alles schien fremd zu sein, die Welt außerhalb und innerhalb des Heims. Meine Freundin Elfi erinnert sich noch heute daran, wie sie, wenn sie österreichische Ausdrücke benutzte, von den deutschen Mädchen aufgezogen wurde. Es gibt tatsächlich viele alltägliche Worte in diesen beiden eng verwandten deutschen Sprachen, die unterschiedlich gebraucht werden. Ich erinnere mich daran, daß man über mich lachte, allerdings nicht, wie von mir erwartet, wegen meines Dialektes, aber wegen des Gebrauchs von Worten, die in österreichischen Ohren sonderbar klangen. Obwohl die Österreicherinnen bei uns in der Minderheit waren, hatten sie doch stets das Recht auf ihrer Seite, denn beide Hausmütter waren aus Österreich. Wenn es irgendwelche sprachlichen Unstimmigkeiten gab, hielten sie gegen die Deutschen zusammen. Inzwischen bewegten wir uns auf dünnem Eis: Der Haß auf die Deutschen allgemein und insbesondere wegen dem, was sie uns angetan hatten, war heftig. Wir bezeichneten sie nicht länger »die Nazis« oder »die Christen«, wie wir es getan hatten, als wir trotz allem selbst noch Deutsche waren. Obgleich uns bewußt war, daß es unter ihnen auch gute Menschen gab, warfen wir alle Deutschen in einen Topf. Wir hatten das Gefühl, daß sie uns alle verschwinden lassen oder umbringen wollten.

In der Zwischenzeit waren wir vom deutschen Staat als »staatenlos« erklärt worden, man hatte uns die deutsche Staatsangehörigkeit aberkannt. Ich wußte, wie man sich als deutsche Staatsangehörige fühlt, und das war kein angenehmes Gefühl, als der Krieg ausbrach, aber was es bedeutete, staatenlos zu sein, verstand ich nicht. Schließlich waren wir an einem realen Ort in einer Nation geboren worden, die einen Staat bildete. Als ich Jahre später zum ersten Mal von Schwerelosigkeit hörte, stellte ich mir das als etwas Ähnliches vor. Aber da mir die Grundlagen der Physik fremd geblieben waren, auch eine Folge meiner unzureichenden Schulbildung, blieben beide Zustände ein Rätsel für mich. Ich versuchte, mich selbst in diesem staatenlosen Niemandsland zu sehen, aber es gelang mir nicht. Meine Erfahrungen haben mich zu dem Schluß gebracht, daß Nationalität, die oft mit Nationalismus einherkommt, maßlos überbewertet wird. Ich hoffe, der Nationalismus trägt sich eines Tages selbst zu Grabe – eingehüllt in die Fahne der Nation –, damit eine bessere Welt entstehen kann.

Manchmal wendete sich das antideutsche Gefühl im Heim gegen die Mädchen aus Deutschland selbst. Auch die Hausmütter standen nicht weit genug über den Dingen und taten gewisse Verhaltensweisen als typisch deutsch ab. Das war für uns die größte Beleidigung und verletzte uns zutiefst. So wurde uns, der deutschen Mehrheit, klargemacht, daß die österreichischen und tschechischen Mädchen mehr Charme und Anmut im Auftreten und in der Sprache hätten. Sie waren öfter bereit zu lächeln. Obwohl ich erst zehn Jahre alt war, empfand ich diese Haltung als ungerecht und fragte mich, warum nur mir klar war, woher das alles kam. Die deutschen Mädchen hatten bereits sechs Jahre (für ein zehnjähriges Kind ist das eine lange Zeit) der Demütigungen und Diskriminierungen hinter sich, die die Mädchen aus Österreich gerade ein Jahr und die aus der Tschechoslowakei nur ein paar Monate hatten ertragen müssen. Dieses Gefühl, ungerecht behandelt worden zu sein, sollte mich in den nächsten Jahren noch oft in Schwierigkeiten bringen.

Ich war geneigt, zu murren und zu grummeln: »Das ist nicht fair!« Für Erwachsene, die die Verantwortung für Kinder haben, sind das Worte, die sie nicht gerne hören.

In diesen paar Monaten vor Kriegsausbruch bekamen die meisten von uns noch Briefe von ihren Familien. Die Post war das aufregendste Ereignis des Tages, und wir warteten alle mit Sehnsucht darauf. Auch schrieben wir regelmäßig. Wenn ich mir heute meine Briefe ansehe, wird mir klar, daß sie nicht wiedergeben, wie unglücklich ich zu dieser Zeit war. Es überrascht mich zu sehen, wie oft und mit Nachdruck ich schrieb: »Es ist hier sehr schön.«

Ich kann mich aber auch daran erinnern, daß alle Briefe gelesen wurden. Wir verschlossen unsere eigenen Briefe nicht selbst. Einige Mädchen bekamen Probleme durch das, was sie geschrieben hatten. Vielleicht sollte diese Zensur unsere Eltern vor unnötigen Sorgen bewahren, aber es war wohl eher eine übliche Praxis in Anstalten, Schulen und Heimen dieser Tage. Kindern konnte man nicht trauen. Sie sehen die Wirklichkeit so, wie sie ist. Freunde von mir, die zu dieser Zeit in englischen Internaten waren, erzählen, daß ihre Briefe von einer extra dafür zuständigen Person gelesen wurden. Die Kinder hätten ja die nackte, ungeschminkte Wahrheit schreiben können, und das war nicht immer wünschenswert.

Ich schrieb nach Hause über das, was wir zu essen bekamen, aber ich weiß, daß ich vorsichtig, vielleicht sogar taktvoll war. Für diejenigen unter uns, die mit Brot und Brötchen groß geworden waren, war das englische Getreideflocken-Frühstück als erste Mahlzeit des Tages eine neue Erfahrung. In meinen Augen waren Cornflakes eine sehr ungewöhnliche Speise, aber durchaus wohlschmeckend. »Shredded Wheat« sah aus wie ein kleines, dunkles, trockenes Strohbündel und schmeckte dementsprechend. In meinen Briefen erzählte ich, daß wir Stroh zum Frühstück bekämen.

Mrs. U.'s typisch österreichische Küche fand nicht immer die Zustimmung der deutschen Mädchen. Einer der Gründe dafür war einfach das Unbekannte. Obwohl wir das unter uns Kindern diskutierten, mit viel kindlicher Ungerechtigkeit, unterließ ich es doch, über solche Unwichtigkeiten nach Hause zu schreiben. So beklagten wir uns zum Beispiel darüber, daß auf jeder Speise

Paniermehl zu finden war, oder über den für Österreich typischen süß-sauren Geschmack wie auch über einige der Nachspeisen, im Österreichischen passend »Mehlspeise« genannt. Was ich hoch zu schätzen wußte, war das Obst, das wir zu essen bekamen. Es war kein Nebenerzeugnis der Wiener Küche, sondern eines der Vorteile des Britischen Empire. Bananen und Orangen waren damals in Deutschland Luxus, und Grapefruits waren etwas völlig Neues.
Meine Briefe waren voller Fehler, schlecht und planlos geschrieben. Mit meinen zehn Jahren hatte ich nur kurze Zeit die Schule besucht, alles zusammengenommen weniger als zwei Jahre, aber die Briefe waren für mich ein Rettungsanker. Zuweilen achtete ich darauf, meine Eltern nicht in Sorge zu versetzen, aber manchmal waren meine Ängste doch zu erkennen, wie in den folgenden Sätzen: »Wann fahren wir nach Argentinien? Wann kommt ihr?« Ohne Grund, vielleicht anklagend fügte ich hinzu, daß die Eltern von dieser und jener es geschafft hätten, herzukommen und sie abzuholen. Ich stellte absurde Fragen: »Wann soll ich Ernst zum Geburtstag schreiben? Ich weiß doch nicht, wie lange mein Brief unterwegs sein wird.« Äußerst besorgt berichtete ich ihnen, daß ich fürchtete, die Jacobsons könnten mich nach London einladen. Ich hätte viel zuviel Angst davor, allein so weit zu reisen, zumal ich die englische Sprache noch nicht richtig beherrschen würde. An meine Freunde, die ich zurückgelassen hatte, schien ich mich zu erinnern, denn ich schickte ihnen Grüße mit. Ich fragte oft nach Onkel Gustav und Tante Ida, und fast immer dachte ich daran, an Mina liebe Grüße zu senden. Ich erzählte ihnen belanglose Dinge: daß ich zum ersten Mal Kniestrümpfe trug, oder ich wollte wissen, wer jetzt zu Hause in meinem Bett schlief. Meine tatsächlichen Ängste, die ihr Wohlergehen betrafen, schien ich einfach nicht in Worte fassen zu können. Heute kommen mir diese Briefe egozentrisch vor.
Was die Briefe unserer Eltern betrifft, so wurden sie gelesen und immer wieder gelesen, umklammert und als Schatz unter dem Kopfkissen aufbewahrt. Oft fielen Tränen auf sie. Sie waren das einzige, was uns wirklich persönlich gehörte. Bereits in jungen Jahren hatten wir gelernt zu teilen und waren untereinander nicht kleinlich, aber die Briefe von zu Hause behielten wir für uns.
Die Briefe von den Geschwistern waren da etwas anderes. Aus Hannahs Briefen war ich gewillt, Bruchstücke, meist optimistische und humorvolle, vorzulesen. Selbstlos wie sie war, schrieb sie nichts über ihre Sorgen und Nöte. Hannahs Briefe nach Hause waren fröhlich. Obwohl ihre Ängste um das Wohlergehen der Familie genauso groß waren wie meine, brachte sie es fertig, sie nicht so unbedacht in Worte zu fassen. Sie beschrieb ihren Umzug von London nach Worthing in Sussex, wohin sie und zwei andere Mädchen geschickt wurden, um dort bei einer älteren Dame zu leben: »Ich wohne mit zwei anderen Mädels aus dem Londoner Hostel mit einer sehr netten alten Dame, nur sie ist sehr vornehm, aber das macht nichts. Ich benehme mich so

gut, wie ich mich noch nie benommen hatte. Ihr wäret wirklich sehr erstaunt gewesen, wenn Ihr es gesehen hättet.« Sie berichtete auch, und das beruhigte bestimmt meine Eltern: »Von Ruth hatte ich neulich einen sechsseitigen Brief, den sie wahrscheinlich unter Seufzern geschrieben hat, denn ich schrieb ihr, unter acht Seiten wollte ich keinen Brief mehr von ihr haben.« Sie versicherte unseren Eltern, sie käme in der Schule und der englischen Sprache gut voran, und fügte nachträglich hinzu: »Wirklich.« Begeistert beschrieb sie die Aufführung eines Zauberers, die sie gesehen hatte. Sie erzählte eine amüsante Anekdote von ihrem Schwimmunterricht, den sie, nachdem ihr ein großes Loch an der Rückseite ihres Badeanzugs aufgefallen war, am Ufer sitzend verbrachte, um es zu verbergen.

Kurz vor ihrem 14. Geburtstag war sie mit Hilfe der Quäker nach England gekommen, unmittelbar vor Ausbruch des Kriegs. Sie war vor ihrer Zeit erwachsen geworden.

Der 3. September 1939

Dieses Datum war ein Markstein für alle, die damals lebten. Es sollte zum Totengeläut für die vielen Millionen werden, die in den kommenden sechs Jahren zugrunde gehen sollten.
Ich kann mich wie fast alle genau daran erinnern, wo ich stand, als an diesem Sonntagmorgen die Sirenen aufheulten und damit die Feindseligkeiten zwischen den Alliierten (Großbritannien und Frankreich) und Deutschland angekündigt wurden. Von nun an war Deutschland der erklärte Feind. Hitler hatte seine Macht zur Schau gestellt, als er entgegen allen internationalen Abkommen in Polen einmarschiert war. Irgendwo im Haus wurde ein Radiogerät, in dem gerade eine Rede Premierminister Chamberlains zu hören waren, laut aufgedreht, so daß wir alle zuhören konnten. Sehr viel verstand ich nicht, aber es gelang mir das Wort »Ultimatum« herauszuhören. Das hatte man Deutschland zwei Tage zuvor gestellt, um sich aus Polen zurückzuziehen, ansonsten – Krieg.
An diesem Tag unternahmen wir im Heim den Versuch, den zehnten Geburtstag meiner Freundin Lisl zu feiern. Das war nicht so einfach. Lisl, ein liebes und fröhliches Mädchen, verstand, was vor sich ging, und auch mir war es klar. Wir waren in unserem großen Schlafsaal und blickten in Richtung Meer, das uns von zu Hause trennte, von dem wir plötzlich noch weiter entfernt waren. Da die Sirenen mit ihrem unheimlichen Heulen fortfuhren, fragten wir uns, ob nicht jeden Augenblick Bomben vom Himmel fallen würden. In der Schule hatte man uns beigebracht, daß Sirenengeheul einen Luftangriff ankündigt. Mir war nicht klar, was Krieg tatsächlich bedeutete. Ich hatte jede Menge Bilder von Schlachten mit Soldaten gesehen, die auf Pferderücken saßen und Schwerter oder Säbel schwangen. Ich hatte, hauptsächlich in Deutschland, Gewehre, Kanonen und Panzer gesehen. Wir wußten auch, daß sich an der Siegfried- und Maginot-Linie sowie in den Schützengräben französische und deutsche Soldaten angriffsbereit gegenüberstanden.
In der Schule übten wir, schnell und ruhig in die unterirdischen Luftschutzräume zu gehen, eine Aktion, die eher spaßig und nicht allzu ernst war. Schließlich wurde uns beigebracht, Gasmasken anzulegen, die wir auf unserem Schulweg immer dabei haben mußten. Auch das provozierte eine nervöse

Ausgelassenheit, denn die Masken waren unangenehm, übelriechend und nicht einfach anzulegen. Der hervorstehende runde Luftfilter am Ende der Maske sah aus wie ein Schweinerüssel. Während der Übungen sahen wir, wie absonderlich und absurd wir alle aussahen. Ich glaube nicht, daß uns diese zusätzlichen Anzeichen des Krieges ängstigten, aber ich behielt doch immer angestrengt die Farbe, mit der die Deckel der leuchtendroten englischen Briefkästen gestrichen waren, im Auge. Die Farbe, die aus einer besonderen Verbindung bestand, sollte sich angeblich bei einem Gasangriff verändern.
Auch den jüngsten von uns war sehr bald klar, daß der Kontakt mit unseren Eltern von nun an nur noch sehr eingeschränkt möglich sein würde. Man konnte nicht mehr direkt mit Deutschland in Verbindung treten. Es war Feindgebiet. Für uns war es keine Neuigkeit mehr, daß die Deutschen unsere Feinde waren. Das Radio oder der Rundfunk, wie wir nun sagten, bekam einen neuen Stellenwert. Ich erkannte, wie lebenswichtig es war, Englisch zu lernen, machte aber trotzdem nur langsame Fortschritte. Der Glaube daran, daß unsere Eltern kommen würden, uns zu holen, wurde immer schwächer. Im stillen hegten wir zwar die leidenschaftliche Hoffnung, sie könnten es doch irgendwie bewerkstelligen, in eines der beiden Amerikas auszuwandern, da kein Land dieser Kontinente, außer Kanada, in die Feindseligkeiten verwickelt war. Die Welt, in der man nun noch Flüchtlinge akzeptierten würde, war kleiner geworden; Australien und Südafrika sowie andere Teile des Britischen Empire standen nicht länger für sie offen.
Fast über Nacht änderte sich das Erscheinungsbild von Tynemouth. Auf einmal war die dem Meer zugewandte Seite der Stadt nicht mehr zugänglich. Da man einen Überfall oder Angriff der Deutschen befürchtete, lag nun Stacheldraht entlang des Strandes. Jeder mußte nun Vorhänge zur Verdunklung anbringen, denn es durfte bei Dunkelheit kein Licht nach außen dringen. Es sollte feindlichen Flugzeugen unmöglich gemacht werden, Wohngegenden, Industrieanlagen oder Verkehrsmittel zu erkennen. Die Scheinwerfer der Autos und Busse mußten so abgedeckt werden, daß sie nur nach unten strahlten. Die Zeiten für die Verdunklung wurden genau angekündigt und überwacht. Schaufenster und große Glasflächen wurden mit Klebeband kreuz und quer verklebt, um ein Zersplittern in kleinste Teilchen zu verhindern. Männer und Frauen erschienen nun in Uniformen, meistens in dem wenig kleidsamen Khaki. Abwechslung brachten nur das Blau der Luftwaffe oder, noch besser, das Dunkelblau der Marine.
Wir hatten bereits als Kinder gelernt, nicht über unsere persönlichen Ängste und Sorgen zu sprechen, aber das nun aufgetauchte Problem der Verbindung mit unseren Eltern bestürzte uns alle. In den meisten Fällen hatten sie die Probleme für uns gelöst. Sie waren es, die an ihre Freunde und Verwandten in den neutralen Ländern dachten in der Hoffnung, diese würden die Briefe an

uns weiterleiten. Jeder von uns hatte einige Kontakte nach Hause, ausgenommen die Mädchen, deren Eltern man als »Polen« aus Deutschland und Österreich nach Polen ausgewiesen hatte, wo sie ebenfalls unerwünscht waren.
Für mich und meine Schwester (obwohl diese einige hundert Meilen weiter südlich lebte) war es Hannahs Schulfreundin Doris Katz, die unsere Briefe von Holland aus, wohin sie vor den Nazis geflüchtet war, getreulich weiterleitete. Doris kam aus der schönen mittelalterlichen Stadt Michelstadt im Odenwald, in der es eine kleine, aber bereits dort lang ansässige jüdische Gemeinde gegeben hatte. In der »Kristallnacht« behandelte diese Stadt ihre Juden schlecht, und Doris muß sich glücklich geschätzt haben, in Holland zu sein. Kaum 14 Jahre alt zeigte sie sich sehr verantwortungsbewußt, indem sie unsere Briefe weiterschickte. Oft fügte sie nicht nur einen Brief an Hannah hinzu, sondern versuchte auch ermutigende Worte für unsere Eltern zu finden, wenn sie unsere Briefe an diese weiterleitete. Treu berichtete sie, was Hannah ihr in Briefen mitgeteilt hatte und versicherte ihnen, daß es uns gut ginge und fügte hinzu: »Das ist die Hauptsache.«
Damals wurde natürlich die gesamte Post zensiert, einiges ging verloren, aber meistens war Doris erfolgreich und konnte die Briefe weiterschicken. Unglücklicherweise ging auch diese Möglichkeit, die Verbindung miteinander aufrechtzuerhalten, zu Ende, als Deutschland im Mai 1940 überraschend die Niederlande überfiel und sie besetzte. Von Doris sollten wir nie mehr etwas hören. Sie sollte zusammen mit anderen Flüchtlingen aus Deutschland und niederländischen Juden im Todeslager von Maidanek in Polen umkommen.
Unsere Eltern bemühten sich verzweifelt, den Kontakt zu uns nicht abreißen zu lassen. Eine Möglichkeit war unser Bruder Ernest (das zusätzliche »e« in seinem Namen hatte er sich in Amerika zugelegt) als Mittelsmann, aber die Briefe brauchten sehr lange für die zweifache Reise über den Atlantik, obwohl sie ja eigentlich nur dazu bestimmt waren, die Nordsee zu überqueren.
Unsere Mutter war sehr einfallsreich. Aus ihrer Anfangszeit als Lehrerin hatte sie eine Freundin in Kovno in Litauen, mit der sie immer in Verbindung geblieben war. Diese Frau hieß Erna Fischel. Noch lag Litauen nicht auf Hitlers Weg, und es war neutral geblieben. Die Post von zu Hause trat also ihre Reise zu uns über Kovno an. Erna war eine gute, zuverlässige Frau. Sie leitete nicht nur alles weiter, sondern übersetzte auch Mutters Briefe, in der Hoffnung, so eine Verzögerung zu vermeiden, um es der britischen Briefzensur leichter zu machen. Ihr Englisch war bemerkenswert gut. Zeit, den Briefen von zu Hause einen herzlichen Gruß von ihr selbst hinzuzufügen, fand sie immer. Sie nannte mich »dearie« (Liebling) und ließ mich fühlen, daß sie sich um mich sorgte. Ich nehme nicht an, daß es ihr jemals möglich gewesen war, soweit wie nach England zu reisen. Sie war eine fleißige Frau, die tagsüber unterrichtete und die restliche Zeit mit ihrer alten, invaliden Mutter zu tun hatte. Ich weiß, daß

sie, immer wenn sie unsere Briefe weiterschickte, ein paar Zeilen an Mutter hinzufügte, und sie muß ihr Möglichstes getan haben, diese zu beruhigen. Eine echte Freundin.

Auch diese Verbindung brach zusammen, als die deutschen Armeen sich nach Osten in Richtung Sowjetunion wandten. Litauen wurde sehr schnell überrannt. Die jüdischen Bewohner stellten einen großen Anteil an der Bevölkerung dar. Sie wurden in diesem Krieg fast vollständig ausgelöscht. Man kann dafür nicht allein die Deutschen anklagen, sie konnten bei ihren Mordaktionen in den baltischen Ländern auf Unterstützung rechnen. Die Litauer und Letten halfen sehr bereitwillig und ungefragt mit. Warum waren auch sie so erfüllt von Haß? Ich weiß nicht, ob Erna und ihre Mutter, die alte Frau Fischel, von Deutschen oder Litauern umgebracht wurden. Darüber gibt es keine genauen Informationen. Diejenigen, die an den Morden beteiligt waren und heute noch leben, werden nicht als Zeugen vor die Öffentlichkeit treten, und bei Massakern werden für gewöhnlich keine Totenscheine ausgestellt.

Als Europa größtenteils unter deutscher Kontrolle war, war für viele von uns die Möglichkeit zu Ende, mit zu Hause in Verbindung zu bleiben. Es gab so vieles, was uns beunruhigte. Hitler war begierig darauf, in Großbritannien einzumarschieren und es zu besetzten, besonders nach der Niederlage Frankreichs und dem Debakel von Dünkirchen. (Die Briten stellten diese Niederlage im Nachhinein als Sieg dar wegen der vielen tausend kleinen, nicht immer seetüchtigen Boote, die den Ärmelkanal überwanden und an der französischen Küste landeten, um von dort die gestrandeten und geschlagenen Soldaten zu retten.)

Ein Sieg Deutschlands rückte in den Bereich der Wahrscheinlichkeit. Wir Kinder verstanden, daß eine Niederlage Großbritanniens für uns ein noch größeres Unglück darstellen würde. Warum Hitler mit seinem Überfall auf England nicht fortfuhr und sich statt dessen der UdSSR zuwandte, wird immer ein Rätsel bleiben. Es sollte sein Verderben werden, obwohl wir das zu dieser Zeit noch nicht wußten. Für uns sollte es die Rettung bedeuten.

Schule in Tynemouth

Dieses erste Kriegsjahr brachte Veränderungen im Leben aller Europäer mit sich, und auch der Rest der Welt blieb nicht unverändert. An vielen Orten gab es kriegerische Auseinandersetzungen, obwohl die deutsche Wehrmacht auf nur wenig Gegenwehr stieß. Einzelne Städte, wie zum Beispiel Rotterdam, waren schweren Bombenangriffen ausgesetzt, um das Land in die Knie zu zwingen.

Die Luftangriffe auf England – vor allem auf London – hatten begonnen und wurden bald als »Blitz« bekannt. Da die Sprache ein Eigenleben besitzt, änderte sich die Wortbedeutung mit dem Fortgang des Kriegs. Die Deutschen hatten diesen Ausdruck im Zusammenhang mit Geschwindigkeit benutzt. Er stand zunächst für einen schnellen Luftangriff, einen »Blitzkrieg«, um das angegriffene Land zu demoralisieren. Er wurde dann später für die endlosen Bombardements Londons und der anderen britischen Städte benutzt. Und so bedeutet das Wort »Blitz« auch heute noch Bombenangriff.

Auch in Tynemouth hatten wir vereinzelte Luftangriffe zu ertragen. Sie waren in der Umgebung der Hafenanlagen zu erwarten. Offensichtlich waren die Schiffahrt auf dem Fluß Tyne und die Industrieanlagen des in der Nähe liegenden Newcastle die Ziele. Bei uns schien vor den Bomben selbst keine Angst zu herrschen. Ich haßte das Heulen der Sirenen mehr als den Lärm der Bombenexplosionen oder die Schüsse der Luftabwehrkanonen. Dennoch empfand ich den Heulton der Sirene, der das Ende des Luftangriffs signalisierte, einen langgezogenen Ton, als wohltuend.

Wir besuchten die »Priory«-Schule. Als ich Tynemouth vierzig Jahre später besuchte, entdeckte ich, daß sich die Stadt tatsächlich rühmen kann, die Ruinen eines alten Priorats zu besitzen, die tapfer den Angriffen der Nordsee trotzen. Es war eine gute, kleine Grundschule, die von dem Zustrom ausländischer Kinder irgendwie gestört wurde. Wir stellten für alle an der Schule etwas Rätselhaftes dar. Nicht nur für die Schüler. Die Engländer waren damals nicht sehr gut über die politischen Verhältnisse in Europa informiert, und es war deutlich zu merken, daß einige Lehrer nicht wußten, warum wir dort waren.

Einige der Kinder in Tyneside waren grober und härter als alle, denen wir auf unseren vorherigen Schulen begegnet waren, aber uns gegenüber waren sie auf instinktive Weise freundlich gesonnen. Natürlich waren sie sehr neugierig auf uns. Die meisten von ihnen hatten niemals zuvor Ausländer gesehen und waren nur gewohnt, ihre eigene Landessprache zu hören. Sie standen um uns herum, berührten uns und bombardierten uns mit Fragen. Ich konnte keine von ihnen beantworten, aber meine Freundin Elfi war schon seit einigen Monaten dort und war unsere Sprecherin. Sie war erste Ausländerin in ihrer Klasse. Deshalb war sie nicht nur gezwungen, Englisch zu lernen, sie widmete sich dieser Aufgabe mit eisernem Willen und war auch sehr erfolgreich in ihren Bemühungen. Sie will es mir heute nicht mehr glauben, wenn ich ihr erzähle, daß ich damals sprachlos vor Bewunderung für sie war. Bei allen Übersetzungen war ich auf sie angewiesen, und sie half mir dabei. Mit zehn Jahren wurde sie die offizielle Dolmetscherin, die von der Schule eingesetzt wurde, wenn wir anderen nicht in der Lage dazu waren oder uns weigerten, bestimmte Anordnungen der Schule zu verstehen.

Eine von uns, die Tschechin Daša, pflegte die Schule zu verlassen, wenn sie sich, da sie überhaupt nichts verstand, hinreichend gelangweilt fühlte. Für eine Siebenjährige war das ein sehr mutiges Verhalten.

Durch den Kriegsausbruch wurden die einheimischen Kinder in noch stärkerem Maß verunsichert. Ich weiß nicht, was ihnen Mr. Russell, der nette und gutmütige Direktor, über uns erzählte, aber wahrscheinlich genug, um Mitleid für Kinder zu empfinden, die so weit von zu Hause entfernt waren. Nach dem 3. September erfuhren sie, daß alle Deutsche Feinde waren. Und wir waren Deutsche. In Spielen, in denen zuvor zahlreiche Arten von »Guten« und »Bösen« vorgekommen waren, nahmen diese nun unweigerlich die Rollen von »Engländern« und »Deutschen« an. Was sollten sie von uns halten? Sie behielten ihre freundliche Haltung bei, obwohl sie bisweilen ratlos waren. Ich erinnere mich vage an ein Mädchen, das darauf aus war, mit mir Freundschaft zu schließen. Sie redete immer wieder mit mir, und ich fühlte mich immer unwohler dabei, da ich ihr nicht antworten konnte. Als sie schließlich meinen Kummer und meine Verwirrung bemerkte, nahm sie als Beweis ihrer Freundschaft das Bonbon, das sie im Mund lutschte, heraus und gab es mir. Ich hoffe, daß ich meine Dankbarkeit zeigte, als ich es mir in den Mund steckte. Nie werde ich diese freundliche Geste Joyce Kirkups vergessen.

In den Briefen, die ich nach Hause schickte, schrieb ich, daß ich langsam verstehen würde, was in den Unterrichtsstunden vor sich gehe. War das eine Lüge oder der Versuch, meine Eltern oder vielleicht mich selbst davon zu überzeugen, daß ich es schaffen würde?

Ich erinnere mich an die nicht enden wollenden Schulstunden, in denen ich nichts verstand und mich langweilte. In der letzten Klasse, der Abschlußklasse der Schule, gab es drei geflohene Mädchen, Elfi, Lisl und mich. Mir wurde gestattet, neben Elfi zu sitzen, und ich war sehr glücklich, sie bei ihrer Arbeit beobachten zu können. Die Lehrerin, Miss Muir (wir hatten schon allein bei dem Versuch Schwierigkeiten, diesen schottischen Namen auszusprechen), war sehr streng. Uns gegenüber war sie sehr gutmütig und hilfsbereit, aber wir hatten uns an die Vorschriften zu halten. Es war uns nicht gestattet, Zeit damit zu verschwenden, während des Unterrichts die an den Wänden hängenden Zeichnungen zu betrachten (die Kunstwerke der Kinder wurden immer aufgehängt, auch in den weit zurückliegenden, wenig fortschrittlichen Tagen meiner Jugendzeit). In den Phasen meiner größten Langeweile versuchte ich einen Blick auf die umgebenden Wände zu werfen, aber Miss Muirs Augen entging nichts, und ich begriff sehr schnell den Inhalt ihrer Zurechtweisungen, wenn auch nicht die Worte. Schüler wurden schon bei geringfügigen Vergehen durch Schläge mit dem Rohrstock auf die ausgestreckten Hände bestraft. Derartige Praktiken waren neu für mich, und ich hatte Angst davor, mit dem Rohrstock Bekanntschaft zu machen. Es blieb uns erspart. Wir strengten uns an, artig zu sein.

Wenn sich die Klasse gut betragen hatte, las uns Miss Muir »Zwei Städte« von Charles Dickens vor. Diesen Schriftsteller kannte ich zwar, da ich Werke von ihm in deutscher Übersetzung gelesen hatte, aber dieser Titel war mir nicht untergekommen. Ich konnte mich nie darauf freuen, da ich nichts verstand.

Einiges war uns erlaubt. Handarbeiten nahmen einen breiten Raum innerhalb unserer Betätigungen ein, und auch Stricken war uns gestattet. Wir alle drei hatten das bereits zu Hause gelernt. Miss Muir bemerkte, daß Elfi und ich geübte Strickerinnen waren, und so wurde uns die Erlaubnis erteilt, Socken zu stricken. Für Zehnjährige stellte das eine sehr anspruchsvolle Aufgabe dar, und uns erfüllte ein ungewohntes Gefühl von Stolz. Jedoch nicht sehr lang. Wir wußten, daß Lisl nur Anfängerin war, und glaubten, daß dies auch Miss Muir bekannt sei. Es konnte ihr nicht entgangen sein, wie unser stolzer Gesichtsausdruck verschwand, als sie Lisl gestattete, ein »vest« zu stricken. Unter diesem Wort verstanden wir »Weste« – das deutsche Wort klang uns so ähnlich. Die eigentliche Bedeutung von »vest« ist auf deutsch »Unterhemd«. Wir sollten passende Wolle besorgen. Mrs. U. stellte fest, daß für die Socken graue Wolle und dunkelblaue für die »Weste« gekauft worden war. In jener Zeit waren Unterhemden wie Unterwäsche im allgemeinen weiß. Rosa war möglich, aber bereits etwas gewagt. Miss Muir protestierte. Sie sagte uns, daß niemand dunkelblaue Unterhemden tragen würde. Elfi tat ihr Möglichstes. Sie sprach genügend englisch, um zu erklären, daß die ausgewählte blaue Farbe nicht so schnell den Schmutz zeigen würde wie weiße. Miss Muir gab auf. Noch heute sehe ich ihren Gesichtsausdruck, der soviel besagte wie: »Es sind ja Ausländerinnen, was kann man da schon erwarten.« Lisls Strickerei wurde

länger und länger und schien sich nicht in eine Weste verwandeln zu wollen. Schließlich lernten wir die richtige Bedeutung von »vest«.
Eine der Unterrichtsstunden, an deren Teilnahme ich Freude hatte, war das Singen. Ich verstand die Wörter der Lieder nicht, aber sie waren laut, schwungvoll und patriotisch. Mit Begeisterung schmetterten wir das walisische Lied »Men of Harlech«, das englische »Hearts of Oak« und das schottische »Bonnie Dundee«. Auch zählte »Minstrel Boy« dazu, um uns zu zeigen, daß auch die irische Tradition zu Großbritannien gehörte. Wir studierten Hymnen ein, von denen die bewegendste eine von William Whiting war:
»Eternal Father strong to save
Whose arm doth bind the restless wave.«
Sie wies ein mächtiges Crescendo des Chores auf:
»Oh hear us when we cry to thee
For those in peril on the sea.«
Wir begriffen genug, um verstehen zu können, daß diese Hymne von tieferer Bedeutung für die Kinder um uns herum war, da viele ihrer Väter ihr Leben auf dem Meer aufs Spiel setzten, da sie wahrscheinlich Luft- und U-Bootangriffen ausgesetzt waren. Diese Hymnen waren nicht so mitreißend, wie viele andere Lieder, aber es war gut, daß wir bei ihnen mitsingen konnten, auch wenn die Bedeutung der Strophen, die wir anstimmten, in weiten Teilen böhmische Dörfer für uns war. Während der alltäglichen Schulgebete, für die wir die Hymnen einstudierten, lernten wir auch das Vaterunser. Während des täglichen Gebets ging Mr. Cooper, ein Lehrer von tieftrauriger Erscheinung, in den Reihen der Schüler auf und ab, um sicherzustellen, daß unsere Augen geschlossen und unsere Hände gefaltet waren und die einzelnen Wörter ausgesprochen wurden. Natürlich sprachen wir Kauderwelsch, obwohl ich sicher war, wenigstens den Anfang richtig verstanden zu haben, der folgendermaßen lautete: »Our Father which shout in heaven...« (deutsch: Vater unser, der Du *rufst* im Himmel...) anstatt: »Our Father which art in heaven...«.
Einmal öffnete ich unwillkürlich die Augen und sah, wie Mr. Cooper mich traurig anblickte. Bedauerte er mich, oder war er traurig wegen des malträtierten Gebets?
Zu Beginn des Frühjahrs wird in englischen Grundschulen immer eine Prüfung für die 11 Jahre alten Kinder vorbereitet, die »Scholarship«, später auch »11 plus« bezeichnet wurde. In den akademischen, sehr auf Auswahl bedachten Gymnasien früherer Zeiten mußten Kinder diese Prüfung bestehen, um die Möglichkeit zu haben, später an der Reifeprüfung teilnehmen zu können, die die Voraussetzung für eine Ausbildung an einer Universität oder einer anderen höheren Lehranstalt darstellte. Um dieses Ereignis wurde viel Aufhebens gemacht, und wir wurden von unseren Lehrern in drei Gebieten darauf vorbereitet: in Arithmetik, Englisch und »Intelligenz«. Jeglicher Unterricht, den ich

in den beiden letzteren Fachgebieten hatte, war vergebens. Vergleichsweise günstiger war es um meine Kenntnisse in Arithmetik bestellt. Ich hatte bestimmt wenig Schulunterricht gehabt, aber ich hatte eine Mathematikerin als Mutter und Lehrerin, und ich hatte auf diesem Gebiet einen guten Unterricht genossen. Als der wichtige Tag kam, war ich klug genug, um zu begreifen, daß mir die Prüfung in »Intelligenz« und in Englisch zu hoch waren. An Arithmetik ging ich aber mit einer positiven Einstellung heran. Ich mußte nicht nur mit englischen Pfund, Shilling und Penny ausführliche Additionen, Subtraktionen, Multiplikationen und Divisionen ausführen, sondern auch mit Meilen, *chains* (Meßkette, altes englisches Längenmaß, d.Ü.) und Achtelmeilen, mit Gallonen, Viertelscheffel und Scheffel rechnen. Ich hatte damit keine Probleme. In kluger Voraussicht auf ein vereintes Europa stellte ich die alten englischen Maßeinheiten, noch lange bevor das Vereinigte Königreich daran dachte, auf ein Dezimalsystem um. Instinktiv wußte ich, daß ich es richtig gemacht hatte. Ich war sicher, daß ich genau gerechnet hatte. Nur hatte meine Mutter versäumt, mir beizubringen, daß ein Shilling 12 Pence enthält und 240 ein englisches Pfund ergeben, ganz zu schweigen davon, daß 22 Yards eine chain ergeben, von denen wiederum 10 eine Achtelmeile ausmachen und sich 7 weitere zu einer Meile addieren. Erstaunlich ist, daß englische Schüler jemals Zeit fanden, irgend etwas anderes zu lernen.

Nur wenige englische Schüler schafften es, die »Scholarship« zu bestehen. Ich fiel mit Pauken und Trompeten durch.

Die Priory-Schule tat uns gut und verschaffte uns ein »normaleres« Leben als der Alltag in dem Heim. Ich verbrachte weniger als ein Jahr in dieser freundlichen Schule. Vielleicht wurde sie geschlossen, oder es wurde beschlossen, einige Schüler zu versetzen. Möglicherweise wurde die Zahl der Schüler im Rahmen von Evakuierungsmaßnahmen, die inzwischen begonnen hatten, verringert, um die Schüler vor den Luftangriffen in Sicherheit zu bringen. Wir wurden an eine andere Schule an einen unfreundlicheren Ort in North Shields versetzt, welche den großartigen Namen »King Edward's« trug. Zu meinem Glück war ich wieder mit Elfi zusammen in einer großen Klasse.

Glücklicherweise habe ich den Namen unserer Lehrerin vergessen. Sie kam uns sehr launisch vor. In all den Wochen, die wir mit ihr verbrachten, sprach sie kein einziges Wort mit uns. Nahm sie uns übel, daß wir »feindliche Ausländerinnen« waren? Waren ihre Angehörigen eingezogen? Fühlte sie sich dadurch überfordert, daß von Lehrern sehr viel erwartet wurde wie im übrigen von allen? Ich muß zugestehen, daß sie nicht sehr gut aussah. Ihre Haut war straff über ihr Gesicht gespannt, ihre Augen waren sehr tiefliegend, und um uns zu rächen, sprachen wir ohne Mitgefühl von ihr als vom »Totenkopf« (im Original auf deutsch, d.Ü.).

Inzwischen wuchsen im Heim mit dem Fortgang des Kriegs die Spannungen und die Ängste. Die Leiterinnen wie auch die Kinder machten sich Sorgen um die zurückgebliebenen Angehörigen. Als die Deutschen die bis dahin neutralen Länder Europas überfielen, sahen wir auch unsere Zukunft bedroht. Was würde mit uns geschehen, mehr noch, wenn die deutschen Armeen England besiegten?

Wir bemerkten alle die in England herrschende hysterische Furcht vor Spionen und das Mißtrauen Ausländern gegenüber. Jeder nicht britische Bürger wurde offiziell als Ausländer deklariert. Für diejenigen von uns, die in Deutschland oder Österreich geboren waren, gab es die spezielle Bezeichnung »feindliche« Ausländer. Es gab keine Ausnahmen. Inbegriffen waren auch alle diejenigen, die vor den Nazis geflohen waren, sogar diejenigen, die es geschafft hatten, die Brutalitäten der Konzentrationslager zu überleben. Bis zum 16. Lebensjahr waren wir Kinder noch nicht von den Bestimmungen betroffen, nach denen sich erwachsene feindliche Ausländer zu richten hatten.

Die Hysterie war derart, daß alle männlichen »feindlichen« Ausländer vom 16. Lebensjahr an interniert wurden, hauptsächlich auf der Isle of Man. Es handelte sich nicht nur um Flüchtlinge. Unter den Internierten gab es auch Deutsche, die aus ganz anderen Gründen nicht in ihr Heimatland zurückgekehrt waren, und tatsächlich gab es einige Nazis unter ihnen. Die Flüchtlinge waren nicht sehr erpicht darauf, auf engem Raum mit diesen zusammenzuleben.

Einige britische Bürger, die diese mit der Internierung verbundene Ungerechtigkeit begriffen, versuchten, die Regierung davon zu überzeugen, daß es sich um eine unsinnige Maßnahme handele. Winston Churchills Antwort darauf war: »Collar the lot!« (dt. etwa: »Schnappt sie euch alle!«)

Unglücklicherweise wurden einige der Internierten nach Übersee geschickt, nach Kanada und Australien. Eins der Schiffe, die die Gefangenen transportierte, die Arandora Star, wurde torpediert und sank mit 400 Menschen an Bord.

Paul Oppenheimer, ein Freund und damals Internierter, erzählte mir, daß das Leben auf der Isle of Man auch positive Seiten besaß. Menschen mit wissenschaftlicher, musikalischer und künstlerischer Ausbildung, die bereit waren, ihr Wissen und ihre Fähigkeiten weiter zu vermitteln, gab es in Hülle und Fülle. Ohne Hilfe von außen entstand also eine Lehranstalt, eine Art Universität, die sich positiv auf die Moral der Internierten auswirkte. In diesem Lager wurde das weltberühmte Amadeus String Quartet gegründet.

Schließlich wurden die meisten Insassen entlassen, und es wurde ihnen gestattet oder sie wurden sogar dazu verpflichtet, sich dem Pioniercorps anzuschließen. Das war die unterste Stufe militärischer Betätigung. Ich hatte den Eindruck, daß die Flüchtlinge froh darüber waren. Es ermöglichte ihnen, eine neue Identität als Menschen zu entwickeln, die sich für England engagierten

und sich – wie man damals sagte – bei den »Kriegsanstrengungen« (»war effort«) beteiligten.
Im Heim gab es vier Mädchen, die besonders glücklich sein mußten. Jede von ihnen hatte ein Elternteil in England. Ilse Groß (aus Wien) und Edith Roßmann (aus Düsseldorf) hatten ihre Mutter, Helga Reiss (aus Wien bzw. Prag) und Lisl Scherzer (aus Wien) hatten ihren Vater in England. Wußten sie, wie sehr wir sie beneideten? Ich glaube nicht. Lisls Vater wurde schließlich Mitglied im Pioniercorps. Er besuchte sie regelmäßig, wenn er beim Militär Ausgang hatte, und sie war uns gegenüber sehr großzügig mit ihm. Sie erlaubte uns, an ihrem Vater zu partizipieren, der ein außergewöhnlich netter Mann war und nichts dagegen hatte, wenn wir ihn in Beschlag nahmen und ihm nur wenig Zeit allein mit seiner Tochter blieb. Wenn er Süßigkeiten mitbrachte, wurden sie geteilt. Er, sie und wir, Sophie, Elfi und ich, setzten das als selbstverständlich voraus. Er spielte mit uns, machte Scherze und hatte Verständnis für unsere Bedürfnisse. Ich kann mich nicht erinnern, ihn jemals ohne ein Lächeln gesehen zu haben, obwohl er sich sicher Sorgen um seine Frau machen mußte, die er in Wien zurückgelassen hatte. Seine Gegenwart war beruhigend, und er war eine Vaterfigur für uns.
Wir sprachen niemals über unser Heimweh. Das war ein viel zu gefährliches Thema, da unsere Sehnsucht kaum zu ertragen war. Wir sprachen über unser Zuhause und unsere Vergangenheit, und wir versuchten, unseren Freunden zu schildern, wie unser Leben gewesen war. Wir erzählten Anekdoten von Familienbegebenheiten, von großen Ereignissen und von ganz besonderen Freuden. Ich bin sicher, daß wir dabei sehr aufschnitten und die unwahrscheinlichsten Geschichten erzählten. Die anderen erfreuten sich an den Geschichten über meine Geschwister. Ich kam aus der größten Familie, und so gab es viel, was ich besonders über meinen älteren Bruder Werner, der häufig Dummheiten im Kopf hatte, erzählen konnte. Die Mädchen erfuhren, wie Werner an der Reihe war, das Geschirr abzutrocknen, das Mina abgewaschen hatte. Das war eine Aufgabe, die nicht nach seinem Geschmack war, und so fragte er bei jedem einzelnen Stück, um Mina zu ärgern und seinen Unmut abzureagieren: »Wohin kommt denn das?«
Mina, die nie Geduld hatte, platzte heraus: »Häng es in den Apfelbaum.«
Das mußte man Werner nicht zweimal sagen. Er eilte in den Garten, kletterte mit affenartiger Geschwindigekiet auf den Baum und plazierte dort das Geschirr. Mina war außer sich. Werner wurde befohlen, alles wieder herunterzuholen. Grinsend weigerte er sich. Mina mußte sich aufs Bitten verlegen und ihn damit bestechen, ihm besondere Köstlichkeiten zu kochen. Erst dann gab Werner nach und gehorchte.
Auf diese Weise erfuhren die Mädchen im Heim viel über die anderen und nahmen, wie ich glaube, Anteil an ihnen.

Die Nächte in den Schlafräumen waren schwer zu ertragen. Wir fühlten uns alle bedrückt, und ich weiß, daß viele Köpfe deshalb unter der Bettdecke verschwanden, um das Weinen zu verbergen. Wir wollten die anderen nicht noch mit unserem eigenen Kummer belästigen. Uns war bewußt, daß wir alle die gleichen Sorgen teilten, aber wir konnten nicht darüber reden. Ich erinnere mich, daß ich damals lernte, völlig lautlos zu weinen, aber ich konnte meine Tränen nicht zurückhalten. Sie schienen geradezu aus mir herauszufließen. Nacht für Nacht gelobte ich mir, nicht zu weinen, aber das Gefühl der Trennung brachte mich immer wieder an den Rand der Verzweiflung.
Meine Freundin Eva Rogers erzählte mir später von einer Gruppe deutscher jüdischer Kinder, die in Frankreich versteckt waren. Man hatte ihr berichtet, daß sie sich außergewöhnlich gut betragen hatten. Ihre Erklärung dafür war, daß die Kinder ein Gefühl von Pflicht und Gehorsam verspürten. Sicherlich fühlten sie, daß sie bei wirklich gutem Betragen belohnt würden und zusammen mit ihren Eltern frei kämen. Das erinnerte mich an etwas anderes: Als Kind war mir beigebracht worden, ein Nachtgebet zu sprechen, und so betete ich in England inbrünstig, fast als wollte ich mit Gott einen Vertrag schließen, indem ich versprach, besonders artig zu sein, um als Belohnung wieder mit allen Familienmitgliedern vereint zu werden. Keine leichte Aufgabe für Gott, da wir zu dieser Zeit über fünf verschiedene Aufenthaltsorte in vier Ländern auf zwei Kontinenten verstreut waren. Die Aufgabe Gottes sollte noch schwieriger werden, da wir 1941, infolge der Änderung der »Quota« für die Einwanderung in die USA, noch weiter auseinandergerissen wurden. Zu diesem Zeitpunkt lebten meine Eltern und ihre sechs Kinder – einige vegetierten nurmehr – an acht verschiedenen Orten: vier in Frankreich, zwei in England, einer in Argentinien und einer in den USA.
Persönliche Belege von Gebeten sind kaum zu bekommen. Kinder sprechen nicht darüber, es ist ihnen peinlich, und sie vergessen die Gebete, besonders dann, wenn sie nicht erhört wurden.
Im »Mémorial de la Déportation des Juifs de France« veröffentlichten Beate und Serge Klarsfeld das an Gott gerichtete Bittgebet eines Kindes. Ein siebenjähriger Junge hatte es in Drancy, dem berüchtigten Sammelpunkt in der Nähe von Paris, verfaßt, wo Transporte französischer und ausländischer Juden zusammengestellt wurden, um von dort nach Auschwitz oder in andere Vernichtungslager deportiert zu werden. Es gab dort Tausende von Kindern, viele ohne ihre Eltern, die schon in den Osten transportiert worden waren. Zu diesem Zeitpunkt waren Kinder von den Deutschen noch nicht als »Heizmaterial« für die Gaskammern vorgesehen, auch wenn diese Zurückhaltung gegen Ende des Kriegs verschwinden sollte. Pierre Laval von der Vichy-Regierung fühlte sich jedenfalls verpflichtet, die Kinder aus ihren Verstecken heraus- und von ihren Pflegefamilien und aus ihren Heimen weg zu holen, um sie in

die Todesmaschinerie zu schicken. Zeitzeugen haben diese berüchtigten unmenschlichen Bedingungen beschrieben, unter denen diese verlassenen Kinder untergebracht wurden, bevor sie in Viehwaggons zu ihrer letzten Reise zusammengepfercht wurden. Das an Gott adressierte Bittgebet des kleinen Jungen lautet folgendermaßen:

»C'est vous qui êtes la justice, c'est vous qui récompensez les bons et punissez les méchants. Dieu? Après cela, je pourrai dire que je ne vous oublierai jamais. Je penserai toujours à vous, même aux derniers moments de ma vie. Vous pouvez être sûr et certain [...] C'est grâce à vous que j'ai eu une belle vie avant, que j'ai été gâté [...] Dieu? FAITES REVENIR MES PARENTS, MES PAUVRES PARENTS, PROTEGEZ-LES (encore plus que moi-même), QUE JE LES REVOIS LE PLUS TOT POSSIBLE, FAITES-LES REVENIR ENCORE UNE FOIS. Ah! Je pouvais dire que j'avais une si bonne maman et un si bon papa! J'ai tellement confiance en vous que je vous dis un merci en avance.«

(dt.: »Du bist es, der über uns herrschst. Du bist die Gerechtigkeit, und du bist es, der die Guten belohnt und die Bösen bestraft. Gott? Auch nach alledem kann ich sagen, daß ich Dich niemals vergessen werde. Ich werde immer an Dich denken, auch in den letzten Augenblicken meines Lebens. Du kannst Dich darauf verlassen und ganz sicher sein [...] Es ist Dir zu verdanken, daß ich vorher ein gutes Leben gehabt habe, daß ich verwöhnt wurde [...] Gott? LASS MEINE ELTERN ZURÜCKKOMMEN; MEINE ARMEN ELTERN; BESCHÜTZE SIE (mehr noch als Du mich beschützt hast), DASS ICH SIE SOBALD WIE MÖGLICH WIEDERSEHE, LASS SIE NOCH EINMAL ZURÜCKKEHREN. Oh, ich kann sagen, daß ich eine so gute Mammi und einen so guten Pappi hatte! Ich setze soviel Zuversicht in Dich, daß ich Dir schon im voraus danke.«

Die Eltern dieses anonymen kleinen Jungen waren schon vorher deportiert worden. Vielleicht verlor er dieses niedergeschriebene Gebet, als auch er abtransportiert wurde, um zu sterben.

Das Leben im Heim

Während dieses ersten Kriegsjahrs wurde auch den Jüngsten unter uns klar, daß sich das Leben ändern würde, da wir nicht wissen konnten, was noch alles auf uns zukommen würde, und daß wir auf Frieden hoffen mußten. Wir wußten, daß es für uns ohne einen Sieg über Deutschlands keinen Frieden geben konnte.

Alle waren wir aus demselben Grund im Heim; wir waren alle aus einem Heimatland geflüchtet, das für uns zu lebensbedrohlich geworden war. Aber das war nicht gleichbedeutend damit, daß wir stets eine geschlossene Gruppe waren. Unsere Leiterinnen hatten keinerlei Erfahrung in Kindererziehung. Sie hatten Söhne, und wir alle waren Mädchen. Als berufstätige Frauen hatten sie beträchtliche Hilfe im Haushalt genossen und waren wahrscheinlich nicht mit den Einzelheiten der Kindererziehung vertraut. Auch hatten sie es mit uns nicht leicht. Die Kleinen litten offensichtlich an Heimweh, die Jüngste war drei Jahre alt. Wir übrigen schafften es, unsere Gefühle die meiste Zeit zu verbergen. Obwohl wir durchschnittlich artige Mädchen waren, waren auch wir unglücklich, und was noch schlimmer war, die meisten waren in der Pubertät.

Es wurde erwartet, daß wir uns nach Verhaltensgrundlagen richten sollten, die aus der Winer Tradition des neunzehnten Jahrhunderts stammten. Wien, dessen glorreiche Tage weit zurücklagen, schien in gewisser Weise eine Fortsetzung im zwanzigsten Jahrhundert gefunden zu haben. Es war uns nicht erlaubt, zu laut zu reden oder laut zu lachen. Ein Jammer, da uns ohnehin so selten zum Lachen zumute war. Es gab bestimmte Verhaltensregeln, das war nicht anders zu erwarten, aber ich fand einige unsinnig. Für eine Zehnjährige war das vielleicht arrogant. Aber es wurde uns zum Beispiel nicht gestattet, die Treppe hinaufzurennen, da ein derartiges Verhalten für eine Dame ungehörig sei.

Als Kind vom Land, das aus den einfachen Verhältnissen Fränkisch-Crumbachs kam, hatte ich nur wenige gesellschaftliche Ambitionen. Eine Dame zu werden, gehörte nicht dazu. Es gab bestimmte Formen, wie man die Gabel zu halten hatte, es gab eine bestimmte Art, den Suppenteller zu neigen, das Brot zu schneiden, Verhaltensweisen, die mir in der Vergangenheit niemals Probleme bereitet hatten.

Die österreichischen Mädchen verhielten sich deutlich damenhafter als wir anderen.
Einige österreichische Ausdrücke nahm ich sehr wörtlich. Mir gefiel das »Grüß Gott« als freundlicher Gruß, aber ich mußte das »Küss' die Hand, gnädige Frau« ablehnen, da dieser Gruß nicht das meinte, was er aussagte, sondern nur »Guten Tag« bedeutete ohne irgendwelche zusätzlichen Aktionen. Das brachte mich sehr früh im Leben zur Überzeugung, daß es viel Heuchelei um mich herum gab.
Probleme gab es, wenn wir die Sprache des Feindes sprachen. Ich bin überzeugt davon, daß es richtig war, alles zu versuchen, englisch zu sprechen. Aber Deutsch zu verbieten, wie es die Leiterinnen zeitweise taten, war absurd. Einige von uns hatten nichts anderes. So mußten wir schweigen. Wahrscheinlich können heranwachsende Mädchen mit einer derartigen Vorschrift nicht einverstanden sein, und wir begannen miteinander auf deutsch zu flüstern. Das sei sehr unanständig, wurde uns daraufhin gesagt. Nur ordinäre Leute und unehrliches Volk flüsterten. Flüstern war verboten.
Wir schlugen uns so durch. Da wir mit Anfängern der englischen Sprache zusammenlebten, lernten wir den Sprachgebrauch des Englischen nicht gut und nicht so schnell wie andere nach England geflohene Kinder, die von englischen Familien aufgenommen worden waren. Damals sprachen wir ein Gemisch aus Englisch und Deutsch, und vor dem Kriegsende hatten wir schließlich die deutsche Sprache ganz abgelegt und sprachen nur noch englisch.
Eine unserer Kameradinnen hatte ganz besondere Schwierigkeiten. Es war die liebe kleine Daša. Wir mochten sie wirklich alle sehr. Sie war ein unschuldiges Kind, das immer über das ganze Gesicht lachte, wenn es nicht gerade am Weinen war. Und sie weinte oft. Sie war die einzige im Haus, die weder deutsch sprach, noch englisch. Im Alter von sieben Jahren war sie zusammen mit den Reiss-Mädchen, die sich um sie gekümmert und für sie gedolmetscht hatten, wenn es nötig war, aus Prag eingetroffen. Für Daša war es ein schwerer Schlag, daß sie von Vera und Liesel Reiss unmittelbar vor Ausbruch des Krieges getrennt wurde, deren Cousine Helga blieb zwar bei ihr, aber diese war erst in das vergleichsweise sichere Prag gekommen, als die Deutschen Österreich annektiert hatten, und so war ihr Tschechisch nur sehr unzureichend. Wir lernten alle wichtigen tschechischen Sätze, wie zum Beispiel diesen: »Ne plac, Dašenka!« (Nicht weinen, kleine Daša!) Da sich Daša so verlassen fühlte, verlor sie auch leicht ihre Habseligkeiten. Ihre ständigen Fragen begannen mit: »Kde muj...?« (Wo ist mein...?) Ich erinnere mich noch an das tschechische Wort »cepice« (Mütze), die sie ständig verlegt hatte. Das sind die einzigen tschechischen Wörter, die ich kenne und die mir in Erinnerung geblieben sind. Arme Daša. Uns war klar, daß unsere ausländischen Namen

fremd für die Ohren unserer Klassenkameradinnen klangen. Aber die Ironie der Geschichte war, daß Daša, die kein einziges Wort deutsch sprach, den Familiennamen »Deutsch« hatte!
Sie hatte eine Biographie, die viele Brüche aufwies. Die tschechoslowakische Exilregierung in London (Tschechoslowaken waren befreundete Ausländer) hatte gewisse Machtbefugnisse und wurde von der englischen Regierung unterstützt. Sie verfügte, daß alle tchechoslowakischen Kinder, die nach England geflohen waren, eine tschechoslowakische Grundschule besuchen sollten, die in Wales eingerichtet werden sollte. Ziel war es, Sprache und Kultur zu bewahren und Bürger aufzuziehen, die nach Beendigung des Krieges in die Tschechoslowakei als tschechoslowakische Bürger, nicht als Ausländer, zurückkehren konnten. Als die Schule eingerichtet war, hatte unsere Freundin Daša, die keinerlei Gelegenheit hatte, mit uns auch nur ein Wort ihrer Muttersprache zu sprechen, viel von ihrem Tschechisch vergessen; sie hatte sich hingegen eine Mischung aus Deutsch und Englisch angeeignet. In ihrer neuen Schule war sie erneut mit ihrer Sprache in einer mißlichen Lage. Überdies kannte sie niemanden; wiederum war sie allein. Die Schule wurde später geschlossen und Daša in ein anderes Heim geschickt. Wir dachten oft an sie.
Daša war nicht die einzige, die Probleme hatte. Ein anderes der jüngeren Kinder, das zum ersten Mal in seinem Leben von einer liebevollen Familie getrennt worden war, näßte – nicht überraschend – nachts sein Bett ein. Ich glaube, das Mädchen war sechs Jahre alt. Sie wurde täglich geschlagen. Obwohl sie noch so klein war, wurde sie damit beauftragt, ihre Bettlaken zu waschen und sie aufzuhängen. Obwohl ich eine unwissende Zehnjährige war, war ich empört über die Behandlung dieses kleinen Mädchens. Ich wußte, daß das nicht die richtige Therapie sein konnte. Hätte ich damals schon etwas von dem Wiener Dr. Sigmund Freud gewußt, der unseren Leiterinnen sicher bekannt gewesen sein mußte, wäre ich noch schockierter gewesen.
Beide Leiterinnen wurden von uns mit »Frau Doktor« angesprochen, Ehrentitel, die sie durch ihre Heirat mit Männern erworben hatten, die diesen akademischen Titel führten. Ich hielt das damals wie auch heute für einen sehr seltsamen Brauch.
Als Elfi viele Jahre später Mrs. U. in Kalifornien besuchte und sie über das Bettnässen sprachen, erklärte Mrs. U., daß sie die Schläge heute bedauere, mit denen sie das Mädchen bestraft hatte.
Warum behielt das Kind dennoch seine Fröhlichkeit bei? Sie hatte ein überraschend sonniges Gemüt. Auf jedem Foto, das ich von der Zeit im Heim besitze, sieht man sie lachen. Ich hätte ein Bild völliger Zerstörung abgegeben, wenn ich an ihrer Stelle gewesen wäre. Als ich dieses Mädchen fünfzig Jahre später traf, war sie noch immer freundlich, warmherzig und fröhlich. Ich mußte sie einfach danach fragen, wie sie es geschafft hatte, so früh in ihrem

Leben mit einer solchen Behandlung durch diejenigen fertigzuwerden, die Verantwortung für sie trugen. Sie gab mir folgende simple Erklärung: Ihre Eltern hatten ihr versprochen, zu ihr zu kommen, und daß sie sich auf eine Zeit des Wartens einstellen müsse, aber sie würden kommen. Sie glaubte immer daran und hoffte auf diesen besonderen Tag, von dem sie wußte, daß es ihr Tag sein würde. Diese furchtlosen Eltern, die es geschafft hatten, ein solches Vertrauen zu erwecken, konnten ihr Versprechen ihrer einzigen Tochter gegenüber leider nicht mehr einlösen.
In unserem ersten Jahr brach einmal eine Panik wegen Kopfläusen an der Schule aus. Eine einzige Hysterie. Täglich mußten wir unsere Haar mit einem Zahnkamm durchkämmen. Es wurde beschlossen, daß Mädchen mit lockigem Haar geschoren werden sollten. Ich bin sicher, daß es Kopfläusen egal ist, ob sie in lockigem oder in glattem Haar hausen. Ich wurde nicht nach meiner Meinung gefragt, ehe mir nicht ein Jungenhaarschnitt verpaßt worden war. So erging es auch Helga und den Schwestern Inge und Ruth Adamecz. Wir vier waren sehr gekränkt durch diese Prozedur und sehr befangen. Es half uns nichts, daß uns erzählt wurde, dieser Haarschnitt sei sehr modisch und bekannt als »Eton-Schnitt«. Mir war egal, wer oder was Eton war, und ich ärgerte mich über jeden Kurzhaarschnitt.
Natürlich handelte es sich hierbei um das kleineres Übel. Inge und Ruth hatten unter mehr als nur einem Haarschnitt zu leiden. Ich bin seitdem auch mit ihnen in Kontakt getreten. Sie verspüren noch immer Verbitterung über die Jahre in dem Heim. Sie stammen aus Breslau. Ruth war sieben und Inge fünf Jahre alt. Ruth war sehr ernst und blieb auch so, bis nahe an die Grenze zur Depressivität. Sie übernahm für ihre jüngere Schwester sehr ernsthaft die Verantwortung. Ich kann mir vorstellen, daß ihre Mutter sie darum gebeten hatte. Inge war im Unterschied dazu voller Fröhlichkeit und überließ Ruth ihre Sorgen. Das heißt natürlich nicht, daß Inge immer glücklich war.
Beide Mädchen entstammten der Mischehe eines arischen Vaters mit einer jüdischen Mutter. Der Vater machte das, was von einem guten Deutschen, der so töricht gewesen war, eine Nicht-Arierin zu heiraten, erwartet wurde. Er verließ seine Frau und seine drei kleinen Kinder. Frau Adamecz schaffte es, die beiden älteren mit Hilfe eines Kindertransports nach England zu schicken, und behielt das kleinste bei sich. Inge und Ruth hüteten das Foto, das sie von der kleinen Gretel – ein prächtiges Engelsköpfchen – hatten, wie ein Augapfel. Ich erinnere mich gut daran. Jeder kannte die Fotos der anderen sehr genau, da wir sie so oft herumzeigten. Gretel mußte zusammen mit ihrer Mutter sterben. Die jungen Schwestern verbrachten im Heim keine schöne Zeit. Sie erinnern sich noch immer sehr gut daran. Sie wurden der Lüge und des Stehlens beschuldigt. Nahm man zum Beispiel von einem Teller ein Plätzchen, wenn niemand zuschaute, war das schon ein schwerwiegender Diebstahl. Eine

von beiden wurde einmal dadurch bestraft, daß man sie für längere Zeit in einen dunklen Schrank unter der Treppe einsperrte. Es überrascht nicht, daß sie zeitweise zutiefst unglücklich waren.
Es gab auch Besucher im Heim. Regelmäßig kamen Komiteemitglieder, um die Leiterinnen zu unterstützen, ihnen Ratschläge zu geben und sie in ihrer schwierigen Aufgabe zu ermutigen. Wenn sie kamen, war es üblich, daß die Mädchen in einer Gruppe im Wohnzimmer zu erscheinen hatten. Wir waren verpflichtet, zu lächeln und liebenswürdig auszusehen. Eines der älteren Mädchen (das einen Sinn für Berliner Humor hatte) nannte das zynischerweise die »Affenschau«, und diese Bezeichnung war sehr zutreffend. Ich haßte diese Inspektionen, aber ich konnte mich besser mit diesem absurden Schauspiel abfinden, wenn ich an diese Bezeichnung dachte.
Die Heimleiterinnen hatten auch keine leichte Zeit. Der Winter 1939/40 war sehr streng, mit unerwartet niedrigen Temperaturen. Großbritannien hat eigentlich ein gemäßigtes Klima, aber gelegentlich gibt es Phasen strenger Kälte. Sie werden wie ein völlig unerwartetes, aber aufregendes Ereignis begrüßt, und die Engländer werden immer wieder aufs Neue davon überrascht, wenn regelmäßig eine »ungewöhnliche« Kältewelle kommt. Im großen und ganzen sind die Häuser nicht für außergewöhnlichen Frost gebaut. Die Heizungen sind nicht so leistungsfähig wie auf dem europäischen Festland oder in den USA, und auch Wasserleitungen frieren leicht ein und platzen. Alles das passierte im Heim in Tynemouth. Im Februar standen wir plötzlich ohne Heizung und Wasser da. Mrs. U. und Mrs. S. bemühten sich zusammen mit uns sehr, der sich ergebenden Wasserflut und dem Schmutz Herr zu werden, aber sie merkten, daß wir nicht in dem Haus bleiben konnten. Das Komitee, das immer sehr hilfsbereit war, organisierte schnell vorübergehende Unterkünfte für die Kinder in Familien in Newcastle und Whitley Bay, einer kleinen Stadt weiter nördlich an der Küste.
Meine Freundin Sophie und ich wurde zu einem jungen Ehepaar mit einem Säugling in Whitley Bay geschickt. Sophie war zwölf und ich knapp elf Jahre alt. Wir waren nicht unsensibel und kapierten ziemlich schnell, daß wir unwillkommene Gäste waren. Wir versuchten, uns so unsichtbar wie möglich zu machen, aber das war nicht einfach. Es wurde uns ein nicht unangenehmes Schlafzimmer mit einem Doppelbett zugeteilt. Wir hatten beide noch niemals ein Bett mit einer anderen Person geteilt und entdeckten die Vorteile, da die Zimmertemperatur in dem ungeheizten Raum angesichts dieses außergewöhnlichen Winters sehr niedrig war. Wir versuchten, auch tagsüber im Schlafzimmer zu bleiben, mußten aber gelegentlich die Treppe hinuntergehen, da es einfach zu kalt war. Mr. und Mrs. P. sprachen nur selten mit uns, obwohl wir die Mahlzeiten zusammen mit der Familie einnahmen.
Eines Tages warf Mr. P., der uns nicht mehr um sich haben wollte, einige

Münzen auf den Tisch und sagte uns, daß wir ins Kino gehen sollten. Sophie und ich fühlten uns erbärmlich. Ich weiß nicht mehr, wer von uns beiden, als wir das Haus verließen, vorschlug, nach Tynemouth zurückzukehren. Aber genau das beschlossen wir. Wir wußten kaum, wo Norden und Süden lagen, aber ich wußte, daß wir das Meer finden und wenn es vor uns lag, uns nach rechts halten mußten. Das taten wir auch und ließen unsere wenigen Habseligkeiten im Haus der Familie P. zurück. Ich kann mich nicht mehr daran erinnern, wie viele Meilen zwischen beiden Städten liegen, aber es war wahrscheinlich ein langer mühsamer Weg für zwei junge Mädchen an diesem kalten Februartag. Einen Teil des Weges konnten wir, was uns besser gefiel, am Strand zurücklegen, den anderen Teil mußten wir der Küstenstraße folgen.

Wir müssen Mrs. U. und Mrs. S. zugute halten, daß sie, obwohl sie über unsere Rückkehr sehr überrascht waren, uns nicht ausschimpften – wir hatten das befürchtet –, sondern uns zu bleiben erlaubten. Wahrscheinlich war das meine schönste Zeit in dem Heim. Trotz der schwierigen Umstände in einem kalten Haus ohne Wasser genossen wir mehr an familiärer Atmosphäre, als ich sie jemals in all den langen Jahren dort erfahren sollte.

Das Krankenhaus

Im Juni 1940, ein Jahr nach meiner Ankunft im Heim, wurden die Mädchen, die normalerweise bei erstaunlich guter Gesundheit waren, von einer Diphterieepidemie befallen, die zu dieser Zeit im Nordosten Englands grassierte. Eine nach der anderen erlagen wir der Krankheit, und der Krankenwagen brachte täglich ein neues Opfer weg. Dadurch entstand eine irgendwie trübselige Atmosphäre; wir fragten uns immer, wer wohl die nächste sein würde. Wir wußten, daß es sich bei der Diphterie um eine ernste Krankheit handelte mit damals manchmal noch tödlichem Ausgang.

Zehn Mädchen wurden ins Krankenhaus gebracht. Bei jedem hatte es mit Halsschmerzen angefangen. Dann kam ein Arzt, machte einen Abstrich, und wir warteten auf das Untersuchungsergebnis. Mein englischer Wortschatz wuchs. Ich erinnere mich, daß ich »positiv« und »negativ« lernte. Auch das Wort »ausräuchern«. Das mußte mit dem Zimmer geschehen, in welchem sich der Patient zuletzt aufgehalten hatte. Es war ein amtlicher Vorgang, der von der örtlichen Gesundheitsbehörde überwacht wurde. Das Betreten des Zimmers war verboten, aber bereits der Gestank, den man von außen spürte, war sehr intensiv und verursachte ein Brennen in den Augen.

Dann wurde plötzlich niemand mehr ins Krankenhaus eingeliefert. Eine Woche später bekamen meine Freundin Elfi und ich Halsschmerzen. Wir genossen diese Zeit der gemeinsamen Krankheit. Es war angenehm, nicht in Gesellschaft von vielen sein zu müssen. Die unvermeidlichen Abstriche wurden gemacht; ihrer war negativ, meiner nicht. Wieder einmal hatte ich das Empfinden, daß es im Leben nicht immer gerecht zugeht. Der Krankenwagen kam und brachte mich rasch in das Quarantäne-Krankenhaus in North Shields. Dieses Mal hatte ich keine Angst vor dem Unbekannten. Schließlich war ich das zehnte Mädchen, das dorthin gebracht wurde, und ich wußte, daß ich meine Freundinnen sehen würde.

Das Krankenhaus machte einen trostlosen Eindruck und sah wie eine Baracke aus. Es war rasch während des Ersten Weltkriegs aufgebaut worden, um dort verwundete Soldaten unterzubringen. Wie auch andere provisorische öffentliche Gebäude wurde es auch weiterhin benutzt. Ich wurde auf eine fahrbare Bahre gelegt und in eine große Abteilung mit Holzwänden und zwei langen

Bettreihen entlang jeder Wand geschoben. Von den Mädchen wurde ich freudig begrüßt. Sie waren dort alle zusammen mit anderen Mädchen, die ebenfalls an Diphterie erkrankt waren. Bald nach meiner Ankunft kam eine Schwester, um nach mir zu sehen. Sie rief eine andere Schwester herbei, die wiederum einen Arzt hinzu holte. Sie schauten nach mir, untersuchten meinen Rücken und meine Brust, und das einzige Wort, das ich von ihrer Diskussion verstehen konnte, war »doubtful« (dt.: »zweifelhaft«). Ich wurde wieder allein gelassen und fragte die anderen, was »doubtful« bedeuten könne. Niemand wußte es genau, aber alle waren bereit, einen schauerlichen Verdacht zu äußern. Wir kamen zu dem Schluß, daß es sich bei »doubtful« um eine weitere furchtbare Krankheit handeln müsse.
Diese Vermutung war nicht ganz falsch. »Doubtful« stellte sich als Scharlach heraus. Ich mußte isoliert werden. Ich durfte weder in eine Abteilung zusammen mit den mit Diphterie infizierten Kindern noch in die Abteilung mit den an Scharlach erkrankten. Ich wurde zu einer Ausgestoßenen. Meine Folgerung, daß Ungerechtigkeit existierte, wurde erneut bestätigt. Es ergab sich, daß ich für eine Woche in meinem kleinen Nebenzimmer Gesellschaft bekam. Die achtjährige Ivy wurde zu mir gelegt. Sie wurde von den Schwestern sehr geliebt, da sie sehr schön singen konnte. Soweit ich das beurteilen konnte, sang sie gut, und sie sang die bekannten Schlager dieser Zeit und Lieder, die sich über Hitler und die Deutschen lustig machten; unter anderem:
»We are going to hang our washing on the Siegfried Line
Have you any dirty washing mother dear?«
(dt.: »Wir hängen unsere Wäsche auf die Siegfriedline...«; das englische »line« bedeutet Leine, zugleich ist »Siegfried Line« die englische Bezeichnung für »Siegfriedlinie«, den deutschen Westwall im Zweiten Weltkrieg, d.Ü.)
und:
»Underneath the spreading chestnut tree,
Adolf Hitler said to me,
If you want a gas mask, dont't ask me,
Ask the blinking ARP.« (ARP = Luftabwehr, die damals allgegenwärtig war).
Sowohl diese Form von Humor als auch die englischen Wörter entsprachen ungefähr dem intellektuellen Niveau meiner elf Jahre.
Ivy fand mich sehr langweilig. Ich konnte nicht auf ihre Fragen antworten, auch wenn ich sie ansatzweise verstand. Ich vermute, daß sie dieselbe Krankheit wie ich hatte, jedoch im letzten Stadium, und sie war sehr gut gelaunt, da man ihr mitgeteilt hatte, daß sie bald nach Hause könne. Wenn sie sich wirklich noch sehr unwohl gefühlt hätte, wäre ihr Gesang nicht so klar und ausdrucksvoll gewesen.
Nicht daß ich mich sehr krank gefühlt hatte. Jedenfalls erinnere ich mich nicht

mehr daran. Bevor es Antibiotika gab, mußte Diphterie sehr ernst genommen werden, und wir mußten in der ersten Woche ohne Kopfkissen flach auf dem Rücken liegen. Es war verboten, sich aufzurichten, und die Schwestern mußten uns füttern, uns waschen und für uns sorgen. Nach einer Woche wurde uns der Komfort eines einzigen Kopfkissens gestattet. Am Ende der zweiten Woche wurden uns zwei Kopfkissen zugestanden, aber noch immer war es nicht erlaubt, sich hinzusetzen. Nach drei Wochen bekam man ein drittes Kissen und durfte sich aufrecht hinsetzen. Nach der ersten Woche meines insgesamt achtwöchigen Aufenthalts dort verließ mich Ivy, und für den Rest der Zeit war ich ganz allein. Ich weiß, daß ich niemals vorher oder nachher eine Zeit verbrachte, in der ich an einer derart quälenden Langeweile litt. Wegen meiner zwei Krankheiten wurden mir nicht die Bücher, Spielsachen oder Puzzles, mit denen sich die anderen die Zeit vertrieben, gestattet. Ich sehnte mich danach zu lesen, und ich schwor mir, daß ich sofort Englisch lernen würde, wenn ich nur ein Buch hätte. Ich stellte mir vor, daß das die Lösung meines Sprachproblems sein würde, der Schlüssel zur Lösung des Rätsels.
Die Schwestern hatten viel zu tun und kamen nur für die nötigsten Tätigkeiten zu mir. Ich wußte, daß ich eine Schwester rufen konnte, wenn ich eine Bettpfanne benötigte. Auch wenn es eine große Verlockung war, hatte ich doch nicht den Mut, dieses Vorrecht zu mißbrauchen. Ich führte Selbstgespräche, ich weinte. Wenn ich es überhaupt nicht mehr aushalten konnte, verließ ich das Bett. Ich verstand soviel Englisch, um zu wissen, daß das ein schweres Vergehen war, aber ich war bereit, dieses Risiko für einen Blick ins Grüne auf mich zu nehmen, den ich vom Fenster aus hatte. Von meinem Bett aus konnte ich nur die Wolken sehen, auch wenn ich mich aufrichtete. Ich paßte auf; ich wollte nicht entdeckt werden. Um einige der nicht enden wollenden Stunden zu verbringen, schaffte ich es, aus einer kleinen Silberkette, die ich trug, ein Spielzeug zu machen. Ich ließ sie durch meine Finger gleiten und Muster auf der Bettdecke formen. Später dachte ich, daß die Zeit im Krankenhaus eine Erfahrung war, die sehr nahe an Einzelhaft herankam.
Der Juni 1940 war keine gute Zeit, eine Deutsche zu sein. Es gab die unglückselige Schlacht von Dünkirchen. Schwere Luftangriffe auf Tyneside, unsere Gegend, hatten nun begonnen. Ich hatte das Gefühl, daß uns das von einigen Schwestern übelgenommen wurde. Genau wie unsere Klassenkameradinnen verstanden sie nicht, wer wir waren. Ich freute mich auf die Visiten des Arztes. Er erschien nur sehr kurz, da er wirklich viel zu tun hatte, aber er verstand ein wenig deutsch und sprach manchmal zwei Sätze mit mir. Das waren Momente des Glücks für mich. Die Oberschwester hingegen erweckte täglich Furcht in mir. Sie erschien dunkelgrün gekleidet mit einer gestärkten weißen Spitzenhaube auf dem Kopf und einer ängstlichen Schwester im Schlepptau. Ich lernte das Reglement sehr schnell. Sie fragte immer sehr förmlich, wie es

mir gehe, und ich hatte ebenso förmlich darauf zu antworten, daß es mir sehr gut gehe. Ich glaube, daß es bei jedem Patient derselbe höfliche Dialog war, ob es ihm gut ging, ob er krank war oder im Sterben lag. Unglücklicherweise gelang es ihr, mich so nervös zu machen, daß ich es niemals schaffte, korrekt zu antworten. Tag für Tag versuchte sie, es mir richtig beizubringen, und Tag für Tag scheiterte ich daran. Als Antwort auf die Frage mußte man im Deutschen antworten: »Danke, sehr gut.« Im Englischen mußte man es anscheinend andersherum sagen: »Sehr gut, danke.« Eigentlich sehr einfach, selbst für Menschen mit geringer Auffassungsgabe, aber ich stotterte und brachte ständig nur die falsche Version heraus. Ich wußte, sie würde verstimmt sein. Ich muß ihr vermutlich zugute halten, daß sie niemals aufgab.

Mahlzeiten hätten Abwechslung bringen können. Leider war es nicht so. Im Heim wurden wir durch die Mahlzeiten verwöhnt, die wohlschmeckend und schön fürs Auge zubereitet waren. Durch Mrs. U.s kulinarische Fähigkeiten wurde sehr auf gutes Essen geachtet. Die damalige englische Küche, das versichern auch meine Freunde, die als Kinder im Internat lebten, hatte einen sehr niedrigen Standard. Zum Frühstück gab es Porridge, Brot, Margarine und Tee. So weit so gut. Als Mittagessen gab es sehr flüssige Hackfleischsauce mit Kartoffelbrei und danach Reispudding. Vielleicht war diese Diät für Kinder mit Halsschmerzen erfunden worden, um das Essen leicht schlucken zu können. Zum Abendessen gab es wieder Reispudding, und zwar ausschließlich. Acht Wochen lang gab es täglich dieses Menü. Für Kinder, die noch länger dort bleiben mußten, gab es das Gehackte, Zermatschte und den Reis wahrscheinlich auch weiterhin. Ich kann es heute kaum glauben, daß jemand so phantasielos sein konnte. Im Land war noch Lebensmittelrationierung angeordnet. Reis mußte von den mutigen Seeleuten der Handelsmarine herbeigeschafft werden, die ihr Leben in Schiffskonvois auf Spiel setzten, um ihn aus den entlegenen Winkel des Empire herbeizubringen. Sie hätten weniger großzügig mit ihm umgehen sollen. Mir wurde bewußt, daß meine eigene Familie in Deutschland vielleicht weniger zu essen hatte als ich, und ich schämte mich meiner nörglerischen Gedanken. Jedenfalls habe ich bis heute nie Reispudding gekocht.

Während meiner kurzen Zeit mit Ivy schaute ich mit großen neidvollen Augen, wie sie gelegentlich zum Nachmittagstee ein Ei, Kuchen oder Plätzchen verzehrte. Sie konnte so ein Festmahl halten, weil ihre Mutter zusätzlich etwas ins Krankenhaus brachte, und vielleicht hatten die Verantwortlichen die Erwartung, daß unsere Diät durch Zusätzliches von zu Hause aufgebessert werden sollte. Ich bin sicher, daß unsere Heimleiterinnen davon nichts wußten. Auch wären sie nicht in der Lage gewesen, zum Krankenhaus zu fahren, um uns zusätzliche Lebensmittel zu bringen.

Nachts konnten wir die Luftschutzsirenen hören, die mir so zuwider waren.

Darauf folgten manchmal Schüsse von Flugabwehrkanonen und Bombendetonationen. Wir wußten, daß wir aus Sicherheitsgründen, wenn die Bombenangriffe näher kamen, in Luftschutzbunker unter der Erde evakuiert werden mußten. Unser Holzgebäude bot keinen Schutz. Wenn wir gehen mußten, läutete ein Glocke, die Schwestern kamen schnell, legten uns auf fahrbare Krankenbetten und rollten uns hinaus. Nach wochenlangem Liegen waren wir nicht in der Lage, selbständig zu gehen – bis auf diejenigen unter uns, die gemogelt hatten und zwischenzeitlich schon aufgestanden waren.
Ich freute mich auf die Ausflüge in den Bunker. Scharlach oder nicht, ich würde meine Freunde sehen und war nahe genug bei ihnen, um mit ihnen zu sprechen. Ein- oder zweimal gab es laute Detonationen, die uns zum Schweigen brachten oder uns nachdenklich machten, aber im großen und ganzen machte uns das Zusammensein Spaß.
Eines Nachts gab es die übliche Sirene und danach das Glockensignal für die Evakuierung. Ich hörte, wie die Schwestern umhereilten, wie die Kinder das Krankenhaus verließen, und ich war völlig zuversichtlich. Ich wußte, daß ich eine der letzten sein würde, die abgeholt werden, da sie die großen Abteilungen als erste evakuierten. Zu meinem Erstaunen – ich konnte es nicht glauben – trat eine plötzliche Stille ein. Weder war ein Schritt noch ein anderes Geräusch auf dem Korridor zu hören. Im Unterschied zu draußen, wo die Geräusche des Krieges lebendig wurden.
Mir wurde klar, daß sie mich vergessen hatten, ich war als einzige im Krankenhaus zurückgeblieben. Die Vorstellung, verlassen zu sein, beunruhigte mich mehr als mögliche Bombardierungen. Ich stand auf. Wenn ich nicht schon vorher gegen die Vorschriften gehandelt hätte, wäre ich nach den Wochen des Liegens völlig außerstande gewesen zu laufen. So ging ich schwankend den Gang entlang und fand das Hauptportal des Krankenhauses, das ich öffnete. Ich stand da wie gebannt. Am Himmel war ein Muster von sich überkreuzenden Suchscheinwerfern zu sehen, das mich in Bann hielt. Ich konnte ein Flugzeug sehen, das an einem Schnittpunkt der Lichtstrahlen erfaßt wurde, und ich beobachtete alles voller Angst und Faszination. Ich wußte, was das zu bedeuten hatte. Es handelte sich nicht um ein Spiel. Es war viel Kanonenfeuer zu hören, aber ich blieb starr stehen. Plötzlich hörte ich, wie eine Stimme mich rief. Eine Schwester hatte mich entdeckt. Sie kam auf mich zu gerannt und schleppte mich mit sich in den Schutzraum. Als erstes wurde ich vor allen ausgeschimpft, weil ich aufgestanden war! Niemand erwähnte, daß *sie* mich vergessen hatten. Das Leben war immer noch ungerecht.
Die acht Wochen im Krankenhaus schienen eine Ewigkeit zu dauern und waren Ende Juli zu Ende. Überraschenderweise wurden wir alle am selben Tag entlassen. Der Grund dafür, daß wir nicht alle einzeln in der Reihenfolge entlassen wurden, wie wir gesund wurden, wurde uns sofort klar: Das Heim in

Tynemouth war aufgelöst worden. Wir konnten nicht mehr dorthin zurückkehren, sondern wurden quer durch Nordengland nach Windermere in den Lake District gebracht, wo wir für die nächsten sechs Jahre leben sollten. Der Umzug dorthin war weniger aus dem Grund geplant worden, uns vor den Luftangriffen zu schützen, unter denen Westmorland County nicht zu leiden hatte, als vielmehr deshalb, den Vorschriften nachzukommen, welche feindliche Ausländer betrafen. Diesen wurde nicht länger gestattet, in »geschützten« Gebieten zu leben, wie jetzt Häfen, Militärgelände und Flugplätze genannt wurden. Beide Leiterinnen sowie alle Mädchen, die das 16. Lebensjahr erreicht hatten, waren von diesen neuen Bestimmungen betroffen.
Wieder einmal war es eine Reise ins Unbekannte, aber dieses Mal machten wir uns weniger Sorgen. Bleich und dünn wie wir waren nach unserer langen Zeit der Einkerkerung, hatten wir wenigstens den Trost, daß wir uns alle kannten.

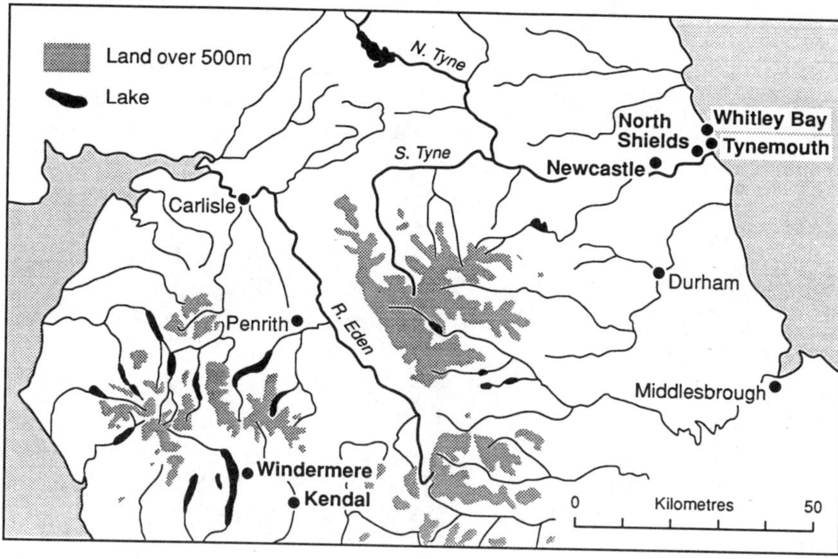

Das Heim in Windermere

Windermere stellte eine Überraschung dar. Ich hatte nicht erwartet, an einen derart wundervollen Ort zu kommen. Bereits der Ortsname gefiel mir, dann der See, den wir zu Gesicht bekamen und nach dem das kleine Städtchen benannt war, und der so sanft und zurückhaltend aussah, ganz anders als die wilde Nordsee, die ich nicht zu lieben gelernt hatte. Und es herrschte Ruhe dort. Das Meer hatte ein ständiges Geräusch gemacht, das besonders eindringlich war und manchmal, in der Nacht, auch bedrohlich. Der See war von vielen Stellen des Dorfes aus zu sehen und auch aus der Nähe des Hauses, in dem wir wohnen sollten. Hinter dem See erhoben sich die Cumbrian Mountains, und ich lernte bald die markanten Silhouetten des Doppelgipfels der Langdale Pikes, den flachen, gekrümmten Rücken von Bowfell und die gezackten kleinen Spitzen der Crinkle Crags unterscheiden. Zum ersten Mal in meinem Leben lernte ich bewußt meine landschaftliche Umgebung schätzen. War der Grund, daß die Landschaft, die wir nun kennenlernten, Ähnlichkeiten mit dem Odenwald hatte? Ich hätte mir das damals nicht zugestanden, aber ich muß nun gestehen, daß ich mich freue, wenn ich Wälder und Hügel sehe. Sind meine Gene letzten Endes doch irgendwie durch Deutschland geprägt?
Das Haus, das unser »Heim« werden sollte, war groß. Es gehörte zu einem Landsitz, der einst den Namen »The Wood« (dt.: »Der Wald«) trug. Tatsächlich gab es Wälder in der Nähe, und es war von Bäumen umgeben. Durch den Garten floß ein Bach, der den jüngeren Kindern viel Freude machte. Im Norden des Landes werden Bäche als »becks« bezeichnet, nicht, wie sonst üblich, als »stream«, was sehr schön an den deutschen »Bach« erinnert.
Es war ein vornehmeres Haus, ganz im Landhausstil gebaut, als das große, irgendwie trostlose Stadtgebäude am Percy Park Nr. 55 (der in Wirklichkeit kein Park war) in Tynemouth.
Innen war es sehr heruntergekommen, hatte aber große Räume, nur zwei Etagen und zwei prächtige Treppenaufgänge. Von allen Zimmern hatte man einen Ausblick auf Bäume oder Büsche. Vor dem Haus stand eine große Zeder. Wir wußten es zwar damals noch nicht, aber der Baum stand unter Naturschutz. Er durfte nicht gefällt werden, und er war auf Landkarten der Gegend eingezeichnet. Auf uns machte dieser Baum einen soliden und vertrauenser-

weckenden Eindruck. Manchmal auch irgendwie tröstlich. Im Frühjahr gab es Narzissen im Überfluß ebenso wie blühende Rhododendren und eine üppige Magnolie.

Trotz düsterer Nachrichten von der Kriegsfront waren wir alle erleichtert, in Windermere zu sein, besonders nach den freudlosen Wochen im Krankenhaus. Luftangriffe waren so gut wie unbekannt, und das gelegentliche Sirenengeheul ertönte hauptsächlich aus Übungszwecken. Noch waren Sommerferien, und wir mußten uns noch nicht auf das neue Schuljahr an einer unbekannten Schule einstellen. Wir hatten Muße, unsere noch unbekannte Umgebung zu erkunden.

An einem heißen Nachmittag im August schickten uns die Leiterinnen zum Baden an den See.

Einige ältere Mädchen konnten schwimmen, sie hatten es noch in Deutschland gelernt, bevor die Hinweisschilder auftauchten, die es Juden verboten, öffentliche Badeanstalten zu besuchen. Sie sollten auf die Jüngeren, die nicht schwimmen konnten, aufpassen. Wir fanden einen Weg zum See, den wir in der Nähe einiger Bootshäuser erreichten. Wir wußten damals noch nicht, daß ein großer Teil des Seeufers in Privatbesitz war, das heißt wir verschafften uns wahrscheinlich widerrechtlich Zugang zum Wasser. Die älteren Mädchen begaben sich natürlich geradewegs in den See und ließen uns zum Spielen am seichten Seeufer zurück bei Margot Hirsch, die uns beaufsichtigte und ein sehr verantwortungsbewußtes älteres Mädchen war, eine Nichtschwimmerin. Wir spielten mit einem Ball, hatten viel Spaß dabei und vergaßen dort in der Sonne und im Wasser unsere Alltagssorgen. Einmal flog der Ball, wie es wohl nicht zu vermeiden war, weiter in den See, als beabsichtigt war. Zuverlässig wie Margot war, sagte sie uns, daß sie ihn zurückholen wollte, wir sollten am Ufer bleiben. Wir schauten zu. Plötzlich war sie weg. Was wir in unserem Leichtsinn, als wir an den See gingen, um dort zu spielen, nicht wußten, war, daß es eigentlich eine sehr gefährliche Stelle mit plötzlichen abschüssigen Stellen und merkwürdigen Felsformationen im Wasser war, wo man unerwartet den Boden unter den Füßen verlieren konnte. Kurzzeitig tauchte Margot aus der Tiefe wieder auf, schnappte nach Luft und kämpfte dagegen, wieder unterzugehen. Wie konnten wir ihr helfen? Alle waren wir entsetzt und hatten furchtbare Angst.

Aus meiner umfangreichen Lektüre war mir die Geschichte eines Kindes in Erinnerung geblieben, das nicht schwimmen konnte, aber ins Wasser sprang, als es einmal nötig war, und so das Schwimmen lernte. Theoretisch wußte auch ich, was man mit Armen und Beinen machen mußte. So sprang ich zu Margot ins Wasser. Ebenso wie sie fand auch ich mich in sehr tiefem Wasser wieder, war jedoch nicht in der Lage zu schwimmen. Ich schlug mit den Armen um mich, und irgendwie kamen wir zusammen. Wie zusammenge-

schweißt klammerten wir uns instinktiv und vor Schrecken aneinander. Das war das schlimmste, was wir tun konnten, da wir uns gegenseitig unter Wasser drückten. Von den jüngeren Kindern konnte nur meine Freundin Elfi schwimmen. Sie kam in unsere Richtung und versuchte gleichzeitig, uns auseinander zu bekommen und über Wasser zu halten. Unglücklicherweise klammerten wir uns in unserer Verzweifelung nun wie Kletten an sie, so daß sie sich kaum freimachen konnte, wo sie uns doch nur retten wollte. Die anderen jungen Kinder fuchtelten inzwischen aufgeregt mit ihren Armen hin und her, sie schrien und versuchten die Aufmerksamkeit der Schwimmer draußen im See zu erregen. Die älteren Mädchen dachten zunächst, daß sei ein Ausdruck ihrer Freude, und kamen nicht sofort zurück. Jahre danach sollte Stevie Smiths Gedicht »Not waving but drowning« (dt.: »Nicht winken, sondern ertrinken«) eine ganz besondere Bedeutung für mich bekommen.
Danach kann ich mich nicht mehr an viel erinnern. Margot und ich müssen abgetrieben worden sein und dürften wahrscheinlich das Bewußtsein verloren haben, die Vorstufe zum Tod. Auch heute, viele Jahre später, weiß ich noch sehr genau, was man beim Ertrinken empfindet. Es war da ein intensives Gefühl, auseinandergezogen zu werden. Die Schwerkraft zog meine Füße mit dem Rest von mir nach unten, wobei mein Hals und mein Kopf nach oben drängten, gierig nach einem Atemzug.
Von meiner Rettung oder meiner Retterin habe ich nichts mitbekommen. Ich erfuhr später, daß Marion Mendelssohn, ein hochgewachsenes, dünnes, oft unglückliches Mädchen, herbeischwamm und es schaffte, uns beide herauszuziehen. Die anderen hatten offenbar sehr viel Angst und fragten sich, ob wir noch am Leben waren. Als ich schließlich wieder zu mir kam, fühlte ich einen schweren Druck auf meinem Rücken, und Wasser kam völlig unkontrolliert aus meinem Mund gesprudelt. Ein Nachbar, Mr. Rothera, hatte das Schreien gehört und war herbeigekommen. Er pumpte das Wasser aus meinem Körper. Auch Margot erholte sich wieder, wenn auch etwas langsamer. Mr. Rothera nahm uns mit zu seinem Haus, das ein wenig vom Seeufer entfernt stand. Dort nahmen wir ein heißes Bad und erhielten etwas zu trinken. Es war mir peinlich. Das Getränk spritzte wieder aus Hals und Mund heraus. Die Muskulatur meiner Stimmbänder schien nicht mehr zu funktionieren. Ich wollte ihm danken, aber ich hatte keine Stimme mehr, nicht einmal ein Krächzen brachte ich heraus. Sie war völlig verschwunden.
Auf dem Weg zurück in unser Heim waren wir bedrückt. Das Laufen fiel Margot und mir schwer, und wir schwankten leicht. Die älteren Mädchen hatten über den Vorfall gesprochen und beschlossen, daß den Heimleiterinnen nichts gesagt werden sollte. Niemand sollte davon erfahren. Als wir gefragt wurden, wie der Nachmittag verlaufen sei, gaben diejenigen, die sprechen konnten, vage Antworten. Dann gab es Abendessen. Uns war nicht nach essen

zumute. Eins der Mädchen zischte mir zu, daß ich essen sollte, da ich ansonsten Verdacht erregen würde. Ich gehorchte, und prompt wurde mir schlecht. Ich wurde gefragt, und da ich keinen Ton herausbringen konnte, antworteten die anderen für mich, und so kam die Geschichte heraus. Das mir vertraute Gefühl von Ungerechtigkeit stellte sich wieder ein. Zynisch sagte ich mir – und zum Glück hatte ich keine Stimme –, daß andere, die ihr Leben bei einem Rettungsversuch aufs Spiel setzen, dafür eine Medaille bekommen, mir dagegen bringt es Ärger ein und zusätzlich beinahe noch den Tod. Das ganze hatte zwar ein Nachspiel, aber es gab keine richtige Untersuchung. Ich glaube es wurde deutlich gemacht, daß wir nicht zu einem derart gefährlichen See zum Spielen hätten geschickt werden dürfen. Aber es war Krieg, und wir waren Kinder, die nicht so wichtig waren.

Ich glaube nicht, daß wir problematische Kinder waren. Jedenfalls habe ich in »anständigen« Vierteln gewohnt, deren Bewohner in der ständigen Angst vor einem möglichen Zustrom »andersartiger« Gruppierungen lebten. Sie widersetzten sich der Errichtung eines Heims für Straffällige, für Patienten der Psychiatrie, für ehemalige Strafgefangene oder für Ausländer in ihrem Wohngebiet. Wenn sie einen solchen sozialen »Abwärtstrend« nicht verhindern konnten, begegneten sie den Zugezogenen zumindest mißtrauisch.

Als wir zunächst in Windermere ankamen, waren wir nicht besonders willkommen. Es hätte uns auch überrascht, wenn es anders gewesen wäre. In unserer Nachbarschaft gab es zwei ältere Damen, die ganz offensichtlich mißtrauisch uns gegenüber waren, sie beobachteten unser Kommen und Gehen, um zu sehen, ob wir ihre Blumen pflückten, die in verschwenderischer Fülle am Rand des Weges wuchsen, der nach »Southwood«, das war der Name unseres Heims, führte. Andere Nachbarn waren nicht direkt unfreundlich zu uns, aber sie zogen es vor, uns zu ignorieren. Sie fürchteten wohl, daß wir die vornehme Atmosphäre der ganzen Wohngegend beeinträchtigten.

Allmählich jedoch lächelten uns Miss Stella und Miss Elsie Hamilton, die neben uns wohnten, zu, und wir erwiderten ihr Lächeln. Später sprachen sie mit uns, und schließlich entwickelte sich eine richtige Freundschaft. Zwei Jahre später veranstalteten sie für uns eine Weihnachtsfeier in ihrem wunderschönen Haus. Sie brachten uns englische Kinderspiele bei und bereiteten uns, trotz der damaligen strengen Lebensmittelrationierung, ein großartiges Festessen zu. Für jede von uns hatten sie ein kleines Geschenk verpackt. Sie waren einfach wunderbar.

Nicht alle Nachbarn waren so. Unsere Freundin Edith, die wir beneideten, weil sie ihre Mutter bei sich hatte, hatte Schwierigkeiten im Heim auszustehen. Schließlich verließ sie das Heim, da ihre Mutter, Mrs. Rossman, durch die Unterstützung von englischen Freunden in der Lage war, sie auf die Kendal High School zu schicken. Das war eine höhere Schule, und Edith konnte weder die Zeit noch die Bedingungen finden, im Heim ihre Hausaufgaben zu machen. Ihre Mutter, die zwar ängstlich, arm und hilflos war, schaffte es trotzdem, Edith aus dem Heim zu nehmen. Mrs. Rossman war nicht weit vom Heim in einem Haushalt beschäftigt. Elfi und ich vermißten Edith. Wir mochten sie sehr, und wir waren erfindungsreiche Mädchen. Edith wohnte doch nicht weit vom Heim entfernt, und sie würde öfters an der Straße vorbeikommen, von der ein Weg zum Heim führte. Wir wollten mit ihr in Kontakt bleiben.

Wie in großen Teilen Nordenglands gibt es auch in Windermere überall entlang der Wege Steinmauern, so auch in der Patterdale Road, unserer Straße. Was konnte einfacher sein, als Nachrichten für Edith an einer bestimmten Stelle zu hinterlassen, indem man einen kleinen Stein aus der Mauer nahm, den Zettel in der Lücke versteckte und dann den Stein zurücklegte? Außerdem markierten wir den Stein noch so, daß Edith ihn leicht finden würde. Das ging für einige Tage gut. Uns war nicht entgangen, daß Mrs. Hargreaves in »Northwood«, einem Haus nebenan, immer hinter dem Fenster ihres Hauses stand, das zu dem Landsitz gehörte, auf dem auch wir lebten. Mrs. Hargreaves mochte uns nicht und lächelte nie, wenn wir sie trafen. Auch als wir sie an ihrem Beobachtungsposten sahen, machten wir uns keine Gedanken.

Bald danach erschien die Polizei im Heim. Es war gemeldet worden, daß zwei Mädchen (wir waren elf beziehungsweise zwölf Jahre alt) geheime Nachrichten in einer Mauer versteckten. Es war Krieg, und deshalb wollten sie uns verhören. Sie äußerten nicht offen ihren Verdacht, daß wir deutsche Spione seien, aber das war offensichtlich ihre Vermutung. Unsere Nachricht hatte folgendermaßen gelautet: »Wie geht es Dir? Uns geht es gut. Mrs. U. ist schrecklich. Wir vermissen Dich.« Zweifellos ein Geheimcode. Wir gaben alles sofort zu, als gefragt wurde, wer es gewesen sei. Es hatte keinen Sinn, etwas abzustreiten. Mrs Hargreaves hätte sich gefreut, uns bei einer Gegenüberstellung als die betreffenden Mädchen identifizieren zu können.

Was hatte man geglaubt, was wir vorhatten? Was gab es eigentlich aus Windermere zu melden? Es gab eine Fabrik am Seeufer zwischen Windermere und Ambleside, in der die Sunderland Flying Boats (Wasserflugzeuge) hergestellt wurden, aber das wußten wir nicht, obwohl den Deutschen zweifellos alles darüber bekannt sein mußte. Denn wer sonst sollte die Patterdale Road entlangschlendern, um unsere geheimen Nachrichten mitzunehmen? Natürlich hätte auch Edith, die vierzehn Jahre alt war, eine Spionin sein können. Man wußte ja nie! Ich glaube, daß wir wegen dieser Angelegenheit keine größeren Schwierigkeiten bekamen, aber ich weiß, daß wir vor Mrs. U. mehr Angst hatten als vor der Polizei.

In diesem erstem Jahr in Windermere wurde ich von einem unerwarteten freudigen Ereignis überrascht. Meine liebe Tante, die eine Aufenthaltserlaubnis

für England besaß und in York arbeitete, brachte es zustande, soviel Geld zu sparen, daß sie Eisenbahnfahrkarten für mich im Norden und für Hannah im Süden Englands kaufen konnte, damit wir uns mit ihr auf halbem Weg – oder zumindest beinahe auf halbem – treffen konnten. Hannah und ich waren sehr glücklich, uns wiedersehen zu können. Wir hatten uns beide in der langen Zeit, in der wir getrennt waren, ziemlich verändert, und es tat gut, mit ihr und unserer Tante zusammenzusein. Wir hörten den vertrauten Frankfurter Dialekt, mit dem wir aufgewachsen waren, und fühlten uns ganz entspannt. Es machte Spaß, über Leute und Ereignisse zu reden, die der Familie angehören. Ich fühlte, daß ich trotz allem noch eine Familie hatte. Tante Liese konnte sich nie richtig in England eingewöhnen. Sie war sehr mit Deutschland verbunden und konnte sich nicht damit abfinden, das zu verlieren, was ihr die geistige Heimat bedeutete, ihr persönliches kulturelles Erbe, das einzige das sie jemals hatte und auch haben wollte. Sie liebte die deutsche Literatur und konnte endlos »ihren« Goethe und »ihren« Schiller zitieren. Sie liebte deutsche Musik, und ihr Repertoire deutscher Volkslieder muß den Neid vieler Musiker erweckt haben. Sie beherrschte die deutsche Sprache souverän und ging mit ihr sehr geschickt in Scherzen und Sprachspielen um. Sie konnte das meiste von Friedrich Stoltze rezitieren, einem humoristischen Dichter, der im Frankfurter Dialekt schrieb und die Überzeugung hatte, die er in Versform umsetzte, daß die besten Menschen aus Frankfurt kämen. Sie lernte nur wenig umgangssprachliches Englisch. Sie arbeitet schwer als Haushaltshilfe bei anderen Menschen, war aber dabei nicht glücklich. Gegen Kriegsende begannen mehrere Schulen in York, wieder Deutsch zu unterrichten, und benötigten Lehrer dafür. Meine Tante wurde eingestellt. Als feindliche Ausländerin benötigte sie eine Sondergenehmigung, diese Tätigkeit auszuführen, aber sie wurde ihr bewilligt. Von da an ging es in ihrem Leben wieder aufwärts, aber sie vermißte das »gute« Deutschland bis zu ihrem Tod.
Nach dem langen Sommer von 1940 begannen wir an einer neuen Schule. Es war die St. Mary Schule in Windermere, eine altmodische, irgendwie unterprivilegierte kleine Grundschule, die der Kirche gehörte und von der St. Mary's Church nur durch einen Friedhof getrennt war. Auch in dieser Schule waren nette Lehrer, die durch die Anzahl der Schüler, die für dieses kleine Gebäude viel zu groß war, überfordert waren. Aber es herrschte Krieg – wir wurden immer wieder daran erinnert –, und man mußte, wie ein englisches Sprichwort besagte, das ich sehr bald lernte, die Dinge nehmen, wie sie kamen, und es waren selten angenehme Dinge. In diesem Sommer waren alle Schulen Newcastles und der umliegenden Gegend wegen der Bombenangriffe auf Tyneside in die Gegend des Lake Distrikts evakuiert worden. Als eine Schule aus South Shields und einige ihrer Lehrer hinzukamen, hatte sich die Zahl der Angehörigen der St. Mary Schule verdoppelt.

Es muß chaotisch zugegangen sein, aber im großen und ganzen merkten wir davon nichts. Die Lehrer taten alles, damit wir alle in den ohnehin schon überfüllten Klassenräume untergebracht werden konnten. Miss Margaret Webster war die Direktorin der Schule in Windermere. Sie war eine kleine, schlanke, fast schmächtige Frau, die niemals laut wurde, aber alles sehr geschickt regelte, auf einer vollen Stelle unterrichtete und sich um alles kümmerte. Wir lernten, sie zu lieben und zu schätzen. Sie schien besonders zu uns, den geflohenen Kindern, gut zu sein. Sie wurde mit allem fertig: mit den angewachsenen Schülerzahlen, mit der rivalisierenden Direktorin von South Shields, mit dem Pfarrer der nebenan liegenden St. Mary-Kirche, mit dem Heizkessel, mit dem vergeblich versucht wurde, die Schule zu heizen, wie auch mit den neuen Vorschriften, die der Krieg mit sich brachte.

Es kann in einer Schule nicht einfach gewesen sein mit derart vielen Evakuierten, die an Zahl noch die örtlichen Kinder übertrafen. Einige fühlten sich in den Familien, denen man sie zwangsweise zugeordnet hatte, sehr unglücklich. Die meisten Familien in Windermere hatten zusätzlich Menschen bei sich einquartiert; der örtliche Klatsch besagte, daß Kinder aus Tyneside den Londoner »Cockneys« vorgezogen würden. Jedenfalls hatten die Tynesider den Vorteil, auch aus dem Norden Englands zu stammen.

Die Schule war in architektonischer Hinsicht irgendwie primitiv. Es gab eine große Halle, die durch Wandschirme in drei Klassenräume unterteilt worden war, die so hoch waren, daß zwar die Kinder nicht darüber hinwegschauen konnten, aber darüber plötzlich der Kopf einer Lehrerin erscheinen konnte. Miss Webster hatte ihren Schreibtisch als Direktorin am einen Ende des Raums, von wo aus sie die oberste Klasse, die Ältesten unterrichtete. In der Zeit, in der ich in diesem Ende der Halle die Jahre zwischen meinem elften und vierzehnten Lebensjahr verbrachte, hatte ich den Eindruck, daß sie drei Klassen zusammen in ihrem Drittel des Raums hatte. Für die anderen beiden Lehrer hinter den Wandschirmen muß es sehr nervenaufreibend gewesen sein, daß ihre Direktorin jedes Wort von dem, was sich bei ihnen abspielte, mitbekam. Das traf auch auf uns zu. An der Wand, etwa in der Mitte des Raums, gab es einen Ofen, der aber nur ungenügend heizte. Wie weite Teile Windermeres war auch das Schulgebäude im neogothischen Stil erbaut, mit Spitzbogen-Fenstern über unseren Köpfen, damit wir nicht in Versuchung gerieten, einen Blick nach draußen zu werfen. Die Toiletten waren auf dem Hof. Es waren keine Wasserklosetts sondern Trockenaborts, und ich gewöhnte mir an, sie in den nächsten drei Jahren nicht zu benutzen. Ich hielt das für eine große Leistung. Es gab für die ganze Schule nur drei Waschbecken – natürlich mit kaltem Wasser – unmittelbar im Bereich des Haupteingangs.

Bei dem Gewühl zu Schulbeginn angesichts einer verdoppelten Schülerzahl schaffte es die Schulleitung dennoch, sich um die Ausländer zu kümmern, die

größtenteils die Flut von Vorschriften nicht verstanden hatten. Wir Kinder freuten uns damals über das Entgegenkommen der Lehrer. Im Rückblick betrachte ich ihre Anstrengungen geradezu als übermenschlich. Unsere Namen und das Alter wurden vermerkt, und wir wurden in die Klassenräume geschickt. Elfi und Sophie mußten in die oberste Klasse gehen; da ich sechs Monate jünger als Elfi war, mußte hinter einem Wandschirm in der Mitte des Raums sitzen. Ich bekam Panik. Ich wollte nicht von Elfi getrennt werden. Ich verstand sehr wohl, was von mir verlangt wurde, aber ich gab an, kein Englisch zu verstehen, und behauptete meinen Platz neben meiner Freundin. Durch keine Überredungskünste ließ ich mich dazu bewegen, mich von Elfi zu trennen, und so gaben sie schließlich nach, und ich verzeichnete einen Erfolg durch Schwindelei.
Sogar schon vor der Übervölkerung der Schule war der Lehrplan mehr als einfach gewesen. Schulische Einrichtungen gab es nur sehr wenige. Da es keine Turnhalle gab, machten wir sprungartige Leibesübungen auf dem gepflasterten Hof.
Wir erhielten rudimentäre Kenntnisse in Geschichte, Geographie, Englisch – ein Unterrichtsfach, das von Miss Webster geliebt und gut unterrichtet wurde – und Rechnen, indem wir täglich mit »Kopfarbeit« begannen, und nachmittags hatten wir gelegentlich Zeichnen und täglich Handarbeiten. An trüben Tagen war das ein sehr unangenehmes Fach, da es in dem Gebäude kein elektrisches Licht gab. Wir hatten nur ein sehr gedämpftes Gaslicht durch Lampen, die an den Seitenwänden befestigt waren. Diejenigen von uns, die sich in der Mitte des Raums befanden, konnten nur wenig sehen. Da es sich um eine Schule der Kirche handelte, wurde jeden Morgen Religionsunterricht erteilt, in der Regel von dem Pfarrer aus der Nachbarschaft. Schließlich schlug jemand vor, daß wir als jüdische Kinder nicht an den Gebeten und dem Religionsunterricht teilnehmen sollten. Ich bedauerte das, da ich wie alle anderen sein wollte. Ich kann mir nicht vorstellen, daß wir durch die Teilnahme zur Konvertierung hätten bewegt werden können. Während des Religionsunterrichts mußten die Flüchtlinge nun aber irgendwie anderwärtig beschäftigt werden.
Durch die Kriegsvorschriften wurde für alle Kinder eine kostenlose Versorgung mit Milch angeordnet. In fortschrittlicheren Schulen wurde die Milch in kleinen Flaschen mit Strohhalm angeliefert. Solchen Luxus gab es in Windermere nicht. Die Milch wurde von einem örtlichen Bauern in großen Milchkannen gebracht, mehr oder weniger direkt von der Kuh, frisch und köstlich. Uns wurde nun die Aufgabe zugeteilt, die Milch auszuteilen und sie in die jeweiligen Tassen der Kinder zu füllen, die diese von zu Hause mitgebracht hatten, vorsichtig die Tabletts mit den gefüllten Tassen in jeden Klassenraum zu bringen und danach die großen Milchkannen und alle Geräte, die wir benutzt

hatten, abzuwaschen und in eigens dazu in großen Kesseln erhitztem Wasser abzukochen. Wir hatten Spaß an unserer neuen Aufgabe und taten sehr wichtig. Diese Arbeit war nicht immer völlig lautlos zu verrichten, und manchmal lärmten und schnatterten wir dabei zu laut. Der Pfarrer, Mr. Harland, wurde dadurch leicht nervös und ärgerlich. War es nur unsere Unfähigkeit, unsere Aufgabe leise auszuführen, oder war der Grund, daß wir Ausnahmen darstellten und nicht in seiner Klasse waren? Ich war froh, als er befördert und Bischof von Durham wurde.

Jugend in Windermere

Die Erinnerungen an die nächsten Jahre vermischen sich. Je länger der Krieg dauerte, um so mehr Angst hatten wir um die, die wir verlassen hatten. Auch die Leiterinnen schienen das Leben mit uns in zunehmendem Maß als frustrierend zu empfinden. Wir waren irgendwie alle in einem Übergangsstadium, da uns bewußt war, daß das Leben im Heim eines Tages beendet sein würde. Aber wann? Und dann? Die älteren Mädchen zogen allmählich aus. Es standen jede Menge Arbeitsplätze zur Verfügung. Seit wir nach Windermere gekommen waren, besuchten nur die mittleren und jüngeren Mädchen die Schule, die älteren fanden Anstellungen. Ich war traurig, als Eva Leß auszog, die in einem Hospital in London Arbeit fand, aber ich glaube, sie war froh, daß sie ausziehen konnte. Paula Katz, die wie Eva aus Berlin stammte, ging zur Land Army, um in der Landwirtschaft zu arbeiten. Ilse Groß fand eine Anstellung bei Boots, dem chemischen Konzern. Damals schien der Staat das Verbot ausgesetzt zu haben, daß geflohene Kinder arbeiten dürfen. Da viele Männer und Frauen beim Militär waren, wurden Arbeitskräfte für Zivilberufe benötigt. Wenn die Mädchen nicht außerhalb des Heims arbeiteten, mußten sie kochen, oder Reinigungs- und Näharbeiten im Haus verrichten. Das schien nur gerecht und vernünftig.

Unsere Freundin Annie Heufeld hatte schon als junges Mädchen zu Hause nähen gelernt, und man erwartete von ihr, daß sie auch für uns Näharbeiten machte. Ich staunte, wie erwachsen sie schon war. Sie war höchstens drei Jahre älter als ich und eigentlich noch ein Kind, sie hatte aber sehr viel Verständnis für uns, wenn wir Kummer hatten, und wußte uns zu trösten. Sie zeigte immer Mitleid. Ich bedauerte ihren Weggang sehr.

Mit zunehmendem Alter hatten wir übrigen alle irgendwelche Arbeiten im Heim zu übernehmen. Einigen Mädchen wurde von Mrs. U. sogar das Kochen beigebracht, und sie waren richtig glücklich darüber. Ich gehörte nicht zu diesen Privilegierten, wurde aber eine tüchtige Spülkraft und Kartoffelschälerin.

Das Heim, das von der jüdischen Gemeinde Newcastles unterstützt und völlig finanziert wurde, sollte nach orthodoxen Richtlinien geführt werden. Aber die Leiterinnen wußten nicht, wie das zu bewerkstelligen war, da sie wahrscheinlich mit orthodoxen Praktiken nicht vertraut waren oder deren Beachtung als

zu lästig betrachteten. Einige Mädchen kamen aus orthodoxen Familien, andere nicht. Manchmal bemerkte ich, daß wir nur so tun mußten, als würden wir orthodoxe Vorschriften befolgen, was ich in meiner jugendlichen tugendhaften Denkweise als unehrlich empfand. Unglücklicherweise sprach ich das auch aus. Da wurde ich zum ersten Mal geschlagen. Sicherlich hatte ich meine Empfindungen sehr ungeschickt ausgedrückt. Ich kannte damals noch nicht den englischen Ausdruck, wohl aber den deutschen, der das in seiner Bedeutung sehr unvermittelt und auch für Kinder ohne Lebenserfahrung zum Ausdruck bringt: »scheinheilig«. Er paßte sehr gut.
Im Laufe der Zeit bekamen wir öfters Schläge. Angesichts der Feindseligkeit, die mir jetzt entgegenschlug, fand ich es einfacher auszusprechen, daß ich etwas als »ungerecht« empfand, ein Wort, das in meinem mühevollen Leben im Heim eine wichtige Rolle spielte. Ich bekam nie so viel Schläge wie manche von den Kleinen, aber ab und zu traf mich doch plötzlich eine schmerzhafte Ohrfeige. Ich vermute, daß ich einige davon nach den Maßstäben der damaligen Zeit verdient hatte, aber zumindest einmal jedenfalls nicht.
Seit der Begebenheit mit dem »Eton-Haarschnitt«, eine Episode, die sich glücklicherweise nicht wiederholte, war ich sehr empfindlich, was meine Haare anbelangte. Sie waren ziemlich lang geworden, und ich wollte das Haareschneiden noch etwas hinausschieben. Langes Haar war damals nicht erlaubt, es wurde mit Unsauberkeit und einem losen Lebenswandel gleichgesetzt, und Mrs U. schlug vor, ich sollte mir einen Mozartzopf machen. Ich konnte mir unter einer solchen Frisur nichts vorstellen, aber ich dachte mir, daß Mozart einen Zopf trug, um seine Haare von den Notenblättern fernzuhalten. Mrs. U. war bereit, vor einem Spiegel zu demonstrieren, was sie meinte. Es handelte sich lediglich darum, die Haare hinten zusammenzubinden, wie sie manche jungen Männer, ohne Mozart überhaupt zu kennen, heute tragen, aber meine Haare sollten mit einer Schleife zusammengebunden werden. Mein Selbstbild war das eines schlichten Mädchens, und ich wollte nicht, daß sich meine Erscheinung änderte, besaß aber nicht den Mut, mich zu widersetzen. Jedenfalls konnte Mrs. U. in meinem Gesichtsausdruck im Spiegel erkennen, daß ich mich über die neue Frisur nicht freute. In einem plötzlichen Wutanfall schlug sie mir fest ins Gesicht. Im Spiegel sah ich den dunkelroten Abdruck ihrer Hand auf meiner Wange und empfand einen abgrundtiefen Haß auf sie. Von diesem Vorfall an hielt unsere gegenseitige Abneigung an, aber wir waren gezwungen, weiterhin zusammenzuleben.
Etwas später schickte mich eines der älteren Mädchen, dem ich mich zuerst anvertraut hatte, zu Mrs. U., um ihr mitzuteilen, daß meine Menstruation eingesetzt hätte. Ich fühle noch heute die Demütigung, als sie mich anfuhr: »Na, und?«
Ich war nicht das einzige Mädchen, das Probleme hatte. Wahrscheinlich

kommt das in jeder geschlossenen Gemeinschaft vor, aber wir bemerkten nur, daß immer wieder ein Mädchen die Rolle des Sündenbocks spielen mußte. Dann wurde alles bei ihm bemängelt, und es bekam ständig Ärger wegen kleinerer Vergehen. Sophie, Lisl, Daša und die Adamecz-Schwestern erinnern sich noch heute, daß sie abwechselnd das Ziel rachesüchtiger Kritik waren. Daša schreibt über ihre Jugendzeit, daß sie geschlagen wurde, weil sie ihren Mantel aufgehängt hatte, an dem ein Ärmel links war, ein »Vergehen«, das sie überhaupt nicht bemerkt hatte.

Eine Zeitlang war Marion Mendelssohn, die mich vor dem Ertrinken gerettet hatte, der Sündenbock. Ihr wurde vorgeworfen, gestohlen zu haben, und ich erinnere mich daran, daß sie auf melodramatische Weise auf den Knieen um Verzeihung bitten mußte. Schließlich wurde Marion aus dem Heim entlassen. Ich glaube sie war für eine Zeit in einer psychiatrischen Klinik in Preston. Später kam sie in ein anderes Mädchenheim. Ich hoffe, daß sie dort glücklicher wurde als bei uns.

In ihren Bemühungen, für das Heim Sondereinkünfte zu erzielen, verfiel die Newcastle Gemeinde auf die Idee, jüdische Mädchen aus London zu uns während der Sommerferien als zahlende Gäste einzuladen, um ihnen zu einer Ruhepause von den schweren Bombenangriffen auf die Stadt zu verhelfen. Es kamen drei Mädchen, deren Eltern einen Teil ihrer Ferien in einem Hotel am Ort verbrachten. Wir nahmen ihr das sehr übel, zum Teil deshalb, weil wir sie als besondere Gäste zu behandeln hatten, wobei die Unterschiede zwischen ihnen und uns klar wurden, zum Teil weil sie ihre Eltern so nahe bei sich hatten, vor allem aber, weil sie ihren Aufenthalt im Heim als sehr begrenztes Intermezzo innerhalb eines, wie wir wußten, sehr glücklichen Familienleben betrachten durften. Es waren eigentlich ganz reizende, freundliche Mädchen, die, wie ich heute glaube, mehr Verständnis für unsere Situation aufbrachten, als wir dachten. Als sie uns verließen, verloren wir ganz den Kontakt zu ihnen.

Sechs Jahre später traf ich eine von ihnen, Yvonne Stern (nun Yvonne Baron), an der Universität in London. Wir erkannten uns gegenseitig wieder, und es entwickelte sich eine dauerhafte Freundschaft.

Um die »Kriegsanstrengungen« zu unterstützen, wurden wir manchmal in Gruppen ausgeschickt, um Geschenke der Natur zu sammeln, Brennesseln zum Beispiel. Ich kann mir nicht vorstellen, worin ihr Nutzen bestand, aber sie waren nicht leicht zu sammeln. Wir sammelten auch Fingerhut, das im Lake District wie Unkraut wächst, wegen seiner für die Medizin interessanten Digitalis-Bestandteile, und Hagebutten, eine sehr wichtige Vitamin C-Quelle, wie wir erfuhren. Anscheinend war der Sirup, der aus diesen Beeren gewonnen wurde, gut für Babys. Diese wilden Heckenrosen gab es weit und breit, und es machte uns trotz der Dornen Spaß, die orange und scharlachrot leuch-

tenden Hagebutten zu sammeln. Wir liebten diese Ausflüge. Weniger aufregend war das Sammeln von Brombeeren. Wir mußten ganze Eimer füllen, was Stunden dauerte. Es handelte sich um wilde Brombeeren mit kleineren als den handelsüblichen Früchten und mit einem intensiveren, irgendwie säuerlichen Geschmack. Als kleines Mädchen hatte ich oft mit Mutter oder Mina Brombeeren gesammelt und war darin sehr geübt. Da wir so große Mengen sammeln mußten, waren wir oft stundenlang bei der Ausübung dieser unangenehmen Tätigkeit unterwegs, die sehr langwierig war, da die Beeren im Eimer nur langsam zunahmen, im Unterschied zu den Kratzern durch die Stachel. Beim Brombeeren pflücken sollten wir nichts essen. Das wurde zwar nicht kontrolliert, aber wenn wir zu viele gegessen hätten, wäre das an unseren Mündern, Zungen oder den Taschentüchern sichtbar geworden.
Um die Versorgung mit Heizmaterial für das Haus war es sehr schlecht bestellt, deshalb gingen wir Holz sammeln. Für diese Aufgabe wurden alle jüngeren und Kinder mittleren Alters ausgeschickt, manchmal zwei- bis dreimal in der Woche. Da das eine Arbeit im Winter war, gab es Zeiten, in denen wir sehr froren. Wir mußten in den nahegelegenen Wald gehen und Reisig zum Feueranzünden sammeln, aber auch größere Äste, die wir zerbrechen und in Säcken oder auf einer großen Plane transportieren konnten, die von vier Mädchen – an jeder Ecke eins – die schmalen Pfade entlang getragen und über die Steinmauern gehoben werden mußte, ohne zuviel von dem Holz zu verlieren. Manchmal kam dabei Fröhlichkeit auf, öfters jedoch Frustration. Im großen und ganzen machten uns diese Ausflüge aber Freude. Sie vermittelten das ungewohnte Gefühl von Freiheit, die Wälder machten einen freundlichen Eindruck, obwohl wir bei ihnen Märchen wie Hänsel und Gretel, Rotkäppchen und andere mehr assoziierten. Viele von uns hatten Frostbeulen, schmerzhafte und juckende Schwellungen an Händen und Füßen. Das waren anscheinend Auswirkungen von Kälte und Vitaminmangel. Aber wir beklagten uns selten. Es war uns immer der unausgesprochene Gedanke bewußt, daß die, die uns lieb und so weit von uns entfernt waren, wahrscheinlich noch stärker leiden mußten als wir.
Was mir bewußt war und mich ärgerte war das völlige Ausbleiben von Lob. Ich erwartete nicht, daß uns irgend jemand für das Sammeln von Holz oder Brombeeren dankte, denn schließlich geschah das zu unser aller Wohl. Ich weiß aber, wie nötig Kinder lobende Worte brauchen, wenn sie ihre Arbeit gut gemacht haben, wie sie auf eine Anerkennung ihrer Arbeit warten. Ich weiß, daß wir uns alle bei dem, was uns aufgetragen wurde, sehr bemühten, es war Bestandteil unseres Wunsches, gut und artig zu sein.
Warum konnten Mrs. U. und Mrs. S., die auf der Einhaltung der Etikette eines Wiens des 19. Jahrhunderts bestanden, nicht sehen, daß es höflich und freundlich gewesen wäre, wenigstens unsere Bemühungen anzuerkennen? Vielleicht

fürchteten sie, ebenfalls nach den Begriffen des 19. Jahrhunderts, daß Kinder durch Lob verdorben werden.
Während des Krieges wurde einmal eine Gruppe von uns gebeten, bei einer Sammlung für das Rote Kreuz oder eine andere Wohltätigkeitsorganisation zu helfen. Wir mußten uns an verschiedenen Standorten in Windermere postieren, mit einer Sammelbüchse klappern und dabei lächeln. Ich wollte nicht mitmachen. Ich wußte, daß ich ungeeignet dafür war, um Geld zu bitten, sogar indem ich nur mit einer Büchse klapperte. Ebenso das Lächeln. Wie konnte ich fremde Menschen anlächeln? Als Heimkind hatte ich aber nicht das Recht, mich zu weigern; wer war ich schließlich? Sehr unwillig machte ich mich auf den Weg und stellte mich an eine Ecke. Ich sah dabei zweifellos sehr unglücklich aus, wie ich die Leute anstarrte, um sie dazu zu bewegen, Pennies in meine Büchse zu werfen. Trotz des unattraktiven Anblicks, den ich bot, spendeten einige Leute. Der Augenblick des Zählens der Sammlung kam; ich hatte gehofft, entfliehen zu können, wenn unsere Arbeit zu Ende war, aber nein, wir mußten uns alle versammeln, als das Geld gezählt wurde, damit wir alle erführen, was wir gesammelt hatten. Ich machte mir über das Ergebnis keine Illusionen. Mein Betrag war mit Abstand der kleinste.
Mein dürftiger Erfolg bestärkte die Leiterinnen in ihrer Vorstellung, daß es mir an Charme und Grazie fehle. Natürlich hatten sie damit recht. Damals wie heute dachte ich, daß es besser gewesen wäre, es nicht so häufig zu betonen. Wiederholt sagten sie mir, daß ich nie einen Ehemann finden würde. Das schien für uns die unerläßliche Lösung aller Probleme zu sein, eine weit entfernte Hoffnung oder in meinem Fall: gar keine Hoffnung. Unbestimmt spürte ich, daß ich keinen Ehemann wollte, der auf Charme nach Wiener Art Wert legte, aber ich wußte nicht genau, wie ich diese Gedanken ausdrücken sollte. Normalerweise antwortete ich zu schnell, und ich wurde anschließend dafür bestraft. Vielleicht gab es manchmal doch ein instinktives Gefühl, mich vor mir selbst zu schützen.
Die Vorstellungen des 19. Jahrhunderts über ordentliches Betragen zeigten sich auf konkretere Art und Weise. Unsere Freundin Sophie erhielt in einem Brief von ihrem Vater, den dieser über ein Drittland geschickt hatte, die Nachricht vom plötzlichen Tod ihrer Mutter. Das war das erste Mal, daß wir etwas vom Tod unserer eigenen Eltern erfuhren, und wir waren zutiefst schockiert. Frau Goldschmidt war wahrscheinlich die einzige unter unseren Eltern, soweit wir das jemals erfahren können, die gnädig eines natürlichen Todes starb, obwohl zweifellos der Herzinfarkt zu Beginn ihrer Lebensmitte etwas mit den Verfolgungen zu tun hatte, denen sie ausgesetzt gewesen war. Sophies Vater und ihr einziger Bruder Manfred sollten später in Polen ermordet werden. Die 13jährige Sophie wurde dazu gebracht, Trauerkleidung zu tragen. Das wurde als vorschriftsmäßig angesehen. Ich kann mich nicht daran erinnern, daß sie

jemals Schwarz trug, aber sie trug viele Wochen lang immer das gleiche graue Kleid, wenn nicht gar für Monate. Eine allgegenwärtige Mahnung an den erlittenen Verlust. Ich fühlte damals, daß das grausam war. Sie hatte es nicht nötig, ihre Gefühle durch Trauerkleidung noch besonders herauszustellen. Wie hätte sie ihre Mutter je vergessen können?

Wir fühlten uns alle bedrückt durch Sophies Unglück. Unsere nicht ausgesprochnen Ängste waren stärker geworden. Wann würden wir ähnliche Nachrichten erhalten?

Die letzten Jahre im Heim

Der Krieg ging weiter. Er schien nicht enden zu wollen. Nachrichten über den Stand des Krieges waren wichtig für uns. Wenn die Heimleiterinnen die Rundfunkübertragungen der BBC hörten, konnten auch wir zuhören. Manchmal durften wir die Sendungen sogar allein hören, vorausgesetzt, daß wir keine Störungen verursachten. Allmählich verstanden wir immer mehr Englisch, obwohl wir sehr frustriert waren, wenn wir wegen unserer mangelhaften Sprachbeherrschung wesentliche Informationen nicht mitbekamen. Verglichen mit anderen Kinder unseres Alters waren wir sicher besser über den Fortgang des Krieges informiert. Für uns waren die Namen europäischer Orte wie auch die Karten, die manchmal in Zeitungen abgedruckt waren, von größerer Bedeutung. Wir verstanden auch, daß die Erfolge des deutschen Militärs gleichbedeutend für uns waren mit einer Katastrophe. Eine Katastrophe, der wir lieber zusammen mit unseren Eltern entgegengeblickt hätten als weit entfernt von ihnen.

Es gab gelegentlich sehr beunruhigende Nachrichten über die Behandlung von Juden. Den Menschen mußte klar sein, was geschah, wenn auch noch nicht das schreckliche Ausmaß der sogenannten Endlösung. Ich kann immer noch nicht glauben, daß die Deutschen von den damaligen Brutalitäten nichts gewußt hatten. Die Züge begannen, nach Osten zu rollen, Viehwaggons mit Menschenladung. Die Soldaten an der Ostfront sahen, was geschah. Sie mußten etwas von den speziellen »Einsatzgruppen« bemerkt haben, deren Aufgabe es war, die Juden und die Zigeuner aus der Sowjetunion in großen Massenaktionen umzubringen, als die Armee weiter vorrückte. Sie wagten vielleicht nicht, etwas darüber zu schreiben (auch ihre Briefe wurden zensiert), aber einige sprachen sicher darüber, wenn sie zu Hause waren, auch wenn sie vielleicht nur zu flüstern wagten. Aber die Wahrheit konnte man erfahren.

Manchmal, wenn uns niemand beobachtete, spielten wir so lange an den Knöpfen des Radioapparats, bis wir deutsch sprechen hörten. Es war immer noch die Sprache, die uns am vertrautesten war. Vielleicht war es das ausgezeichnete BBC World Service-Programm, das auch nach Deutschland für diejenigen ausgestrahlt wurde, die den Mut hatten, es abzuhören. Das Hören der

BBC war im besetzten Europa streng verboten. Schwere Strafen wurden wegen dieses Verbrechens verhängt, sogar die Todesstrafe. Die Sendungen aus England brachten mehr unverfälschte Informationen, als diejenigen, die von Goebbels Propagandamaschinerie geliefert wurden.
Wir erkannten an der abgehackten Sprechweise, in der gegen die Alliierten gehetzt wurde, wenn es sich um einen Nazi-Sender handelte. Dazu ertönte immer kriegerische Militärmusik. Diese Musik war uns bekannt, wir hatten sie oft in Deutschland gehört. Die Töne des Horst-Wessel-Lieds, die Erkennungsmelodie der Nazi-Partei, lassen mich immer noch erschauern und bringen alte Ängste in die Erinnerung zurück:
Die Fahne hoch, die Reihen fest geschlossen,
SA marschiert mit ruhig festem Schritt.
Warum bleiben diese Strophen in meinem Gedächtnis haften, während ich viel Schönes und Erinnernswertes vergessen habe?
Ich erinnere mich auch an ein anderes, viel fröhlicheres Lied, das, wie ich glaube, von einem Geheimsender ausgestrahlt wurde. Anscheinend sangen es Gefangene nach einer alten deutschen Melodie:
Es geht alles vorüber, es geht alles vorbei,
Stalingrad im Dezember und Tunis im Mai.
Ich selbst sang das Lied immer wieder. Es half dabei, an den Sieg der Alliierten zu glauben, und es vermittelte die Hoffnung, daß der Krieg eines Tages vorüber sein würde.
Illustrierte und Zeitungen fanden nur selten den Weg in unser Heim. Ich kann mich noch an eine »Illustrierte« erinnern, so wurden die Zeitschriften damals genannt, die in unserem Heim auftauchte. Ich weiß nicht mehr, welchen Namen sie trug (vielleicht war es die »Picture Post«), und ich kann mich auch nur an einen einzigen Artikel, der durch ein Foto ergänzt wurde, erinnern.
Es gibt bestimmte Bilder, die sich fest im Gedächtnis eingeprägt haben und niemals ausgelöscht werden können, auch wenn man sich noch so sehr bemüht, sie zu verdrängen. Ich sah dieses Foto vor einem halben Jahrhundert, und noch immer sehe ich es ganz deutlich vor mir. Ich habe seitdem viele schreckliche Bilder gesehen, von denen einige gleichermaßen ungeheuerlich und unmenschlich waren, indem sie vielfältige Todesarten in schrecklichen Gewändern zeigten, aber keins konnte das Bild auslöschen, das mir, insbesondere nachts, solche Schrecken bereitete und das Schicksal derjenigen zeigte, die wir verlassen hatten. In dem Artikel wurde eine Episode in einem Wald beschrieben, in den Juden zum Arbeiten geschickt worden waren. Ich glaube, es war in der Ukraine. Als ihre Arbeit zu Ende war, mußten sie sich mit dem Gesicht nach unten auf sorgfältig in einem Rechteck angeordnete Hölzer legen, sie erhielten dann einen Schuß in den Hinterkopf, ihre Kameraden mußten dann die nächste Schicht Holz auf ihre Körper legen und sich dann

selbst für die Schüsse ihrer Mörder, die danach erfolgten, bereitlegen. Das ging so weiter, bis alle liquidiert waren. Auf diese Weise wurde eine hoher Scheiterhaufen errichtet, der dann in Brand gesetzt wurde. Zweifellos im Sinne einer auf Effizienz und Hygiene ausgerichteten Regelung, bei der zugleich die Spuren dieser Tat vernichtet werden sollten.

Ich glaube, daß ich dreizehn Jahre alt war, als ich auf dieses kleine Puzzleteilchen stieß, das zusammen mit Tausenden ähnlicher Teile mein Bild vom Holocaust prägen sollte. Es blieb mir nichts anderes übrig, als dieses Bild als die Wahrheit anzusehen, obwohl ich es lieber als unglaubwürdig betrachtet hätte. Es ließ mir keine Ruhe. Ich hatte Angst um meine Eltern und alle diejenigen, von denen ich wußte, daß sie sich in Gefahr befanden. Ich zerstörte die Zeitung. Das tat ich weniger aus dem Grund, meine Freundinnen vor dem Bild zu schützen, sondern aus Unfähigkeit, diese Greuel mit ihnen zu teilen. Ich hatte Angst vor jedem Gespräch darüber, das alles nur noch realistischer machen würde.

Die meisten von uns hatten inzwischen von zu Hause nichts mehr gehört. Manchmal bekam jemand ein Formblatt vom Roten Kreuz mit den erlaubten 25 Wörtern, die immer nur besagten, daß es dem Absender gut gehe. Deartige Schreiben vermittelten uns keine Neuigkeiten, aber waren zumindest ein Beweis dafür – so dachten wir –, daß noch jemand am Leben sei.

Überraschenderweise erhielt ich im Winter 1940 wieder Post von meinen Eltern. Noch größer war die Überraschung, daß der Brief nicht durch eine Vermittlungsinstitution, sondern direkt gesendet worden war, auch wenn er einige Wochen aus der entfernten Südwestecke Frankreichs, einem Ort im Vorpyrenäengebiet namens Gurs, unterwegs war. Der Süden Frankreichs wurde damals als das »unbesetzte Frankreich« bezeichnet. Die Deutschen konnten nicht das gesamte Territorium Frankreichs übernehmen, da es zu viele Kräfte gebunden hätte, die anderswo benötigt wurden, zum Beispiel an der Ostfront. Hitler konnte sich auf die französische Marionettenregierung, die in Vichy als der neuen Hauptstadt gegründet und von dem 84jährigen Marschall Pétain, einem Helden des Ersten Weltkriegs, regiert wurde, verlassen. Diese sogenannte französiche Regierung kam bereitwillig den deutschen Anweisungen nach.

Im zweiten Herbst des Krieges führten die Nazis ein Experiment durch; sie wollten zum ersten Mal einen Teil Deutschlands »judenrein« machen. Die Idee einer ethnischen Säuberung, deren Umsetzung uns heute im ehemaligen Jugoslawien entsetzt, ist nicht neu. Alle jüdischen Einwohner Badens, der Pfalz und des Saarlandes, das heißt des Südwesten Deutschlands, sollten aus dem Land vertrieben werden. Das geschah vor der Errichtung der Vernichtungslager in Polen, jedenfalls lag Frankreich für dieses Experiment näher.

Den Opfern in Mannheim wurde am 22. Oktober 1940 eine Frist von zwei Stunden eingeräumt; in der Stadt Karlsruhe sogar nur eine Stunde. Es wurde

ihnen befohlen, schnell etwas zusammenzupacken, pro Person nur ein Gepäckstück mit Kleidern, einer Decke, Lebensmittel für mehrere Tage, einer Tasse, einem Teller und Besteck. Es wurde ihnen gestattet, pro Person 100 Mark mitzunehmen. Alles andere mußte zurückgelassen werden. Sie wurden nicht über die Gründe und das Ziel der Reise informiert.
Meine Mutter muß sich nicht nur um ihre eigenen Kinder gesorgt haben, Michael und Feo, sondern auch um die Waisenkinder, die immer noch im Heim waren. Der gesamte verbleibende Besitz sollte konfisziert werden. Alle mußten gehen: die Alten, die Invaliden, die Kranken und die geistig Verwirrten. Fast 7000 Menschen wurden zusammengetrieben, die größte Anzahl (rund 2000) kam aus Mannheim, der Stadt, in die so viele, wie auch meine Familie, die Oppenheimers, aus ländlichen Gebieten geflohen waren, um sich in die Anonymität zu retten. Am Abend dieses Tages schickte der Gauleiter Robert Wagner dem Führer stolz die Nachricht, daß Baden nun »judenrein« sei.
Die unglückliche, verängstigte jüdische Bevölkerung wurde zu verschieden Sammelpunkten bestellt. In Mannheim hatte sie sich vor dem Schloß einzufinden, das aus dem 18. Jahrhundert stammt, zu den wichtigsten Baudenkmälern der Stadt zählt und einst dem Kurfürst gehörte. Schließlich wurden sie auf fünf Züge verfrachtet. Ihre Reise durch Deutschland und Frankreich sollte vier Tage und drei Nächte dauern. Einige der Kranken waren auf Bahren zu den Zügen getragen worden. Einige SS-Offiziere begleiteten die Verbannten. Diese SS-Offiziere gingen mit gezogenem Revolver durch die Züge und verlangten die Herausgabe von Wertgegenständen. Die Justizbehörden in Mannheim registrierten ganz neutral, daß am Morgen des 22. Oktobers acht Juden Selbstmord durch Gasvergiftung oder eine Überdosis Schlaftabletten begangen hatten. Weitere Menschen brachten sich während der Reise um.
Im Archiv der deutschen Quäker sind noch einige Briefe über diese Deportation erhalten. In ihnen werden die Vorgänge sehr sachlich beschrieben und auch die Reaktionen einiger örtlicher Mitbewohner widergegeben. Einige sagten: »Sie können einem ja leid tun.«
Andere rissen Witze über den biblischen Exodus der Kinder Israels aus Ägypten. Doch gab es offensichtlich keinen Jubel, eher Gleichgültigkeit. Hitler lernte aus diesem Experiment, daß es möglich sein würde, schließlich alle Juden, zu allen möglichen Zielen zu deportieren, ohne mit dem Protest anderer deutscher Mitbürger rechnen zu müssen.
Das »camp de Gurs« war 1939 für einige der vielen Flüchtlinge gebaut worden, die aus dem Spanien Francos über die Grenze nach Frankreich strömten. Es war die Zeit des spanischen Bürgerkriegs. Das Lager sollte als vorübergehende Einrichtung für die Sommermonate dienen. Der Kriegsausbruch einige Monate später veränderte alles.
Das Lager war für die Basken vorgesehen, die aus ihrer nordspanischen Hei-

mat geflohen waren, für die Milizen, die auf der Seite der Republikaner gekämpft hatten und besiegt worden waren, und für die Angehörigen der Internationalen Brigaden Freiwilliger, die ebenfalls gegen Franco gekämpft hatten.
Im Mai 1940, als die deutschen Truppen die nördliche Hälfte Frankreichs überrannt hatten, mußten die Menschen, die vorher aus Deutschland, Österreich und Polen geflohen waren, sich wieder auf die Flucht machen. Sie flohen nach Süden, wurden wie Feinde behandelt und in Gurs interniert. Die Regierung von Vichy führte die Befehle der Deutschen aus.
Das Lager beherbergte ursprünglich 4000 Flüchtlinge aus Spanien. Über 12 000 Flüchtlinge wurden nun an demselben Ort zusammengedrängt, hauptsächlich jüdische Frauen und Kinder. Das Lager war sehr primitiv mit unzureichenden Holzbaracken und nur wenigen sanitären Einrichtungen ausgestattet, die sich in beträchtlicher Entfernung von diesen Baracken befanden. Vielen der Neuankömmlinge wurde schließlich erlaubt, das Lager wieder zu verlassen, wenn sie nachweisen konnten, daß sie irgendwo untergekommen waren. Dann trafen im Oktober 1940 die aus dem Südwesten Deutschlands vertriebenen Juden ein. Jetzt gabe es dort nahezu 13 000 Gefangene. Das Camp de Gurs war ein riesiges Gefängnis.
Das Lager war mit Stacheldraht umgeben. Männer und Frauen wurden auf verschiedene Barackenblocks aufgeteilt, die voneinander ebenfalls mit Stacheldraht abgetrennt waren. Einige Insassen wurden schließlich auf andere Lager in Südfrankreich verteilt: Noé, Récébédou, Rivesaltes und das Camp des Milles in der Nähe von Aix-en-Provence. Heute gibt es nur noch wenig in diesen ruhigen Orten, das daran erinnert, daß hier einmal Konzentrationslager existierten. Anscheinend empfinden auch die Franzosen Scham darüber, was sie in ihrem Land zuließen, da sie diese Plätze nicht besonders herausstellen. Viele Franzosen geben auch heute noch an, nichts davon gewußt zu haben.
800 der Neuankömmlinge starben im Winter 1940. Es waren hauptsächlich die Älteren, die Kranken und die ganz Jungen. Sie wurden nicht umgebracht, wie es den restlichen später geschah. Sie konnten einfach nicht mit den primitiven Bedingungen, der unzureichenden Ernährung und den fehlenden Heizmöglichkeiten fertigwerden. Für Kranke gab es wenig oder keine Medikamente. Es gab so viele Menschen in dem Lager, daß die Wege zwischen den Baracken und vor allem zu den Latrinen in diesem nassen Winter völlig vermatscht waren. Von den Neuankömmlinegn aus Deutschland war mehr als die Hälfte über 60 Jahre alt. Die alten Leute waren oft überhaupt nicht imstande, ihren Weg durch den Schlamm zu finden. Im Matsch verloren sie ihre Schuhe, die sie nicht wiederbekamen. Schlimmer war es, wenn sie stecken blieben, sich die Beine oder die Hüftgelenke brachen und sich nicht mehr bewegen konnten. Für sie war der Tod eine Erlösung.
Die erschöpften Deportierten aus Deutschland verließen die Züge am Bahnhof

von Oloron. Es wurde ihnen befohlen, ihr Gepäck dort zurückzulassen, und sie mußten zusehen, wie es auf einem großen Haufen zusammenlag und vom Regen durchnäßt wurde. Sie wurden nun auf Lastkraftwagen verladen, und ihnen wurde mitgeteilt, daß ihre Habseligkeiten später nachkämen. Viele von ihnen sahen ihr geringes Habe nie wieder. Ein Teil des Gepäcks traf schließlich erst nach Tagen oder sogar Wochen in Gurs ein. Sie selbst kamen in die kalten Baracken, die schlagartig völlig überfüllt waren. Sie mußten so gut sie konnten auf dem blanken Boden schlafen. Schließlich wurde Stroh besorgt, auf dem sie liegen konnten. Später gab es den Luxus von Säcken für das Stroh.

Die Lebensmittelrationen für das Lager wurden anscheinend infolge des Menschenzustroms aus Deutschland nicht vergrößert. Sogar in einer deutschen Tageszeitung, die »Badische Presse«, wurde ein Bericht aus dem neutralen schweizer Basel 1941 veröffentlicht, in dem das Fehlen von Lebensmitteln geschildert wurde. In dem Bericht wurden die Opfer bedenkenlos fälschlicherweise als »jüdisch-marxistische Emigranten« bezeichnet, aber es wurde prophezeit, daß die Insassen auch ohne den Ausbruch von Epidemien in zwei Jahren durch natürliche Sterblichkeit um die Hälfte reduziert würden. Interessant ist, daß die Bezeichnung der Opfer manchmal Probleme bereitete. Wie sollte man unschuldige Menschen bezeichnen, die willkürlich aus ihren Wohnungen vertrieben worden waren, die hungerten und verfolgt wurden, die in ihrer Heimat nicht gewollt und anderswo unwillkommen waren: Emigranten? Immigranten? Flüchtlinge? Wanderer? In der Umgebung von Gurs wurden die Insassen als »les indésirables« (dt.: die Unerwünschen, d.Ü.) bezeichnet.

Die Population des Lagers wurde nicht nur durch Hunger und Krankheiten dezimiert.

Im November 1941 fand am Stadtrand von Berlin die Wannsee-Konferenz statt, auf der Heydrich mit SS-Führern und Verantwortlichen der Regierung die »Endlösung« in allen Details erörterte. Von da an wurden an verschiedenen Orten in Polen Todesfabriken errichtet: in Auschwitz, Belzec, Sobibor und Treblinka. Heydrich kündigte an, daß alle europäischen Juden dorthin transportiert werden sollen.

Diese Orte würden das Judenproblem endgültig lösen.

SS-Hauptmann Dannecker, Chef des Jüdischen Büros der Gestapo in Frankreich, war auf dem laufenden. Er war ein treuer Gefolgsmann seines Führers und wußte, daß sein oberster Vorgesetzter, SS-Generalleutnant Heydrich, verlangte, daß 865 000 Juden von Frankreich in den Osten geschickt werden sollen. Dannecker war pflichtbewußt. Die meisten Insassen von Gurs sollten in Auschwitz sterben. Dieser loyale Offizier kam selbst in das Lager und begleitete sogar den ersten Transport über die gesamte Wegstrecke. Die französische Vichy-Regierung hatte sehr bereitwillig antisemitische Dekrete durchge-

setzt, aber scheinbare Abneigung gegen die Deportation französischer Juden zur Schau gestellt, obwohl auch viele von diesen schließlich den Weg in die Gaskammern fanden. Sie folgten denjenigen, die auf deutschen Befehl hin von der französischen Polizei in den von den Deutschen besetzten Gebieten zusammengetrieben worden waren. Vichy hatte keine Bedenken, wenn die Insassen von Gurs, Rivesaltes, Récébédou und anderen Lagern betroffen waren. Schließlich handelte es sich ja um ausländische Juden und nicht um »des compatriotes français« (französiche Landsleute, d.Ü.).
In den Briefen meiner Eltern wurde nichts Politisches erwähnt.
Sie wußten wahrscheinlich, was die Deutschen vorhatten, und wahrscheinlich hatten sie wenig Vertrauen in die Regierung von Vichy. Sie schrieben nichts darüber, was sie dachten, da sie uns, ihre Kinder, noch immer vor der Außenwelt schützen wollten und da alle Briefe zensiert wurden. Nicht nur hätten uns die Briefe nicht erreicht, die Folgen für sie wären fatal gewesen.

Briefe aus Frankreich

In den Briefen, die unter größten Schwierigkeiten geschickt wurden, erwähnten meine Eltern niemals die schrecklichen Bedingungen, unter denen sie lebten, auch nicht den Hunger und die Entbehrungen, unter denen sie litten. Die Briefe waren gewöhnlich an Hannah und mich gemeinsam gerichtet, ebenso an Tante Liese in York oder an Lotte, eine Cousine meiner Mutter in London. Erst Jahre erfuhr ich von Überlebenden oder durch von ihnen verfaßte Berichte, wie unmöglich das Leben in diesen Lagern war. Niemals erwähnten meine Eltern etwas von der Kälte oder der ständigen Bedrohung durch Seuchen. Nichts davon, daß sie einen winzigen Raum mit viel zu vielen anderen zum Schlafen teilen mußten und sich nur unter unhygienischen, primitiven Einrichtungen waschen konnten. Sie schrieben nichts über den Schmutz, den Gestank, die Läuse und die Ratten. Nichts über die Toten – etwa 30 täglich in diesem ersten Winter im Jahre 1940. Schreibpapier war kaum aufzutreiben und auch kein ruhiges Plätzchen, nach dem man sich sehnte. Die Finger waren wund und erfroren, und das Beschaffen von Briefmarken, auch wenn diese erhältlich waren, muß große Probleme bereitet haben. Die rauhen Winde aus den Pyrenäen fegten über das Lager. Es gab Stacheldraht und matschige Gebiete. Die Latrinen am Rand des Lagers waren völlig unzureichend und oft zu weit entfernt. Die völlig überfüllten Baracken waren zwangsläufig schmutzig, nicht zuletzt wegen des Schlamms. Regen drang in die notdürftigen Baracken ein. Nichts von alledem wurde in den Briefen erwähnt.

Ganz im Gegenteil. Sie teilten uns immer mit, wenn sie Nachrichten von Ernest in den USA und Werner in Argentinien hatten. Mina versuchte, mit ihnen in Kontakt zu bleiben. Besonders Mutter, die mir Minas Adresse in Düsseldorf gegeben hatte, bat mich, dieser treuen Frau einen »25-Wörter-Brief« des Roten Kreuzes zu schreiben, die einzige Möglichkeit mit Deutschland in Kontakt zu treten. Mutter fügte hinzu: »Mina hat Sehnsucht nach euch allen.« Sie schrieb über meine Schulfreunde, die bei ihnen in Gurs waren, und erwähnte einige uns bekannte Kinder, die es geschafft hatten, nach Amerika zu emigrieren. Sie sprachen von Verwandten, die deportiert worden waren und sterben sollten. Sie drückte das nicht wörtlich aus. Ihre Nachricht besagte: »So und so ist jetzt auch fort.«

Die berüchtigten Lagerbedingungen in Gurs erregten die Aufmerksamkeit mehrerer Hilfsorganisationen. Eine der wichtigsten darunter war das *American Friends Service Committee* (Quäker). Diese mutige Gruppe wurde von der Dänin Helga Holbeck geleitet. Eine ihrer Mitarbeiterinnen, die Norwegerin Alice Resch (jetzt Alice Synnestvedt), rettete fünfzig Kinder aus dem Lager und brachte sie in einem Waisenhaus mit dem Namen »Maison des Pupilles« in Aspet, Haute Garonne, unter. Alice arbeitete ohne sich zu schonen für das Wohl dieser Kinder, unter denen sich auch mein Bruder Michael befand. Sie rettete ihr Leben. Das »Maison des Pupilles« war damit einverstanden, die früheren deutschen, jetzt staatenlosen jüdischen Kinder aufzunehmen, wenn die Quäker die Versorgung aller Kinder, die der französischen und die derjenigen, die dazu gekommenen waren, mit Lebensmitteln übernähmen. Alice kümmerte sich darum und transportierte Säcke mit Bohnen und Linsen und allem, was sie bekommen konnte, dorthin. Sie arbeitete unermüdlich und offensichtlich, ohne sich zu ängstigen. Ihr Transportmittel war gewöhnlich ein Fahrrad.
Auch heute noch, sie ist nun alt und lebt weit entfernt in Kopenhagen, spricht sie von den Kinder, die sie gerettet hat, als von »meinen« Kindern. Ich habe mich sehr gefreut, sie kennengelernt zu haben.
Auch meine Schwester Feo wurde aus Gurs gerettet, allerdings auf einem anderen Weg. In ihrem Fall war es das Eingreifen des OSE, des »Oeuvre de Secours aux Enfants«. Meine Schwester war allein, getrennt von meinem Bruder, mit dem sie die Schrecken des Lagers geteilt hatte. Sie war sieben Jahre alt. Meine Eltern wurden nach einem halben Jahr in Gurs im Frühjahr 1941 nach Rivesaltes verlegt, ein Lager, das nicht weit vom Mittelmeer entfernt war im Département Pyrénées Orientales. Die Lebensbedingungen dort waren hart, und der Schmutz war extrem. Endlose Baracken und Stacheldraht. Damals gab es 3000 Kinder im Lager Rivesaltes. 60 Babys starben binnen weniger Monate. Meine Eltern wurden schließlich getrennt. Vater kam in das Lager Camp des Milles und Mutter nach Marseille.
Das Lager Camp des Milles war eine ehemalige Backsteinfabrik. Die Männer mußten auf dem blanken Boden schlafen. Mutter hatte vergleichsweise Glück. Sie mußte in einem ihr zugewiesenen Haus in Marseille leben, hatte aber ein bestimmtes Maß an Freiheit. Sie konnte uns schreiben und mußte Hausarbeiten für eine junge Familie machen.
Die Eltern klagten nicht über ihre Lebensbedingungen. Vater schrieb, daß Feo trotz ihres zarten Alters und ihrer mangelhaften Schulbildung die süßesten Briefe schriebe. Er kam nicht umhin zu schreiben: »Ich bedauerte sehr, daß wir uns von ihr trennen mußten, der letzten von Euch.« Mutter antwortete auf meine Bemerkung, daß ich mir kaum vorstellen könnte, an meinem nächsten Geburtstag schon 13 Jahre alt zu werden: »Ach, mein Liebes, mir geht es ähn-

From :

WAR ORGANISATION OF THE BRITISH RED CROSS AND ORDER OF ST. JOHN

To :

Comité International de la Croix Rouge Genève

Foreign Relations Department.

ENQUIRER
Fragesteller

Name OPPENHEIMER

Christian name MISS RUTH
Vorname

Address RED CROSS MESSAGE BUREAU 438

Relationship of Enquirer to Addressee
Wie ist Fragesteller mit Empfänger verwandt ?

The Enquirer desires news of the Addressee and asks that the following message should be transmitted to him.
Der Fragesteller verlangt Auskunft über den Empfänger. Bitte um Weiterbeförderung dieser Meldung.

BEKOMME POST VON ELTERN GESCHWISTER.
HOFFENTLICH BIST DU GESUND. BIN WOHLAUF
UND GLÜCKLICH. GEHE ZUR SCHULE. GUTES
ZEUGNISSE. SCHREIBE BALD LIEBSTE MINA.
KÜSSE DEINE. RUTH.

Date 27th. July 1942.

ADDRESSEE
Empfänger

Name DÜMIG

Christian name MINA
Vorname

Address KÖNIGSALLEE 64^III.
DUSSELDORF.
GERMANY.

The Addressee's reply to be written overleaf. (Not more than 25 words).
Empfänger schreibe Antwort auf Rückseite. (Höchstzahl 25 worte).

lich. Ich weiß noch ganz genau, wie ich mit 13 Jahren war, denn es war die Zeit, als wir nach Frankfurt übersiedelten. Ich kam mir damals recht erwachsen vor und war auch wirklich schon sehr groß. Wir haben uns jetzt fast 3 Jahre nicht gesehen, und Du hast Dich sicher sehr verändert und bist durch die schwere Zeit vermutlich verständiger geworden, aber, mein liebes, gutes Kind bist Du sicherlich auch geblieben. Daß Du eine gute Freundin hast, freut mich sehr. Das ist sehr viel wert. Ich habe treue Freundinnen und bin sehr froh darüber, habe sogar in Rivesaltes noch viele Freundschaften mit feinen Menschen geschlossen.«

In einem Brief, der mehr an meine Tante als an uns, ihre Töchter, gerichtet war, erlaubte sich Mutter, ein wenig zu klagen: »Auch für mich bedeutet der domestic-Beruf keine reine Freude, besonders wenn die 'Chefin' nur halb so alt ist wie man selbst und sich für doppelt so tüchtig hält (Manchmal glaube ich dann selbst an meine eigene Untüchtigkeit. Nach den hinter mir liegenden eineinhalb Jahren braucht man sich nicht darüber zu wundern.) Immerhin hat man mir, als die Frau in der Klinik war, recht gern und zuversichtlich Kinder und Wohnung und alles Zubehör anvertraut. Um zurückzukehren: trotz allem und alledem bedeutet der heutige Zustand eine solche Verbesserung gegen vorher, daß ich froh und glücklich bin und wünsche, er möchte vorläufig anhalten. Dumm ist nur, daß ich von Moritz getrennt bin. Für ihn hat sich kaum etwas verbessert. Wir sehen uns sehr selten.«

Nur selten erlaubte sich meine Mutter einen Ausdruck der Schmerzes, aber in diesem Brief, der an Erwachsene gerichtet war (meine Tante Liese und Freundin), schrieb sie: »Wer weiß, wann wir wieder mit einem oder zwei Kindern zusammensein können. Michael ist doch im Verhältnis gar nicht so weit weg von hier, und doch haben wir ihn seit 14 Monaten nicht gesehen.«

Noch ein Bedauern. Sie hatte die Glückwünsche meiner Tante zu ihrem 50. Geburtstag erhalten und schrieb zurück:

»Ich sehe so wenig Aussicht, wie sie sich erfüllen könnten. Es kommt zwar immer anders als man denkt. Kommt wohl auch einmal eine unerwartete Besserung? Ganz gewiß hätte ich nie gedacht, daß ich mit 50 Jahren in Marseille für andrer Leute Kinder unter einem blühenden Lorbeerbaum Windeln waschen würde; immerhin eine nützliche und ehrenhafte Beschäftigung. Blühenden Lorbeer sah ich mit Bewußtsein noch nie.«

In etwas leichterem Ton schreibt sie: »Es gibt schon herrliche Blumen. Über die Bereicherung meiner botanischen Kenntnisse bin ich nicht böse, aber als Naturwissenschaftlerin hätte ich gern darauf verzichtet, nähere Bekanntschaft mit manchen Teilen der Kleintierwelt zu schließen.«

Sogar mein Vater konnte Scherze machen, auch wenn man sich fragen muß, wie er überhaupt dazu in der Lage war. Als er erfahren hatte, daß seine Schwägerin, Tante Liese in York, versprochen hatte, eines Tages ihre Memoi-

ren zu schreiben, bat er darum, das erste signierte Exemplar, natürlich in Leder gebunden, zu bekommen.
Mutter wurde in Marseille krank. Frauen sprachen früher nicht über gynäkologische Einzelheiten, aber ich vermute, daß bei ihr ziemlich schnell eine Hysterektomie durchgeführt werden mußte, und sie hatte Glück, entsprechend »befreit«, wie sie es ausdrückte, und in ein Krankenhaus aufgenommen zu werden. Sie konnte für die Behandlung in diesem französischen Krankenhaus nur loben und war sehr gerührt durch die Freundlichkeit der Menschen, die den Versuch machten, sie zu besuchen und ihr zu helfen. Besonders lobte sie eine ältere Cousine, Helene Friedmann, aus Mannheim, die selbst kurz danach sterben mußte, ein Opfer des Holocausts, von demsie bis dahin nur wenig ahnten. Helene hatte Probleme beim Laufen, stieg aber die vielen Stufen bis in die Krankenhausabteilung hoch, um Mutter die Lebensmittel zu bringen, die sie selbst so nötig brauchte: »Weh mir, wenn ich protestiere. Dann werde ich behandelt, als wäre ich noch 11 Jahre und wir wohnten noch am Luisenring!« (Straße in Mannheim)
In demselben Brief schrieb Mutter: »Um noch jemanden zu loben: unser Michael ist ein prächtiger Bub, schickte mir hierher ein Päckchen mit Raritäten, die er sich buchstäblich aus dem Munde abgespart hat. Da kann und will ich mich nicht aufregen, wenn man sich da noch über seine Abneigung gegen jede Art von Lernen beklagt.«
Einige Wochen später schrieb sie über meinen Bruder: »Michael scheint jetzt auch besser in der Schule zu lernen, und vor allem hat er sich zu einem Menschen entwickelt, der einen guten Charakter und auch ein gutes Herz hat.«
Michael, der ein Jahr jünger war als ich, hatte in der Schule noch größere Probleme als ich. Er versäumte seine schulische Erziehung, weil er Jude, später weil er Deutscher und dann weil er Internierter war. Als er nach dem Krieg schließlich eine reguläre Schule besuchte, wendete das französische Schulsystem seine zwar logischen, aber auf absurde Weise rigiden Vorschriften auf ihn an, die es niemand gestatteten, mit seiner Altersgruppe in höhere Klassen aufzusteigen, wenn man nicht den gesamten vorausgehenden Unterricht absolviert hatte. So mußte der arme Michael, der im Unterricht und in allem sonst zu kurz gekommen war, was eine normale Kindheit ausmacht, mit Kindern in einer Klasse sitzen, die um Jahre jünger waren als er, obwohl er an Lebenserfahrung Jahrzehnte älter war. Das war ihm sehr unangenehm.
Feo hingegen hatte nie deutsch schreiben gelernt und entzückte meine Eltern damit, daß sie ihre Gedanken und Gefühle in sehr unorthodoxer Rechtschreibung und Grammatik ausdrückte. Wie konnte ein so junges Kind diese Selbstdisziplin und Rücksicht aufbringen, unter diesen schwierigen Bedingungen regelmäßig zu schreiben? Auch bei ihr verlief der Prozeß des Erwachsenwerdens schneller ab.

Die Oakburn Schule in Windermere

Langsam wurden wir in Windermere akzeptiert. Wir hatten die öffentliche Bibliothek entdeckt, und ich erinnere mich gut daran, wie die Bibliothekarin uns mißtrauisch anblickte, als wir zum ersten Mal dorthin kamen. Als Kinder, die »nicht dazugehörten«, nicht von ihren Eltern begleitet wurden, stellten wir eine potentielle Belästigung dar. Die Bibliothekarin meinte, uns im Auge behalten zu müssen, aber schließlich lächelte sie uns wirklich zu, und allmählich entwickelte sich ein freundschaftliches Verhältnis. Aus »Ausländern« oder »Deutschen« wurden Individuen mit Namen.

Mrs. S. hatte als Inhaberin des Kinos eine besonders liberale Einstellung den Filmen gegenüber. Uns wurden Kinobesuche gestattet, vorausgesetzt, wir hatten dafür unser Taschengeld gespart, wovon wir verständlicherweise wenig hatten. Wegen meiner unhöflichen Art, zu widersprechen oder mich über vermeintlich wahrgenommene ungerechte Behandlung zu beklagen, wurde ich oft damit bestraft, daß mir solche Ausflüge verboten wurden. Ich ließ mir deswegen keine grauen Haare wachsen, da Elfi bereit war, mir die Handlung jedes Films, den sie gesehen hatte, wiederzugeben. Unsere Betten standen nebeneinander, und sie erzählte mir die ganze Handlung im Flüsterton. Wenn das störte oder die anderen irritierte, schlüpften wir sogar zusammen in ein Bett, was strengstens verboten war. Wir verstanden nie, warum das ein so schweres Vergehen sein sollte. Zwei von den jüngeren Kindern wurden einmal von Mrs. U. zusammen in einem Bett entdeckt, was eine Schimpfkanonade sondergleichen nach sich zog. Das einzige, was ich bei der ganzen Sache begreifen konnte, war, daß zusammen in einem Bett zu sein »unmoralisch« (im Englischen: »immoral«, d.Ü.) sei. Damals kannte ich die Bedeutung dieses Wortes in beiden Sprachen nicht, und die älteren Mädchen, die ich nach der Bedeutung fragte, konnten es nicht erklären. Irgendwie machten wir aber mit dieser schlechten Angewohnheit weiter; wahrscheinlich lernten wir mit der Zeit, vorsichtig zu sein. Ich wollte einfach wissen, wovon die Filme handelten, die sie gesehen hatte. Unglücklicherweise schlief ich oft mitten in der Schilderung einer Szene ein, was meiner Freundin überhaupt nicht behagte.

Die Schule mit ihrer ständigen Routine und ihren verläßlichen und um uns besorgten Lehrern stellte für uns Mädchen eine Erleichterung von den wachsen-

den Spannungen im Heim dar. Mit der Fortdauer des Kriegs wuchsen unausgesprochen auch unsere Ängste. Aus Deutschland kamen immer weniger Nachrichten. Es war nicht nur unmöglich, Post zu bekommen, vor allem nachdem auch die USA Deutschland den Krieg erklärt hatten, sondern unsere Angehörigen wurden auch, obwohl wir darüber keine genauen Informationen hatten, allmählich aus ihrer Heimat vertrieben und planmäßig vernichtet. Damals hatten wir von alldem nicht die geringste Ahnung und hofften weiterhin.
Von unseren englischen Schulkameradinnen wurden wir als gleichberechtigt akzeptiert. Windermere war für uns ebenso vertraut geworden wie für die vielen Flüchtlinge aus den zerbombten Städten, die einen wachsenden Anteil an der Bevölkerung darstellten. Wir unterschieden uns aber durch unser fehlerhaftes Englisch, unsere andersartige Kleidung und unsere Namen noch immer beträchtlich von ihnen. Damals wiesen die Schulregister hauptsächlich englische Namen auf. Eine von uns hatte jedenfalls die Ehre, einen echten angelsächsischen Namen zu bekommen. Als Lisls Vater, der Wiener Herr Scherzer, dem Pioniercorps beitrat und beinahe wie ein richtiger englischer Soldat aussah, wurde er zu Mr. Shearer. Das wurde gemacht, um die Deutschen in die Irre zu führen, falls ihre lang geplante Invasion erfolgreich sein sollte.
Zu dieser Zeit wurden in England alle Straßenverkehrsschilder mit Ortsnamen und Wegweisern entfernt wie auch die Namen der Bahnhöfe. Falls die Deutschen wirklich nach England gekommen wären, hätten sie wahrscheinlich Landkarten gehabt und gewußt, wo sie waren. Sie hätten wahrscheinlich auch ihre eigenen speziellen Methoden gehabt, mit deutschen und österreichischen Juden im Pioniercorps umzugehen, welche angelsächsischen Namen diese einstmaligen Ausländer auch immer trugen.
Lisl wurde als Tochter ihres Vaters auch eine Shearer. Als ihre Freundinnen waren wir etwas eingeschnappt, daß sie nun in doppelter Weise bevorzugt war. Sie hatte nicht nur einen Vater, sondern sie konnte auch mit einem englischen Namen protzen. Wir nahmen an ihr einen Hauch von Befriedigung wahr, der uns, die wir offensichtlich deutsche Namen hatten, ärgerlich machte. Überdies gab es damals einen großen Filmstar mit Namen Norma Shearer. War das Gerechtigkeit? Wir ließen unserem Neid durch Spott freien Lauf, indem wir sie betont »Norma« nannten. Etwas Befriedigung verschaffte uns die Gewißheit, daß zusammen mit dem vorangestellten unenglischen »Lisl« sogar »Shearer« für englische Ohren nur geringfügig besser klang als Goldschmidt, Reinert und Oppenheimer.
Unter den englischen Mädchen hatten wir keine engen Freundinnen. Ich glaube nicht, daß es Feindseligkeit von ihrer Seite her war. Wir neigten wahrscheinlich dazu, selbst als Gruppe zu unserem eigenen Schutz aufzutreten. Vielleicht hegten sie ein unausgesprochenes Mißtrauen gegenüber den Fremden. Jedenfalls gab es ein Mädchen, das sich große Mühe gab, sich mit uns

anzufreunden: Margaret Atkinson. Sie war schüchtern, aber sehr nett und hatte bereits im Alter von zwölf Jahren viel Lebenserfahrung. Sie überredete ihre Mutter, die vier Mädchen aus ihrer Jahrgangsgruppe, nämlich Lisl Shearer, Sophie Goldschmidt, Elfi Reinert und mich, zum Tee einzuladen. Margaret hatte eine gutherzige, aufmerksame und liebende Mutter. Lebensmittel gab es zwar nicht im Überfluß, da damals alle wichtigen Sachen rationiert waren, aber die Atkinsons aus der Thornbarrow Road bereiteten uns einen herzlichen Empfang und zeigten uns, was für eine wunderbare Einrichtung eine Einladung zum Tee in England sein kann. Wir genossen nicht nur die Süßigkeiten, das Buttergebäck und den Kuchen, sondern auch die Herzlichkeit, die uns entgegengebracht wurde. Später luden uns auch lokale Honoratioren, die Familie Francis Scott und die Wrigleys zu Weihnachtsfeiern ein. Ihre Motive schienen mir echte Verständigungsbereitschaft und menschliche Güte zu sein. Ihre Einladungen waren mit Zeit, Mühe und Geld in einem schwierigen Kriegswinter verbunden.
In den vierziger Jahren und einige Jahre danach lag das offizielle Schulentlassungsalter bei 14 Jahren. Als die Mädchen des Heims diese Altersgrenze erreicht hatten, mußten sie die Sicherheit, welche die Schule ihnen bot, aufgeben. Einige von uns blieben nur noch im Heim, um die notwendigen häuslichen Arbeiten zu erledigen. Andere fanden ihm Dorf Arbeit und trugen mit ihren kleinen Einkünften zu unserem Lebensunterhalt bei. Wir erhielten eine gut gemeinte schulische Mindesterziehung in Lesen, Rechnen und Schreiben.
Als ich an die Reihe kam, die Schule zu verlassen, teilte Miss Webster, unsere nette Direktorin, unseren Heimleiterinnen mit, daß sie mich gerne weiter auf ein Gymnasium schicken wollte. Sie habe das Gefühl, daß ich mit den dortigen Anforderungen fertigwerden könnte und es auch in meinem Interesse läge. Die Leiterinnen erklärten sich einverstanden. Sie freuten sich immer, wenn das Heim oder eine von uns gelobt wurde.
Die Kinder aus der Gegend, die das Gymnasium besuchten, gingen entweder in die nächstliegende Schule, die Kelsick School in Ambleside an der Spitze von Lake Windermere, oder die High School in Kendal, acht Meilen in Richtung Süden gelegen.
Miss Webster nahm mich zu beiden Schulen mit, und beide lehnten mich ab. In Kendal schauten mich zwei imposante Damen starr und mit mißbilligendem Blick an, da ich niemals eine Fremdsprache gelernt hatte (Englisch zählte nicht), nicht mit naturwissenschaftlichen Fächern in Berührung gekommen war und meine Kenntnisse in Mathematik sich auf Arithmetik beschränkten. Ich war fast 14 Jahre alt, und in das Gymnasium wurde man mit elf Jahren eingeschult. Ich war natürlich durch die obligatorische Aufnahmeprüfung drei Jahre zuvor gefallen. Das eigentliche Problem aber war, daß man auch bei mildernden Umständen für ein deutsches Kind keine Ausnahme machen

konnte. Das wurde so nicht gesagt, aber es handelte sich ja schließlich um Feinde. Es war entmutigend, aber Miss Webster blieb fest und entschlossen.
Als nächste war eine private Schule auf ihrer Liste: Oakburn in Windermere. Diese Schule war sehr klein. Sie wurde von zwei Rektorinnen geleitet: Winifred Brett und Elizabeth Knox. Die erstere stammte aus Newcastle-on-Tyne, bei der letzteren handelte es sich um eine Schottin aus Glasgow. Sie betrieben die Schule sehr energisch, mit viel gutem Willen und mit einem ziemlich unkonventionellen Ethos. Da sie sich immer persönlich sehr engagierten, gab es nur wenige, die in den Prüfungen durchfielen. Die Mädchen hätten es so formuliert: Sie wagten nicht durchzufallen. Kinder, die an anderen Schulen unglücklich gewesen waren oder keine Leistungen erbracht hatten, schienen es in Oakburn zu schaffen. Überdies war die Schule am preiswertesten im Lake District. Ich glaube, die Rektorinnen wußten gar nicht, wie hoch üblicherweise die Schulgebühren waren, sie hatten gar keine Zeit, sich um ökonomische Fragen zu kümmern, da sie zu sehr mit dem Unterricht und Organisationsaufgaben beschäftigt waren.
Miss Brett und Miss Knox – ihre Namen wurden von den Schülern gewöhnlich mit dem zusammengezogenen »Brox« abgekürzt – schauten mich streng an. Sie bemerkten beide, daß ich einiges an Unterricht und Erziehung versäumt hatte und daß es auf einigen Gebieten Jahre dauern würde, das Versäumte nachzuholen. Es war ihnen klar, daß ich ebenso wie sie schwer arbeiten müßte, wenn ich auf ihre Schule käme. Irgendwie war alles entmutigend. Noch schlimmer war, daß sie annahmen, Miss Webster würde nach einem Freiplatz für mich fragen. Das aber tat sie nicht. Optimistisch, wie Miss Webster war, nahm sie an, daß das Geld für meinen Schulplatz sich schon irgendwie auftreiben ließe, obwohl ich keine Idee hatte woher. Brox erklärten, daß sie schon ein geflohenes Kind, Hannelore Kamke, aufgenommen hätten, die aus Danzig (heute: Gdansk) stamme und im Rahmen des »Save the Children«-Programms zu ihnen gekommen sei, nachdem sie zunächst von Deutschland nach Dänemark und von dort nach England geflohen war.
Sie hatten weitere Kinder zu reduzierten Schulgebühren aufgenommen: Kinder von Freunden und Verwandten im Norden Englands und in Schottland, die unter den Luftangriffen gelitten hatten. Miss Knox schaute mich schließlich an und fragte: »Bist du bereit zu arbeiten?« Obwohl ich nicht genau wußte, was sie meinte, und kaum ihren harten Glasgow-Akzent verstand, antwortete ich, daß ich arbeiten würde. Sie sagten, daß sie mich aufnehmen würden, wenn jemand sich bereit erklärte, die Gebühren zu übernehmen.
Trotz der vielen Beschwernisse, die Miss Webster in ihrem schwierigen Beruf unter den Restriktionen, die der Krieg mit sich brachte, zu bewältigen hatte, war sie bereit, sich meiner Sache anzunehmen. Sie trat an die Heimleiterinnen heran, um zu fragen, ob es irgend jemanden in meinem Umkreis gäbe, der für

das Geld sorgen könnte. Meine Tante war dazu nicht in der Lage, sie verdiente kaum soviel, wie die niedrigen Schulgebühren ausmachten (zehn Guineas pro Semester; ein Guinea war 1,1 englische Pfund bzw. 21 Shilling). Die Leiterinnen schrieben die Schwestern Jacobson in London an, die nicht nur mir, sondern einer großen Zahl anderer Menschen geholfen hatten, Deutschland zu verlassen. Nur eine der Schwestern war berufstätig, und sie besprach die Angelegenheit aber mit Freunden. Mrs. Margaret Buck von St. Albans, eine angeheiratete Verwandte von ihr, war bereit, meine Schulgebühren für die nächsten zweieinhalb Jahre zu garantieren. Ich schien ganz erstaunliches Glück zu haben, und es war das beste, was mir in England bisher passiert war. Mrs. Bucks generöses Angebot schloß sogar den Kauf eines Fahrrads ein, mit dem ich die fünfeinhalb Meilen zur Schule zurücklegen sollte.

Oakburn lieferte mir den Schlüssel für meine Zukunft. Ich war dort glücklicher als irgendwo sonst in England bisher. Ich hatte Spaß an den Herausforderungen, die die neuen Fächer für mich darstellten. Ich fand an Französisch sofort mehr Gefallen, als ich an Englisch gefunden hatte. Ich hatte wirklich Spaß an Mathematik und Literatur. Die naturwissenschaftlichen Fächer jedoch blieben mir wie auch meinen Klassenkameraden ein Geheimnis.

Die Schule hatte nicht einmal Geldmittel für ein ganz rudimentäres Laboratorium. Beinahe alle Fächer wurden von »Bronx« unterrichtet, einschließlich der täglichen Hockeyspiele im Winter und des Tennis im Sommer. Manchmal wurden wir davon durch das Wetter verschont. Beim Lake District handelt es sich um die regenreichste Region Englands.

Es herrschte eine puritanische Atmosphäre vor. Von Aktivitäten, die wir nicht mochten, wurden wir nicht befreit. Da ich mir meiner noch immer unzureichenden Englischkenntnisse bewußt war und sich meine allgemeine Unzufriedenheit auch in meiner gesamten Erscheinung äußerte, haßte ich es, auf der Bühne aufzutreten. Ich hielt es für vernünftig, daß es mir dann erspart bliebe, wenn so viele sich nach einer Rolle drängten. Nichts dergleichen. Anscheinend sollte es gut für meinen Charakter sein, daß ich auch etwas tat, das ich verabscheute – Charakterbildung war ein wichtiges Thema in dieser Schule. Die erste Rolle, die mir in dem jährlichen Theaterstück zugewiesen wurde, war die eines Kannibalen in einem Drama von A. A. Milne. Dafür mußte ich nicht englisch sprechen, ich mußte in der Sprache der Kannibalen knurren und schreien: »Boriah, boriah boo!« und gleichzeitig die Welt dadurch bedrohen, daß ich einen Knochen einer großen Rinderkeule schwenkte. Ich hatte das Empfinden, daß die Worte, die ich sprechen mußte, speziell dafür erfunden worden waren, meine Unzulänglichkeit und mein Elend zu unterstreichen. Noch schlimmer war, daß ich in wilden Sprüngen allein auf der Bühne tanzen und mich über den Missionar freuen mußte, den ich im Begriff war zu verspeisen. So sehr ich auch die Musik von Schubert verehre, so sehr schaudert mich noch immer, wenn ich die Ballettmusik zu Rosamunde höre, welche die Begleitung zu dem Kannibalentanz darstellte. Nur mit größter Mühe gelang es mir, während der Aufführung nicht in Tränen auszubrechen. Vielleicht war es wirklich »gut« für mich, aber ich bin sicher, daß ich die schlechteste Schauspielerin Nordenglands war.

Auch wollte ich nicht schwimmen gehen. Im Sommer wurden wir täglich in den See zum schwimmen geschickt (Regenwetter bot keine Ruhepause in dieser Routine). Ich hatte gehofft, daß meine Erfahrung, beinahe ertrunken zu sein und auch das eiskalte Wasser Grund genug wären, daß mir das erspart bliebe. Ich hätte es besser wissen müssen. Das Wasser war zeitweise wirklich sehr kalt, aber für das Schwimmen war der Kalender maßgebend, nicht die Wassertemperatur. Ich bin sicher, daß im Mai auf den Bergen am äußersten Ende des Sees manchmal Schnee lag, und wir wußten, in welche Richtung das Wasser floß. Trotzdem lernte ich schwimmen und war dankbar dafür.

In dieser Schule fand man es in diesen trüben Kriegszeiten richtig, einen für die Schüler obligatorischen Tanzkursus abzuhalten. Es handelte sich um eine bestimmte Art des Tanzes, die sich auf Bewegungsabläufe stützte, wie sie auf alten griechischen Vasen dargestellt waren, und wurde deshalb griechischer Tanz genannt. Durch ihn sollte uns ein freier rhythmischer Ausdruck möglich werden, eine glückliche Flucht in eine Welt phantastischer Schönheit. Für diese Übung wurden wir spärlich mit einem Gewand bekleidet, das als »Chiton« (griechisch für [Unter-]Kleid, Brustpanzer, d.Ü.) bekannt ist, eine Art alter griechischer Tunika. So weit ich mich erinnere, wurde der blaßgrüne Seidenstoff beziehungsweise, da ja Krieg war, wurden die ärmellosen Chitons aus Kunstseide auf einer Schulter fixiert und ließen den Blick frei auf eine Menge jugendlichen Fleisches, da sie nur knapp bis zu unseren Oberschenkel reichten. Freier Ausdruck bedeutete, wie Schmetterlinge zu hüpfen, wie Gazellen zu tänzeln und wie zarte Narzissen zu schwanken. Ich hatte absolut kein Bedürfnis, mich als Hummel oder anderes Geschenk der Natur auszudrücken, und ich blieb ungraziös, mürrisch und böse dreinblickend. Eigentlich war es eine Freude, dabei unserer Lehrerin, Miss Stanley, zuzusehen, und ich haßte es, sie enttäuschen zu müssen. In all den Jahren war ich in meinem Kampf gegen den griechischen Tanz nur ein einziges Mal erfolgreich, indem ich lediglich meine Arme wie eine kräftige standfeste Eiche im Sturm bewegte. Meine Beine blieben fest verwurzelt als Fundament des Baums stehen.

Es gab auch Unterrichtsstunden, die von »Brox« nicht selbst erteilt wurden. Spezialisten wurden herbeigeholt für Musik, Kunst, Tennis und Reiten. Das Geld, das für mich bereitstand, reichte für derartige Extras nicht. Ich sehnte mich nach Klavierunterricht, aber der war für mich unerreichbar. Aber auch Armut wird belohnt. Ich empfinde tiefe Dankbarkeit, daß mir die Mittel für Reitunterricht fehlten. Keine Spur von Neid empfand ich, als ich die Mädchen

in Reithosen stolz auf ihre Pferde steigen und wegspringen sah, sondern nur Erleichterung.
Uniformen waren Standard und waren obligatorisch. Mit Hilfe der Schule bekam ich einige abgelegte Kleidungsstücke und trug das düstere Dunkelbraun wie alle anderen. Es gefiel mir übrigens trotz allem.
Was aber das beste war, ich fand meine ersten richtigen Freunde außerhalb des Heims, Freundschaften, die auch die Zeit überstanden und noch immer bestehen, selbst mit denjenigen, die ihre Heimat an den entferntesten Orten der Welt gefunden haben.
Mit dem Fahrrad zur Schule fuhr ich zusammen mit Ruth und Winifred Lowe, die tatsächlich in der Nachbarschaft des Heims lebten, die wir vorher aber nicht gekannt hatten. In Bowness, dem nächsten Dorf, wartete Evelyn Waters immer mit ihrem Fahrrad auf mich. Sie und ihre Schwester waren nach Windermere evakuiert worden. Sie lebten bei einer Tante, während ihre Eltern in Southend an der Themsemündung arbeiteten, wo oft Bomben abgeworfen wurden, bevor die Flugzeuge nach Deutschland zurückkehrten. Es gab noch eine andere Tagesschülerin – Oakburn war hauptsächlich ein Internat –: Pat McEvoy, die zu einer geliebten Freundin wurde und es auch geblieben ist, sogar im entfernten Australien. Auch sie war evakuiert worden. Ihr Vater hatte seine Frau und seine Töchter weg von dem Haus in Stockport und den Luftangriffen in das sichere Windermere gebracht.
Mir fiel einfach das häufige Lachen der Mächen auf. Ich war das nicht gewöhnt. Lachen im Heim war sehr rar geworden.
Meine Klassenkameradinnen waren freundlich und voller Zuneigung, und bald wurde ihr Lachen ansteckend. Ich war ihnen dafür sehr dankbar. Sie luden mich in ihre Familien ein und waren sehr gut zu mir, trotz ihres jugendlichen Alters.
Vor allem aber hatte ich Freude an meinen neuen Unterrichtsfächern. Literatur, Französisch, Mathematik und Latein waren aufregend und erweiterten meinen begrenzten Horizont. Ich hatte vielleicht kein Interesse an der Bühne, am griechischen Tanz und am Schwimmen, aber ich fand Gefallen an den physischen Herausforderungen von Tennis und Hockey. »Brox« und die Oakburn School halfen mir damals, mein Leben zu ändern und gestalteten seine zukünftige Form.

Das Ende des Kriegs

Ich bemerkte sehr bald, wie privilegiert ich war, eine Erziehung auch über das vierzehnte Lebensjahr hinaus genießen zu dürfen, als ich die Schule eigentlich schon hätte verlassen müssen. Ich weiß, daß das gegenüber meinen Kameradinnen im Heim nicht sehr fair war, besonders nicht gegenüber Elfi, die gleichaltrig war und mir am nächsten stand. Elfi bemerkte das auch, und für gewisse Zeit bewirkte mein fröhlicher Schulalltag eine Unterbrechung in unserem freundschaftlichen Verkehr miteinander. An den Abenden mußte ich lange Hausaufgaben machen. Die Oakburn School stellte nicht nur hohe Anforderungen an uns, ich mußte auch den Stoff von Jahren nacharbeiten. Die Freude am Lernen stellte eine neue positive Kraft in meinem Leben dar, und ich mußte einfach akzeptieren, daß mich das von den anderen im Heim unterschied.

Unglücklicherweise wurde auch den Leiterinnen bewußt, daß es vielleicht unklug gewesen war, mir zu gestatten, weiterhin die Privilegien eines Schulbesuchs genießen zu können, während die anderen die Schule verlassen mußten, um ihren Lebensunterhalt durch Arbeit zu verdienen. Um das einigermaßen auszugleichen, mußte ich morgens und abends anstrengende Hausarbeiten verrichten, was ich auch voll und ganz akzeptierte. Jeden Morgen hatte ich den Heißwasserboiler zu säubern und wieder in Gang zu setzen, ich mußte mich um den Küchenherd kümmern, der immer in Betrieb sein mußte, der morgens sorgfältig gereinigt und dann mit Anthrazit gefüllt wurde. Ich mußte auch alle anderen Feuerstellen im Haus saubermachen. Eine Zentralheizung gab es in England in älteren Häusern kaum. Aus dem Keller holte ich täglich eine Schütte voll Koks für den Wasserboiler, Anthrazit für den Herd und Kohle und Holz für die verbleibenden Feuerstellen. Ich half den anderen mit, das Gemüse zu putzen und das Geschirr zu spülen. Das schien mir damals wie heute gerecht zu sein.

Ich genoß es, zur Schule und zurück mit dem Fahrrad zu fahren. Die landschaftliche Umgebung hätte schöner nicht sein können. Bis Bowness fuhr ich entlang dem Lake Windermere, Englands längstem See, mit Blick auf die Cumberland Mountains. Ich lernte die Namen der einzelnen Bergkuppen kennen, und so wurden sie zu meinen ganz persönlichen Freunden. Jeden Tag sa-

hen sie anders aus, blau und entfernt oder beinahe zum Anfassen nah. Manchmal waren sie natürlich gar nicht zu sehen, wenn Nebel oder Regen sie verschluckt hatten und eine dichte Wolkendecke über dem Wasser hing. Von Bowness zur Schule war es eine ganz schöne Steigung. Es machte mir Freude auszuprobieren, wie lange ich auf dem Rad bleiben konnte, bevor ich durch die Steigung und weil ich völlig ausgepumpt war, abzusteigen gezwungen wurde. Im Frühling blühten Narzissen am Wegesrand, und die Bäume standen in Blüte. Überall gab es blühende Rhododendronbüsche. Es war überwältigend, in der Nähe der Schule auf einer Allee mit Goldregen zu fahren, die ich als meinen Tunnel des goldenen Regens bezeichnete.
Die Rückfahrt von der Schule war gewöhnlich weniger fröhlich. Jeden Tag hatte ich Angst davor, im Heim Ärger zu bekommen, weil ich eine mir übertragene Arbeit nicht richtig erledigt hatte oder irgend etwas anderes nicht in Ordnung war. Niemals konnte ich vorhersagen, um welches Vergehen es sich handeln würde, aber allzuoft hatte ich mit meiner Vorahnung recht. Das Leben wurde immer schwieriger für mich, und manchmal konnte ich meine Hausaufgaben nur unzureichend erledigen. Bemerkenswerterweise zeigte man in der Schule auch weiterhin Verständnis für meine Situation.
Gegen Ende des Krieges erlebte ich eine wundervolle Überraschung, ein wirklich freudiges und unerwartetes Ereignis: der Besuch meines ältesten Bruders Ernest. Ernest hatte sich freiwillig für die amerikanische Armee gemeldet und war per Schiff nach Europa gekommen, nachdem die sogenannte »Zweite Front« eröffnet worden war. Das geschah im Juni 1944, als die alliierten Truppen mit der Rückeroberung an der Küste der Normandie begannen und die »uneinnehmbahre Festung Europa«, wie die Deutschen und wahrscheinlich auch andere glaubten, angriffen. Der bemerkenswerte und todbringende Sieg der Russen in Stalingrad im Osten und die Landung der alliierten Truppen in der Normandie stellten Wendepunkte des Kriegs dar. Ernest hatte an den schrecklichen Kämpfen in den belgischen Ardennen teilgenommen, an der sogenannten Ardennenschlacht, sprach aber nur ungern darüber.
Mein Bruder kam zusammen mit Hannah in Windermere an, die er im Süden Englands zuerst besucht hatte. Es schien mir fast unglaublich, daß drei Geschwister zusammen waren, und ich war sehr aufgeregt. Es war mir völlig unbekannt, plötzlich an Prestige zu gewinnen, das von der amerikanischen Militäruniform ausging, ein ganz anderes Gefühl, als nur ein deutsches Kind zu sein, das auf sich allein gestellt ist, ein niemand. Es vermittelte mir traurige Gedanken über die menschliche Werteskala, die ich damals nicht analysieren konnte. Der Besuch kompensierte ein wenig das Elend, das ich so oft empfunden hatte. Ich begann erneut zu glauben, daß es eine Chance geben könnte, mit der ganzen Familie wiedervereint zu werden, wenn der schreckliche Krieg vorüber war. Das Ende war in Sicht.

Hannah, Ern(e)st, Ruth 1944

Die zweite Hälfte des Jahres 1944 brachte noch mehr Freude für mich. Wir erfuhren, daß unser jüngerer Bruder Michael und unsere jüngere Schwester Feo am Leben waren und sich in Sicherheit befanden. Frankreich wurde Stück für Stück befreit. Die französische Familie Sommer hatte meiner Mutter, die sie in Marseille kennengelernt hatte, versprochen, sich um die jüngsten Kinder zu kümmern, falls meine Eltern nicht überleben sollten und sie selbst, als französische Juden, nicht umkamen. Sie hatten Glück. Sie überlebten und hielten ihr Versprechen. Sie wußten, wo Michael und Feo waren. Nachdem schließlich Paris befreit war, nahmen Robert und Paulette Sommer die beiden Kinder zusammen mit ihrer eigenen großen Familie zurück mit in die Hauptstadt.

In einem seiner »furloughs«, wie die Amerikaner ihre Urlaube vom Fronteinsatz nannten, besuchte sie mein Bruder Ernest in Paris. Als er vor der Tür stand, öffnete Féo (sie schrieb ihren Namen jetzt mit einem Akzent) ihm. In diesem Haus gingen in dieser merkwürdigen Zeit viele Fremde ein und aus. Ernest hielt das Mädchen für seine Schwester, obwohl er wegen der sechsjährigen Trennung Zweifel hatte, aber war dennoch einigermaßen fassungslos, als diese plötzlich verschwand und ihn stehen ließ. Féo war gegangen, um den anderen mitzuteilen: »Ich glaube, mein großer Bruder ist gekommen.«

Sie war nun zehn Jahre alt und hatte mehr als ein halbes Leben hinter sich, seit sie ihn zuletzt als Vierjährige gesehen hatte.

Von meinen Eltern gab es keine Nachrichten. Ich war das erste Mädchen im Heim, das seine Geschwister auf dem europäischen Festland ausfindig gemacht hatte und sein unglaubliches Glück noch nicht fassen konnte. Lore, Daša, Annie und Margot hatten alle einen Bruder in England, den sie, wenn überhaupt, nur selten sahen. Einige andere, die ihre Geschwister in ihrer alten Heimat zurückgelassen hatten, sollten diese niemals wiedersehen. Alle wurden ermordet.

Mein Bruder Michael und meine Schwester Féo waren wieder aufgetaucht. Damit wuchs bei uns die Hoffnung, daß auch andere überlebt hatten. Schließlich war uns allen klar geworden, daß die Nazis alle Juden in Europa ausrotten wollten. Es handelte sich um einen wirklichen Genozid, etwas, das wir als jüdische Kinder nur schwer in Worte fassen konnten, was unsere eigenen Familien anging, auch wenn es nicht als ganz ausgeschlossen erschien. Denn schließlich hatten wir alle unmittelbar den Haß erfahren müssen, der auch nicht vor Mord zurückschreckte. Wir hatten das Gefühl, daß wir die Zeitungsberichte lesen sollten, in denen ausführlich über Brutalitäten und Tötungen in einem Maßstab berichtet wurde, wie niemals zuvor. Über das, was wir da lasen, konnten wir nicht sprechen, sondern wir mußten es tief in uns begraben, wo diese Nachrichten als ständige Mahnung verblieben. Es wurde kein Versuch unternommen, uns von derartigem Material abzuschirmen.

Dann erhielten wir die Nachrichten von der Befreiung der Konzentrationslager und den Augenzeugenberichten des Terrors, besonders aus Bergen-Belsen, da britische Truppen dorthin als erste kamen. Die schockierten Befreier konnten kaum begreifen, was sie dort mit ansehen mußten. Sie filmten den ganzen Ort des Schreckens, und diese Filme wurden sehr bald im Rahmen der aktuellen Wochenschauen in Kinos gezeigt. Die Leiterinnen bestanden darauf, daß wir alle eine Aufführung besuchten.

Mein Verstand und meine Gefühle rebellierten. Ich nahm ihnen diese Anordnung sehr übel.

Wir hatten irgendwie eine Vorstellung davon, was in den Lagern geschehen war; wir kannten sicher auch die Bedeutung der Namen Buchenwald und Dachau. Wir hatten davon gehört, daß Tausende an Seuchen und Entkräftung gestorben waren, an brutalen Mißhandlungen und an Hunger. Da ich fürchterliche Angst hatte, unter den Toten oder Sterbenden ein mir bekanntes Gesicht zu entdecken, wollte ich nicht in die Kinovorstellung gehen. Ich war vielleicht ein schwieriges Kind, aufsässig, störrisch, ungeschickt und kritisch, aber ich war gehorsam und kann mich nicht daran erinnern, daß ich mich jemals geweigert hätte, einer Anweisung Folge zu leisten. Es ist schon fünzig Jahre her, als ich die schrecklichen Bilder von Bergen-Belsen sah, aber ich erinnere mich heute noch an die Flut von Zorn und Haß in mir. Wie betäubt und ohne etwas sagen zu können, verließen wir alle das Kino, und in diesem Zustand blieben wir auch. Ich war wütend über die Leiterinnen, die uns gezwungen hatten, diesen Film anzuschauen. Heute bin ich nicht sicher, ob es falsch von ihnen war. Ich wartete damals vergeblich auf einige Worte des Trostes von ihnen. Wie sollten sie uns auch trösten können? Sie waren ebenso tief bewegt wie wir. Worte des Trostes schien es angesichts solcher Verbrechen nicht zu geben.

Wir waren wie gelähmt, daß wir nicht einmal mit unseren engsten Freundinnen besprechen konnten, was wir gesehen oder gelesen hatten.

Kurz vor Kriegsende erhielt eine von uns endlich eine Nachricht. Wir erhielten ein Telegramm des schwedischen Roten Kreuzes, daß Lisls Mutter von Auschwitz nach Schweden gebracht worden sei. Sie war sehr krank, lebte aber noch. Wir hatten keine Vorstellung davon, was Auschwitz war, aber es war die beste Nachricht, die eine von uns bekommen konnte: Ein Elternteil war lebend der Hölle des von Hitler besetzten Europas entkommen. Lisl war nicht zu Hause, als diese gute Nachricht eintraf. Sie war an ihrer Arbeitsstelle als Hilfskraft bei einer Schneiderin in Windermere. Da ich die einzige war, die ein Fahrrad hatte, sollte ich Lisl abholen. Die gute Nachricht sollte ihr nicht beiläufig mitgeteilt werden. Ich weiß nur noch, daß ich zugleich lachte und weinte, als ich sie abholte. Es war für die Mädchen ein freudiges Ereignis, obwohl ich wußte, daß viele unausgesprochen denselben Gedanken hatten: Ein Elternteil beschützt und lebend in England zu haben, zu dem man Kontakt hatte, das war ein großes Glück. Ein zweites Elternteil auf dem vom Krieg erschütterten und vom Tod heimgesuchten europäischen Festland wiederzufinden, war ein Wunder. War die Waagschale der göttlichen Gerechtigkeit nicht etwas unausgeglichen zugunsten von Lisl? Es fiel schwer, nicht solche Gedanken zu entwickeln.

Der Krieg in Europa endete am 8. Mai 1945. Es war der 53. Geburtstag meiner Mutter. Die Menschen hatten guten Grund zu feiern. Nach langer Zeit hatte endlich das Zerstören, Kämpfen, Töten und Morden ein Ende gefunden. Natürlich waren auch wir froh, daß der Krieg endlich vorbei war, aber unsere Freude wurde überschattet durch Angst und gewisse Vorahnungen. Was würde uns noch offenbart werden? Und wann? Wie lange würden wir noch in dem Heim bleiben? Wohin würden wir gehen, wenn es überlebende Verwandte gäbe? Was würde geschehen, wenn wir keine Angehörigen mehr fänden? Wir hatten uns daran gewöhnt, derartige Fragen nicht laut auszusprechen.

Am 11. August 1942 hatte unsere Mutter ihren letzten Brief von Marseille geschrieben, von irgendwo, wie ich vermute. Sie hatte ihn an ihre Cousine Lotte in London geschickt. Er war nicht nur an sie gerichtet, sondern auch an Mutters Schwester Liese in York und ihre Freundin, Frau Schwarzwald, an Hannah im Süden und mich im Norden von England und an alle Oppenheimer-Kinder allgemein (vgl. nächste Seite).

Ich glaube, daß ich die wahre Bedeutung des Briefes nicht sehen wollte. Eigentlich war offensichtlich, unter welchen Bedingungen der Brief verfaßt worden war. Ich erkannte im Alter von 13 Jahren nicht, daß der Brief vor einer Deportation geschrieben worden war. Sie sollten Frankreich mit Konvoi Nr. 20 am 17. August zur Abfahrt von Drancy, dem berüchtigten Sammelpunkt in der Nähe von Paris, nach Auschwitz zusammen mit 1000 anderen Juden verlassen. Eine schöne runde Zahl. Die Hälfte des Transports waren zufällig Kinder, 207 Jungen unter 16, von denen wiederum 154 unter zehn Jahren alt waren. Die Jahrgangsstärken liegen genau spezifiziert vor. Die drei jüngsten Jungen waren zwei Jahre alt. 323 Mädchen waren unter 16. Die Jüngsten waren auch hier zwei Jahre alt. Die Transportliste klassifiziert auch nach Nationalitäten: Die Mehrheit bestand aus Deutschen aus dem Lager Camp des Milles, wo mein Vater inhaftiert war.

Ich vermute, daß unsere Mutter damals noch nicht mit deportiert werden sollte, sich aber keinesfalls von unserem Vater trennen wollte, was immer auch sein Schicksal sein würde.

Viele Kinder befanden sich nicht in Begleitung ihrer Eltern. In einem Waggon wurden 46 Kinder und eine Frau transportiert.

Die französische Vichy-Regierung hatte die Juden freiwillig von ihrem Territorium an die Nazi-Henker ausgeliefert.

Die Gestapo hatte – wie immer pedantisch genau – detaillierte Listen aller De-

Grete Oppenheimer. Marseille, 36,rue Fauchier.
11.8.42.

Liebe Lotte,seit Tagen will ich Deinen lb. Brief beantworten & komme aus nichtigen Gründen nicht dazu. Nun ist alles überholt,u.ich wende mich an Euch alle, Dich, Liese, die Kinder,Frau Schwarzwald - nur zufällig ist der Umschlag an Dich schon frankiert. Ich denke an Euch alle in inniger Liebe. Wieder stehen wir vor einer schweren Schicksalswende und müssen wieder wan - dern. Kann sein, dass die Kinder bleiben können, wo sie sind u. ich mich selbst entscheiden darf. Ich versuche dabn bei Moritz zu bleiben. Die Kinder sollen untereinander den Zusammenhalt wie bisher bewahren. Ich brauche Euch ,Ernst und Wer-ner-sie nicht extra ans Herz zu legen.
Sie sollen gute Menschen - und -trotz allem - gute Juden werden und in Liebe an uns denken wie wir an sie.
Feo' s Adresse ist jetzt Chateau du Masgellier par le Grand Bourg(Creuse) Unoccupied France
<u>Michael</u> Maison des Pupils. Aspet (Haute Garonne (Unoccup. France) Ich küsse Euch in Liebe und Herzlichkeit und werde Euch immer mehr lieben, je eiter und schwerer die Trennung ist.

Eure
Mutter,Schwester,
Cousine & Freundin
Grete.

portierten auf den Zügen anlegen lassen: Vor- und Zuname, Geburtsdatum, Herkunftsland und Nationalität wurden festgehalten.

Da diese Angaben alle auf Französisch vorliegen, darf man vermuten, daß die Deutschen, die das Programm ausgearbeitet hatten, von französischen Speichelleckern bei einem Teil ihrer Arbeit unterstützt wurden.

Diese Listen sind unerwarteterweise erhalten geblieben. Durchschriften der Listen wurden den Transporten beigefügt und nach Ankunft und Ermordung der Gefangenen in den Todeslagern, normalerweise Auschwitz, vernichtet. Durch Zufall blieben die Originallisten in Paris, wurden lange nach dem Krieg gefunden und in einem dicken Band (es handelte sich um 80 000 Opfer) zusammengestellt. Der Titel: »Le Mémorial de la Déportation des Juifs de France« von Beate und Serge Klarsfeld.

Serge Klarsfeld, inzwischen ein bekannter Rechtsanwalt, hatte ein besonderes Interesse daran: Sein Vater war einer der Deportierten.

Auf den Listen fanden wir die Namen unserer Eltern, und kannten von da an definitiv ihr Schicksal: Konvoi Nr. 20 mit meinen Eltern kam am 19. August in Auschwitz an. Zumindest 900 Menschen, einschließlich all der Kinder, wurden sofort vergast. Bei der Befreiung des Lagers 1945 hatten drei von ihnen, deren Namen ich nicht kenne, überlebt.

Meine Mutter sollte ihren 53. Geburtstag am Tag des Kriegsendes in Europa nicht mehr erleben. Der 50. Geburtstag war ihr letzter. Lange Zeit hatten wir immer noch eine gewisse Hoffnung. Erst viele Jahre später, als ich »Le Mémorial...« sah, wußte ich genau, welches Schicksal unsere Eltern ereilt hatte. Ich bin froh, daß ich es weiß. Das Wissen darum ist sehr schmerzlich, aber der Zustand der Ungewißheit bedeutet endlos peinigende Gedanken.

Das Ende der Kindheit

Im März 1945, kurz vor Kriegsende, feierte ich meinen 16. Geburtstag. Obwohl zu diesem Zeitpunkt deutlich war, daß Deutschland über kurz oder lang besiegt sein würde, mußte ich mich als feindliche Ausländerin registrieren lassen und war verpflichtet, mich wöchentlich bei der Polizei von Windermere zu melden. Dort mußte ich mein neues »Aliens' Registration Book« mit einem Foto, auf dem ich trübsinnig aussah, vorlegen, und die Polizei trug pflichtgemäß das Datum meines wöchentlichen Erscheinens ein. Die ganze Prozedur wurde sehr ernst genommen, wie eben in der Bürokratie nicht anders üblich. Zwei Jahre lang war ich mit dem Fahrrad zur Schule gefahren und brauchte dafür nun eine Genehmigung. Geographie war eines der von mir geschätzten neuen Schulfächer, in denen ich in der Oakburn School unterrichtet wurde. Von meinem 16. Lebensjahr an und nun als Feindin brauchte ich eine Sondergenehmigung, einen Atlas besitzen zu dürfen.
Der Krieg in Europa war zu Ende. Im August 1945 hörte der Krieg mit der Katastrophe durch den Abwurf der Atombomben auch im Pazifik auf. Es war eine Zeit, in der man in die Zukunft blickte. Die Mädchen verließen allmählich das Heim, entweder weil sie alt genug und unabhängig waren oder weil sie Verwandte in den USA, in Australien oder Neuseeland gefunden hatten. Keine von uns außer Lisl, die am Ende des Kriegs im Heim waren, fand einen Elternteil oder jemanden aus der Verwandtschaft lebend in Europa vor. Von den drei Roth-Schwestern, die das Heim kurz vorher verlassen hatten, hörten wir viele Jahre später, daß ihr Vater als einer von einer Handvoll Überlebender eines Konzentrationslagers in Polen aufgetaucht war, körperlich und psychisch krank. Er hatte seine Frau verloren, seinen ältesten Sohn und die beiden Jüngsten einer ursprünglich sechsköpfigen Familie.
Nachdem mein 16. Geburtstag mit neuen Einschränkungen verbunden war, sollte es an meinem 17. noch schlimmer kommen. Da ich noch immer die Schule besuchte, konnte ich keinen finanziellen Beitrag zum Unterhalt des Heims leisten. Das war mir zwar bewußt, aber ich konnte es nicht ändern, es war mir gestattet worden, meine Ausbildung zu absolvieren. Wenige Tage vor meinem Geburtstag wurde mir von den Heimleiterinnen ein Ultimatum gestellt. Es war ganz einfach: »Entweder du verläßt die Schule an deinem Ge-

burtstag, oder du verläßt das Heim.« Ich weiß nicht, ob das Newcastle Committee, das für uns verantwortlich war, in diesem Fall zu Rate gezogen wurde, obwohl ich glaube, daß Mrs. U. und Mrs. S. gute Gründe für ihre Entscheidung gehabt hatten. Natürlich hatte ich keine Wahl. Wenn ich auf der Schule bleiben würde, hätte ich kein Zuhause mehr. Und obwohl ich halb erwachsen war, war ich völlig mittellos.

Ich informierte »Brox«, die Rektorinnen, darüber, daß ich die Schule verlassen müßte. Sie waren total entrüstet. In diesem Fall, sagten sie, könnte ich bei ihnen wohnen. Ich war überwältigt. Es war deutlich, daß sie damit ein großes Opfer brachten. Nicht nur, daß ich zusätzlich verköstigt und untergebracht werden mußte, ich würde sie in ihrer Freiheit und ihrer Privatsphäre einschränken. Außerdem hatten sie bereits ein geflohenes deutsches Kind in ihrem Haus, und ich konnte mir nicht vorstellen, daß es Hannelore Freude bereiten würde, wenn ich als Eindringling dazukäme.

An meinem 17. Geburtstag verließ ich das Heim. Obwohl wir sieben lange Jahre zusammengelebt hatten, waren die Mädchen angewisen worden, sich nicht von mir zu verabschieden. Ich fühlte mich hintergangen, aber sie hatten einfach Angst und wollten nicht riskieren, als ungehorsam zu erscheinen. Wir waren noch immer Kinder, die völlig machtlos waren.

Ich hatte ein wenig Angst vor einem neuen Schulalltag, bei dem ich wahrscheinlich die Gewohnheiten anderer stören würde, aber stärker noch als alles Zögern war die Erleichterung, die ich verspürte, als ich das Heim verließ. Zum ersten Mal genoß ich ein ungewohntes Gefühl von Ungebundenheit, und ich sah damit verbunden neue Möglichkeiten für mich, die ich zuvor nicht erkannt hatte. Aber es gab ein kleines Problem im Zusammenhang mit meiner unvermittelten Freiheit, das ich nicht hatte voraussehen können.

Mrs. U. und Mrs. S. waren verägert darüber, daß ich ganz offensichtlich mit Erleichterung oder sogar Enthusiasmus weggegangen war. Ein solches Verhalten war gänzlich ungehörig. In der Folge traf in Oakburn School ein Brief der Heimleiterinnen ein, der besagte, daß ein jüdisches Kind das bevorstehende Passahfest in jüdischer Umgebung zu verbringen habe und daß ich deshalb für die dafür erforderlichen acht Tage ins Heim zurückkommen sollte. Diesmal kannte ich das englische Wort für Heuchelei und seine Bedeutung. Die Einhaltung der Vorschriften des jüdischen religiösen Lebens hatte keinen großen Stellenwert im Heimleben gehabt, und ich bemerkte instinktiv, daß das nicht das eigentliche Motiv war, mich zurückzuholen. Irgendwie war mir die Sache nicht ganz geheuer, und ich weigerte mich zu gehen. Miss Knox wies vernünftigerweise darauf hin, daß sie deshalb dem Ersuchen Folge leisten müsse, da sie nicht mein gesetzlicher Vormund sei und daß ich noch immer der Verantwortung des Newcastle Committees, in dessen Namen der Brief geschrieben worden sei, unterstehe. Sehr widerwillig fuhr ich zurück.

Es hätte mich nicht überrascht, ausgeschimpft und mit Vorwürfen überhäuft zu werden, auch nicht, eine Strafpredigt wegen meiner Undankbarkeit zu hören. Jedoch nicht die bizarre Strafe, die mir auferlegt wurde, auch wenn sie den vorherrschenden Vorstellungen des 19. Jahrhunderts entsprach, wie mit schwierigen Kindern umzugehen sei. Ich wurde unter Zimmerarrest gestellt, das heißt ich wurde allein für eine Woche in ein Zimmer eingeschlossen. Welche Rachesucht mußte sie dazu verleitet haben, mich nur deshalb zurückzuholen, um mich zu bestrafen? Sie mußten sich sehr über mich geärgert haben. Den verbliebenen Mädchen war es verboten, mit mir Kontakt aufzunehmen, und ich glaube, daß sie auch zu große Angst hatten, es zu versuchen. Ich war zwar bitter enttäuscht von ihnen, kann es aber heute verstehen. Sie waren mehr noch als ich völlig abhängig.

Merkwürdig ist nur, daß sie auch heute noch, 43 Jahre später, wenn sich einige von uns treffen, sich nicht an diesen Vorfall erinnern können. Sie versichern, keine Erinnerungen an meine Rückkehr zu haben. Als ich das hörte, war ich verblüfft. Für mich war das ein sehr einschneidendes Erlebnis gewesen. War es derart unwichtig? Waren sie einfach sehr darauf erpicht, all das zu vergessen, was unangenehm und vielleicht beschämend war? Zweifellos haben wir alle unangenehme Erinnerungen, und für die anderen zählte diese nicht zu den schlimmsten.

Mein Zimmerarrest war nicht ganz so schrecklich. Die Mahlzeiten wurden auf einem Tablett zu meinem Zimmer hoch gebracht und vor die Tür gestellt. Das Essen im Heim war wie immer gut. Mrs. U. war auch weiterhin eine ausgezeichnte Köchin. Ich war klug genug gewesen, meine Schularbeiten mitzubringen, weil ich hoffte, mich ihnen zwischenzeitlich widmen zu können. Ich wußte nicht, daß ich unendlich viel Zeit zum Lernen haben würde. Zum ersten Mal in meinem Leben machte ich den bewußten Versuch, lange Gedichte auswendig zu lernen. Zufällig bezog sich meine Auswahl auf französische Dichter der Romantik. Sie waren eher traurig und paßten zu meiner Stimmung. Da war das Gedicht »La Mort du Loup« (»Der Tod des Wolfs«) von Alfred de Vigny:

»Hélas! ai-je pensé, malgré ce grand nom d'Hommes,
Que j'ai honte de nous, débiles que nous sommes!
Comment on doit quitter la vie et tous ses maux,
C'est vous qui le savez, sublimes animaux!«

Dann lernte ich das Gedicht »L'Expiation« (»Die Buße«) auswendig.

Dort, wo de Vigny traurig und verbittert klang, war Victor Hugo mit seinen langgezogenen schmerzlichen Vokalen tragischerweise tieftraurig:

»Waterloo, Waterloo, Waterloo morne plaine!
Comme une onde qui bout dans une urne trop pleine,

Dans ton cirque de bois, de coteaux de vallons,
La pâle mort mêlait les sombres bataillons.«

Wahrscheinlich war es gut, zu erkennen, daß bei Waterloo nicht jeder an einen glänzenden Sieg dachte. Diese Gedichte paßten zu meiner traurigen Stimmung.

Ich war dankbar, als ich das Heim zum zweiten und letzten Mal verlassen konnte. Viele Jahre lang verspürte ich nie den Wunsch, das Passahfest zu feiern, und ich konnte mich nie mit religiösen Riten anfreunden. Unglücklicherweise gerade aus diesem Grund verlor ich den Kontakt zu den meisten Mädchen, obwohl uns unser siebenjähriges enges Zusammenleben fast zu Schwestern gemacht hatte.

Dieser Zustand hielt nicht lange an, und schließlich fand ich den Kontakt zu meinen Freundinnen im engeren Sinne wieder. Das Heim wurde einige Monate, nachdem ich es verlassen hatte, endgültig aufgelöst. Mrs. S. zog nach London und Mrs. U. nach Kalifornien.

Einige Jahre später hörte ich, daß Mrs. S. sich gerne mit mir treffen wollte, und so besuchte ich sie. Keine von uns beiden erwähnte das Leben im Heim – aus guten Gründen. Mit Mrs. U. wünschte ich keinesfalls Kontakt, und es gab dazu auch keinen Anlaß. Um meinen Ärger loszuwerden, wollte ich Menschliches für Mrs. U. tun. Kurz nachdem ich das Heim wieder verlassen hatte, fand ich ihr Kochbuch in einer Buchhandlung der Londoner Oxford Street. Das Buch wurde auch nach dem Krieg noch verkauft, aber noch immer unter dem falschen Autorennamen. Ich protestierte bei dem Geschäftsführer und wies darauf hin, daß ein Buch mit einem falschen Autorennamen nicht verkauft werden dürfe. Wie hätte der ahnungslose Mann davon auch Kenntnis haben sollen? Er war sich dessen offensichtlich überhaupt nicht bewußt. Es war klar, daß er mich für verrückt oder etwas exzentrisch hielt. Buchhandlungen üben auf komische Käuze eine magnetische Wirkung aus. Als ich einige Jahre später wieder auf das Buch stieß, das noch immer die falschen Angaben über die Autorenschaft aufwies, wurde ich aktiv und schrieb eine Richtigstellung an den österreichischen Verleger. Natürlich erhielt ich nie eine Antwort. Hitlers Einfluß war noch immer deutlich spürbar.

Mit dem Ende des Kriegs und der Auflösung des Heims endete für die meisten von uns die Kindheit, wie immer sie auch gewesen war. Es waren keine goldenen Jahre gewesen, und wenn es überhaupt Momente gibt, in denen wir uns an diese Zeit zurücksehnten, so bezieht sich das auf ganz wenige Situationen.

Unser Leben war verschont geblieben. Waren wir dafür dankbar? Es ist sehr schwer, sich darüber ganz sicher zu sein. Ich glaube, daß es dann ständige Schuldgefühle gab, weil wir überlebt hatten, nicht aber unsere Eltern.

Wenn ich darüber nachdachte, wußte ich, daß ich tatsächlich Glück gehabt hatte. Meine Brüder und Schwestern waren dem Holocaust entkommen, auch wenn sie so weit entfernt lebten.
Mein Bruder Ernest war ein guter Mensch. Er fühlte sich für die Familie der Geschwister verantwortlich und versuchte, uns alle zusammenzubringen, obwohl er selbst vollauf damit beschäftigt war, den Lebensunterhalt für sich, seine Frau und seine kleine Tochter in New York City zu bestreiten. Er machte große Anstrengungen, Visa für unsere Einreise in die Vereinigten Staaten zu bekommen. Zum Teil hatte er Erfolg damit. Werner war hocherfreut, zu seinem älteren Bruder nach Nordamerika zu kommen, nachdem er zehn Jahre in Einsamkeit und Abgeschiedenheit in Argentinien verbracht hatte. Er hatte schwer dafür gekämpft, als Farmer für uns alle eine Existenz aufzubauen. Er hatte sich unermüdlich, ohne irgendwelche Zerstreuung und unter primitiven Lebensbedingungen abgerackert. Er war bitter enttäuscht, daß seine Versuche nichts dazu beigetragen hatten, seine Eltern aus Deutschland herauszuholen. Er gab alles auf, wofür er gearbeitet und was er erreicht hatte, um in den USA einen Neuanfang in der Nähe einiger Familienmitglieder zu machen.
Auch Hannah hatte schwer in landwirtschaftlichen Berufen in England gearbeitet. Schon mit jungen Jahren mußte sie für ihren eigenen Lebensunterhalt aufkommen und konnte deshalb nicht ihre schulische Ausbildung erhalten, wie es unter anderen Umständen der Fall gewesen wäre. Sie nahm Ernests Einladung an und emigrierte 1947 in die USA.
Ich selbst hatte erwartet und gehofft, dasselbe tun zu können. Jedenfalls traf die Erteilung des Visums für die USA zusammen mit dem Erhalt eines Stipendiums für das Bedford College (Universität London) ein, und ich beschloß, in England mein Studium aufzunehmen. Ich hatte dabei die vage Vorstellung, meinen Umzug in die USA nur aufzuschieben, blieb aber schließlich doch in England.
Auch Michael, der sich jetzt Michel nannte, und Féo in Paris hatten die Gelegenheit einer erneuten »Auswanderung«, dieses Mal in die USA. In ihren jungen Jahren hatten sie mehr als wir anderen zu leiden gehabt. Sie hatten länger unter der Naziherrschaft darben müssen, zum Teil in Lagern, zum Teil in Verstecken, um der Deportation zu entgehen. Oft hatten sie unter Hunger gelitten, und sie mußten mit dem Trauma fertigwerden, sehr früh in ihrem Leben von ihrer Familie getrennt worden zu sein. Feindseligkeiten hatten sie von Deutschen und Franzosen kennengelernt. Sie hatten ihre Familie und ihre Muttersprache verloren. Aber sie hatten eine neue Familie gefunden, und die französische Sprache wurde zu ihrem Kommunikationsmedium. Sollten sie das Risiko eingehen, zum zweiten Mal eine Familie und eine Sprache zu verlieren? So viel konnte man nicht von ihnen erwarte, und so blieben Michael und Féo in Frankreich. Sie sind nun französische Staatsbürger.

Ernest, Werner und Hannah wurden US-Amerikaner.
Großbritannien war vielleicht 1939 nicht sehr erpicht darauf gewesen, Flüchtlinge aufzunehmen, aber die britische Regierung zeigte 1947 wieder einmal eine humane Geste. Ohne weiteres passierte ein Gesetz das Parlament, daß es den Kindern, die im Rahmen der Kindertransporte nach England gekommen waren und ihre Eltern verloren hatten, ohne die üblichen Formalitäten wie öffentliche Anzeigen, offizielle Vorstellungsgespräche und hohe Kosten gestattete, englische Staatsbürger zu werden. Ich besitze als einzige unserer Familie die englische Staatsbürgerschaft.
In den folgenden Jahren haben wir uns mittlerweile alle wiedergesehen. Es waren Treffen, die zwangsläufig traurig, aber auch freudig waren. Aber wir haben uns niemals mehr als vollständige Gruppe von Geschwistern getroffen. Das tat uns später sehr leid, als Ernest und Werner früh starben. Wir übrigen freuen uns, Kontakt miteinander halten zu können. Wir haben sehr Unterschiedliches erlebt, haben eine unterschiedliche schulische und sonstige Erziehung genossen, gehören unterschiedlichen Kulturkreisen an, und wir legen das Judentum alle unterschiedlich aus, dennoch gibt es aber auch überraschende Ähnlichkeiten zwischen uns. Obwohl wir so lange voneinander getrennt gelebt haben, sind unsere Denkstrukturen erstaunlich ähnlich. Oft sagen wir dieselben Dinge zu derselben Zeit. Wir freuen uns über dieselbe Art von Witzen. Auch unsere politischen Einstellungen sind ähnlich. Féo und ich scheinen den gleichen Geschmack in Kleiderfragen zu haben, obwohl meine Freunde behaupten, ich hätte überhaupt keinen Geschmack.
Wir mußten drei neue Sprachen lernen: Englisch, Französisch und Spanisch, aber wir haben keine gemeinsame Sprache mehr. Deutsch wird nicht mehr gesprochen, und so können wir nicht mehr auf so einfache Weise miteinander kommunizieren, wie es im Falle von Geschwistern sein sollte.
Wir haben uns ein neues Zuhause geschaffen und neue Familien gegründet. So vollzieht sich das evolutionäre Schicksal. Wir hätten gerne eine andere Entwicklung unseres Lebens vorgezogen.

Treffen der Heimbewohnerinnen

Zu Beginn des Jahres 1988 besuchte ich meine alte Freundin aus dem Heim, Elfi Jonas (früher Reinert), in Birmingham. Sie erzählte mir, daß sie von Ilse, die nun in Florida/USA lebte, einen Brief bekommen hätte. Ilse war sich des Umstandes bewußt geworden, daß sich im folgenden Jahr die Gründung der Kindertransport-Bewegung und der Heime in Tynemouth und Windermere zum fünfzigsten Mal jährten. Sie schlug vor, daß wir zu diesem Anlaß ein Treffen in England veranstalten sollten. Für ein derartiges Treffen war sie auch bereit, über den Atlantik zu kommen. Elfi und ich schauten uns an. Wir lächelten beide über Ilses vermeintlich verrückte Idee. Ein Treffen? Wo denn? Wer würde den Wunsch verspüren zu kommen? Wir beiden waren mit nur rund einer Handvoll »Mädchen« in Kontakt geblieben. Den Konatkt mit den restlichen hatten wir verloren, da wir wußten, daß sie über die ganze Welt verstreut waren. Vermutlich hatten einige von ihnen in der Zwischenzeit geheiratet und andere Namen angenommen, die uns nicht bekannt waren. Wie konnten wir feiern, wenn die meisten von uns tieftraurige Erinnerungen mit diesen weit zurückliegenden Kriegstagen verbanden? Sollte die Vergangenheit nicht besser ruhen? Wir ließen Ilses Idee auf sich beruhen, nicht ohne uns vorher darüber lustig gemacht zu haben.

Auf meinem Heimweg nach Leicester machte sich mein Gewissen bemerkbar. Wenn Ilse gewillt war, für ein Treffen, das wahrscheinlich nicht länger als einen Tag dauern würde, mehr als 3000 Meilen zurückzulegen, sollten wir zumindest einmal die Möglichkeit prüfen. Ich brauchte nicht lange, um Elfi am Telefon davon zu überzeugen, daß wir versuchen sollten, mit den Mädchen Kontakt aufzunehmen, deren Adressen uns bekannt waren. Natürlich waren sie ein halbes Jahrhundert später nicht mehr die »Mädchen«, die wir noch vor Augen hatten.

Elfi hatte zu mehr Heimbewohnerinnen Kontakt als ich. Sie fand sehr schnell Margot, die ihrerseits mit den drei Roth-Schwestern, Hilde aus Manchester, Frieda und Leah aus London, Kontakt aufnahm. Auch nahm sie Kontakt mit Edith Ellis (früher Roßmann) in London auf. Ich schrieb Lisl nach Israel und meiner Freundin Sophie, die ich ziemlich regelmäßig in Barrow-in-Furness besuchte.

Sophie ist das einzige Mädchen aus dem Heim, das dem Norden Englands treu geblieben ist.
Wir glaubten zu wissen, daß die Adamecz-Mädchen nach Israel gegangen waren und daß Ruth Mitglied in einem Kibbuz geworden war. Aber wo? Lisl half uns, sie ausfindig zu machen. Ich schrieb Ruth, informierte sie über das Treffen und fragte nach dem Verbleib ihrer Schwester Inge. Zu meiner Überraschung lebte Inge auf der Isle of Wight. Helga wurde schließlich durch die Freunde eines Freundes von Verwandten in Kalifornien ausgemacht. Aus uns waren leidenschaftliche Detektive geworden. Wir schrieben an verschiedene jüdische und an andere Zeitschriften für Flüchtlinge. Wir selbst lasen derartige Publikationsorgane nicht und sahen auch keine Gründe dafür, warum sie von anderen Zeitgenossen gelesen werden sollten, aber wir machten weiter. Durch einen dieser Briefe fand uns Marion (Mendelssohn), die in Westaustralien lebte, und durch einen anderen wurde Lore (Freitag) aus Wellington/Neuseeland auf uns aufmerksam. In beiden Fällen waren es ältere entfernte Verwandte gewesen, die unsere Briefe gesehen und die Mädchennamen der Gesuchten wiedererkannt hatten, die ein halbes Jahrhundert später nur wenige Freunde oder Bekannte kennen konnten.
Obwohl ich Annie (Heufeld) sehr gemocht hatte, hatte ich den Kontakt zu ihr schon viele Jahre zuvor verloren. Ich schrieb an ihre alte Adresse in Pittsburgh, Pennsylvania, und fand heraus, daß sie noch immer dort lebte.
Unsere Suchaktion wurde richtig spannend. Wir konnten nicht mehr aufhören. Wir wußten, daß Paula (Katz) wenige Jahre nach dem Krieg nach Australien gegangen war. Australien ist ein Kontinent. Er ist zwar nicht überbevölkert, aber auch eine Frau, deren neuer Familienname nach ihrer Heirat unbekannt war ebenso wie ihr Wohnsitz, in einem weiten Land unter nur wenigen Millionen Menschen zu finden, stellte ein Problem dar. Ich gewann die Hilfe einer alten Studienfreundin, Joan Bazeley, aus Melbourne. Ich hatte mich bei ihr nach Zeitungen erkundigt, in die ich eine Suchanzeige setzen konnte, und ich hatte sie um die Namen aller Flüchtlingsorganisationen gebeten. Sie schrieb mir unverblümt zurück, daß es in Australien keine Flüchtlingsorganisationen gäbe, da in diesem demokratischen Land jeder ein Immigrant sei. Hilfsbereit teilte sie mir die Namen von Zeitungen mit, an die ich mich wenden sollte. Niemand meldete sich auf meine Anzeige hin. Inzwischen waren wir noch immer auf der Suche nach Daša und Eva Leß.
Daša schien verschwunden zu sein. Ich hatte eine alte Adresse von ihr in Johannesburg; ich wußte, daß sie mit einem Südafrikaner verheiratet war. Bedauerlicherweise hatten wir uns aus den Augen verloren. Zweimal schrieb ich an diese Adresse, und da die Briefe nicht zurückkamen, nahm ich an, daß sie sie erhalten, aber kein Interesse an einem Treffen hatte. Ich wollte es aber damit nicht bewenden lassen. Eine Freundin aus Leicester, Ann Barrett, sollte

einige Zeit in Südafrika verbringen, und so bat ich sie um Hilfe. Ich kannte kein Schamgefühl mehr. Aber auch ihre Recherchen blieben erfolglos. Als ich wieder in Leicester war, traf ich durch Zufall eine Frau aus Südafrika, die auf Besuch in England war, und ich fragte sie um Rat. Sie regte an, daß sie im Rundfunk einen Aufruf im Rahmen der Sendereihe »Wo bist du jetzt?« ausstrahlen lassen könnte. Da ich dabei nichts verlieren konnte, gab ich ihr alle Informationen, die ich hatte, einschließlich der Gründe für diese Suchaktion. Einige Wochen später erfuhr ich, daß Daša's Name gesendet worden war. Durch diese Sendungen werden die Leute gewöhnlich sofort gefunden. Mir wurde gesagt, daß, wenn nicht sofort eine Antwort einginge, gewöhnlich nie eine Antwort auf einen Aufruf käme. Auf die Sendung gab es keine Reaktion.
Dašas Bruder hatte vor langer Zeit in Oxford studiert. Ich schrieb an die Universität Oxford und bat um Hilfe. Da die Universität auf einem College-System aufgebaut ist, konnte es nützlich sein zu erfahren, welches College Jara (später Anthony) Deutsch besucht hatte. Es wurde mir mitgeteilt, daß Anthony vor langer Zeit bereits nach La Jolla, Kalifornien, verzogen sei. Ich schrieb dorthin, erhielt aber keine Antwort. Inzwischen trafen als Folge unserer Nachforschungen Briefe von völlig Unbekannten ein, die uns zwar helfen wollten, aber wir kamen dennoch nicht weiter. Manchmal sogar wollten diese Fragesteller Informationen von mir, die ich selbst nicht hatte. Ich hatte das Gefühl, daß alle eine Antwort verdient hätten, denn auch sie waren gewöhnlich auf der Suche nach Menschen, die sie seit langem aus dem Blick verloren hatten.
Elfi und ich hatten beschlossen, nur nach den Mädchen zu suchen, mit denen wir die langen Kriegsjahre verbracht hatten. Wir wollten diejenigen beiseite lassen, für die das Heim nur eine kurze Übergangsperiode in ihrem Leben vor oder während dieser entscheidenden Jahre dargestellt hatte. Wir, die wir geblieben waren, hatten vieles gemeinsam, was die anderen nicht verstehen konnten. Jedenfalls hatten wir den Kontakt mit denen verloren, die nur als Zugvögel kurze Zeit im Heim gewesen waren.
Wir waren traurig, daß wir weder Paula noch Daša oder Eva ausmachen konnten. Soweit uns bekannt war, lebten sie auf drei verschiedenen Kontinenten. Dann passierte einer dieser Zufälle, die uns aus unserer Alltagsroutine reißen können. Der Briefträger kam, und ich sah einen blauen Luftpostbrief aus Australien mit einer Handschrift, die ich glaubte, als die Dašas identifizieren zu können, obwohl ich sie seit dreißig Jahren nicht mehr gesehen hatte. Australien? Ich hatte sie in Südafrika gesucht! Der Brief schien sehr in Eile geschrieben worden zu sein. Ein Freund von Daša aus Johannesburg hat die Radiosendung gehört, alles notiert und schließlich an Daša in Sydney geschrieben. Daša war erfreut, daß wir uns wiedergefunden hatten. Zum Treffen könne sie leider nicht kommen, aber sie würde an uns denken. Sie hatte Südafrika mit

ihrer Familie vor wenigen Jahren aus einem Grund verlassen, den ich sehr gut verstehen konnte, sie stimmten mit der politischen Grundrichtung des Staates nicht überein. Also eine weitere Auswanderung auch für Daša und ihren Ehemann. Kein einfacher Schritt für Menschen, die sich gut etabliert hatten und in den mittleren Jahren waren. Ich war sehr erfreut über ihren Brief.
Ich schaute kaum noch auf die restliche Post, als ich plötzlich einen weiteren Brief aus Australien erblickte, wiederum aus Sydney. Wenn ich Sydney gekannt hätte, wäre mir aufgefallen, daß er aus einem Vorort kam, der an den angrenzte, in dem Daša wohnte. Er war von Paula. Es war kein sehr fröhlicher Brief. Sie schrieb, daß sie überrascht gewesen wäre, daß überhaupt jemand nach ihr fragen würde. Die meisten von uns habe sie vergessen und sie wolle nur ungern an diese gemeinsame Zeit erinnert werden. Durch Zufall hatte sie erfahren, daß wir sie suchten. Eine der Zeitungen, die ich bei meinem Versuch, Paula zu finden, angeschrieben hatte, war von einer entfernten Verwandten von ihr gesehen worden, die mit ihr deswegen Kontakt aufgenommen hatte. Paula selbst hatte die Zeitung niemals gesehen.
Ich war ganz außer mir. Ich rief Elfi auf ihrer Arbeitsstelle an, was man eigentlich nur in Notfällen machen sollte. Elfi meldete sich lustlos: »Was ist los? Willst du mir etwa mitteilen, daß du etwas von Daša gehört hast?«
Hysterisch schrie ich ins Telefon, daß ich sowohl etwas von Daša wie auch von Paula gehört hätte, und zwar aus derselben Stadt. Verblüffung und Schweigen am anderen Ende der Leitung. Ungläubigkeit.
Wie konnten sie beide in Sydney leben, ohne etwas voneinander zu wissen? In der Nacht schrieb ich zwei sehr lange Briefe an die beiden wiedergefundenen Frauen.
Daša und ich hielten Kontakt miteinander. Sie hatte sofort bei Paula angerufen, war aber vor Weinen kaum in der Lage zu sprechen.
Auch Paula schrieb mir zurück. Sie gestand zu, daß sie sich wieder an uns erinnere, daß sie ihr Gedächtnis wiedergefunden habe. Zu dem Treffen würde sie nicht kommen. Das war nicht nur wegen der großen Entfernung verständlich. Paula war krank, und sie sollte bald nach unserem Treffen sterben.
Eva Leß, die älteste der Heiminsassinnen, war die einzige, die wir bis Mai 1989, als wir uns in Margots Wohnung in London trafen, nicht gefunden hatten. Niemand war mit Eva in Kontakt geblieben. Eine Erklärung dafür konnte sein, daß sie das Heim relativ früh verlassen hatte, um am Lewisham Hospital in London als Krankenschwester zu arbeiten.
Wir alle waren sichtlich erregt, uns nach einem halben Jahrhundert wiederzusehen, ein Zeitraum, indem wir uns alle verändert hatten, Mütter und in einigen Fällen sogar Großmütter geworden waren. Ich erkannte alle außer Vera aus Iowa wieder. Vera erklärte, daß sie von dem Treffen von ihrer Cousine Helga (Reiss) aus Kalifornien erfahren hatte, der unsere Einladung zugegan-

gen war. Wie ich hatte Helga das ganze Unterfangen zunächst als ziemlich verrückt angesehen und keine Neigung gezeigt, nach England zu kommen. Vera erkannte aber sehr bald, daß es in sozialer, historischer und menschlicher Hinsicht eine durchaus interessante Begegnung werden könnte. Sie erklärte, daß sie Helga gerne begleiten würde, und so kamen beide Frauen. Natürlich war Vera die relativ pflichtbewußte elf Jahre alte Vera Reiss, die ich kennengelernte hatte, als ich im Juni 1939 ins Heim kam, bis zur Abreise der Reiss-Schwestern unmittelbar vor Ausbruch des Kriegs. Niemand hatte sie gut kennengelernt; sie hatte sich ernsthaft und verantwortungsbewußt um ihre jüngere Schwester Liesel und ihre Cousine Helga gekümmert. Auch stand sie Daša bei ihren Versuchen, mit uns übrigen zu reden, zur Seite, da die Reiss-Mädchen tschechisch und deutsch sprachen.

Es war kein Wunder, daß wir sie nicht erkannt hatten, da sie sich sehr stark von dem Mädchen unterschied, das wir kennengelernt hatten. Sie lachte und war froh, daß sie bei uns war. Sie war verständnisvoll und einfühlsam angesichts des Traumas, das wir übrigen erlitten hatten. Vera sagte nicht viel während des eifrigen, erregten Gesprächs, das nie ins Stocken kam und in dem ständig weiter zurückgeblättert wurde. Veras Leben war vergleichsweise normal verlaufen. Sie nahm alle unsere Gespräche unauffällig mit einem Tonband auf, und es war sehr aufmerksam von ihr, später jeder von uns eine Kassette von dem Mitschnitt der Gespräche zuzusenden. Vera konnte sich nicht an alle von uns persönlich erinnern, auch wenn sie behauptete, daß sie sich an mich erinnern konnte, als ich an der Reihe war zu sprechen.

Für diejenigen, die in Australien und Neuseeland ihrer Heimat haben und für Lisl (Shearer) und Ruth (Adamecz), die nun beide als Witwen in Israel leben, waren die Reisen bedauerlicherweise zu weit. Für Annie in Pittsburgh waren die weite Reise und ernsthafte Zweifel am Sinn eines solchen Treffens entscheidend dafür, daß sie nicht gekommen war.

Obwohl Inge (Adamecz) auf der Isle of Wight lebte, von der aus London leicht erreichbar war, hatte sie keine Lust zu kommen. Sie sagte, daß das Heim für sie das Symbol einer sehr traurigen Zeit sei, und deshalb wünsche sie, nicht an diese Tage erinnert zu werden. Ich verstand ihre Bedenken sehr gut.

Zehn von uns trafen sich in London im Haus Margots, unserer Gastgeberin. Aus London kamen: Edith Ellis (Roßmann), Frieda Schwarz (Roth) und ihre Schwester Leah Taub; aus den USA: Helga Krauss (Reiss), ihre Cousine Vera David (Reiss) sowie Ilse Camis (Groß); aus den Midlands kamen Elfi Jonas (Reinert) und ich. Am Mittag rief Lore Ball (Freitag) aus Neuseeland an, um uns alles Gute zu wünschen. Allmählich entdeckten wir bei den anderen dieselben Persönlichkeitsmerkmale wieder, die wir ein halbes Jahrhundert zuvor gekannt hatten. Helga hatte es so organisiert, daß jede von uns individuell ihre

Biographie darstellen konnte, ohne zu oft mit »Erinnerst du dich noch...?« unterbrochen zu werden.
Wir waren allgemein der Auffassung, daß es sieben schwere Jahre unserer Jugend waren. Es war interessant festzustellen, daß die Mädchen deutscher Herkunft das Leben im Heim zum größten Teil härter empfunden hatten als die Mädchen, die aus Österreich gekommen waren. Auch empfanden es diejenigen, die ein Elternteil in England gehabt hattea, weniger schlimm als der Rest. Jede von uns erinnerte sich an einzelne Vorkommnisse, die die anderen schon vergessen hatten.
Sophie erzählte – noch immer in sehr vorwurfsvollem Ton – davon, wie sie in einer sehr schwierigen Phase mit den Heimleiterinnen den Versuch unternommen hatte wegzulaufen. Ich erinnerte mich gut daran, daß sie für eine bestimmte Zeit als Zielscheibe jeglicher Kritik und Schimpferei diente. Viele von uns mußten diese Rolle zeitweise übernehmen. Sophie erzählte davon, daß sie zum Postamt ging, um ihre ganzen Ersparnisse, die Riesensumme von zwei englischen Pfund, abzuheben. Sie machte sich dann auf den Weg zum Bahnhof, um eine einfache Fahrkarte nach London zu kaufen, wie es viele Jugendliche davor und danach getan haben. Anscheinend sahen Elfi und ich sie dort, rannten zurück ins Heim und verrieten sie.
Ich kann mich nicht daran erinnern, aber ich kann es mir vorstellen. Was waren unsere Beweggründe dafür? War es die Sorge um Sophies Wohl oder der Wunsch, als mustergültige Tugendlämmer zu erscheinen? Ich vermute, es war das letztere.
Sophie erzählte von ihrem Besuch Langenselbolds in Deutschland. Sie wollte Reg, ihrem englischen Ehemann, nach vielen Jahren ihr altes Haus zeigen. Es war das Haus, in dem sie ihre ganze Familie zurückgelassen hatte, von der sie niemanden mehr wiedersehen sollte. Die Menschen, die jetzt dort lebten, wehrten ab. Es wurde ihr nicht erlaubt, das Haus zu betreten. Sie verschlossen Türen und Fenster und sagten abschließend: »Es ist alles bezahlt.« Danach hatte sie niemand gefragt.
Margot (Hirsch) erzählte uns von ihrem alten Zuhause in der Nähe Frankfurts. Im Heim hatte sie uns nicht viel über ihre Familie erzählt, derartige Gespräche waren zu qualvoll für sie gewesen. Sie kam aus einer orthodoxen Familie und war sehr betroffen, als sie bemerkte, daß ihre religiösen Gewohnheiten im Heim nicht ernst genommen wurden. Jeden Freitag abend brach sie in Tränen aus, wenn sie sich der Inbrunst und der Freude erinnerte, mit denen ihre Familie gewöhnlich den Sabbatabend zu feiern pflegte. Sie war zutiefst unglücklich, da nicht nur ihre Familie, sondern auch ihr Glaube gefährdet schien. Nach ihr entweihten wir nicht nur den Sabbat, sondern jüdisches Leben allgemein. Sie offenbarte uns ein Geheimnis, das sie im Heim gehütet und von dem sie niemals etwas erzählt hatte, wenn wir mit ihr zusammen waren.

Die Heimbewohnerinnen von Windermere 1946

Treffen der ehemaligen Heimbewohnerinnen 1989

Als sie nach ihrer Ankunft in England von London in den Norden des Landes reiste, war sie allein. Es war Anfang März 1939, und sie war 14 Jahre alt. Ein in dem Zugabteil mitreisender Herr bestellte schließlich für sich und für sie Tee, sprach sie an und fand – sicher in einem Gemisch von Sprachen – heraus, wer sie war und was mit ihr los war. Er fragte auch nach der Adresse ihrer Eltern. Als sie in Newcastle ankamen, verließ er zusammen mit Margot den Zug, den er nach Schottland weiterfahren ließ, nur um sicherzustellen, daß sie auch sicher abgeholt wurde. Erst später fand sie heraus, daß er ihren Eltern geschrieben und ihnen versichert hatte, daß sie in guten Händen sei. Er schrieb regelmäßig an Margot und schickte immer Briefmarken mit, damit sie seine Briefe beantworten konnte. Margot erhielt durch diesen Freund moralischen Auftrieb. Wir waren alle über die Geschichte dieses Mr. Hackett aus Glasgow in Schottland sehr bewegt und erkannten einmal mehr, wie wichtig die kleinen guten Taten waren, über die niemals berichtet wurde.
Edith gab Erinnerungen aus Düsseldorf wieder. Als sie nach der Pogromnacht im November 1938 auf ihrem Weg in die jüdische Schule war, kam sie auch an der zerstörten Synagoge vorbei und sah, wie Gebetsschals aus den Öffnungen der zerstörten Fenster hingen und wie Gegenstände aus der Synagoge überall verstreut waren. Als sie nach England ging, mußte auch sie ihren Vater und viele ältere Verwandte verlassen, die sie niemals wiedersehen sollte. Sie kam im Alter von 13 Jahren in England an, wurde aber für erwachsen gehalten. Sie hatte das Glück, daß ihre Mutter, Mrs. Roßmann, als Hausangestellte in London arbeitete, aber ihre Mutter hatte Sorgen. Sie wollte in der Nähe ihrer Tochter im Lake District sein. Sie bekam die Möglichkeit, vorübergehend eine Stellung an einem College für Lehrerfortbildung, Charlotte Mason, in Ambleside anzunehmen. Mrs. Roßmann sollte für 70 Leute kochen. Natürlich war sie keine professionelle Köchin und fühlte sich überfordert, mit einer so großen Zahl zurechtzukommen. Mrs. U. konnte sehr hilfsbereit sein und praktische Ratschläge geben. Sie fragte Mrs. Roßmann, was die größte Zahl von Menschen gewesen sei, für die sie jemals gekocht habe. Zehn, antwortete Mrs. Roßmann.
»Dann machen Sie das genauso und multiplizieren alles mit sieben«, erwiderte Mrs. U. Frau Roßmann machte es so, und sie kam damit zurecht. Die arme Mrs. Roßmann hatte eine schwere Zeit. Als die vorübergehende Beschäftigung vorbei war, fand sie andere Stellen in Haushalten. In einer der Stellungen reagierte eine ältere Dame, für die sie arbeitete, sehr negativ auf sie und beschuldigte sie, Kontakt mit deutschen Flugzeugen aufgenommen zu haben, indem sie ihnen vom Boden aus Signale gab! Es muß Tausende derartiger absurder angeblicher Spionagefälle gegeben haben. Es war sehr einfach, Fremde des Verrats und noch Schlimmeren zu verdächtigen.
Dann erzählte uns Ilse aus ihrem Leben. Sie war sehr unternehmungslustig

Elfi und Ruth 1940

Ruth und Elfi bei dem Treffen in London 1989

und hatte selbst eine Arbeit gefunden, ohne die Heimleitung um Rat zu fragen. Sie war in allem, was sie anpackte, sehr bestimmt und erfolgreich. Eine Zeitlang arbeitete sie in der Bibliothek des Chemieunternehmens Boots mitten in Windermere. Den Heimmädchen machte es Spaß, die Treppen zu ihrer Arbeitsstelle hochzulaufen und sie dort zu besuchen. Irgendwie fühlten wir uns dadurch aufgewertet, daß wir mit jemandem bekannt waren, der fast richtig ortsansässig war.
Frieda erzählte die Geschichte der Schwestern Roth. Ihr Vater überlebte knapp das Martyrium des Konzentrationslagers. Die Mädchen waren noch sehr jung, als sie in das Heim kamen; Leah war nur drei Jahre alt, fast zu jung, um in das Kindertransport-Programm aufgenommen zu werden. Eigentlich sollten die drei ältesten Kinder der Familie Roth nach England geschickt werden. Im letzten Augenblick meinten die sehr orthodoxen Eltern aus Bochum, ihr ältestes Kind, einen Jungen, nicht nach London schicken zu können, wo er in einer Umgebung aufwachsen würde, in der die Religion sehr wahrscheinlich eine untergeordnete Rolle spielen würde. Im Fall der Mädchen war das nach der Auffassung der Orthodoxen weniger wichtig. Auf diese Weise wurde die kleine Leah anstelle des älteren Bruders geschickt. Diesem Umstand hatte sie ihr Leben zu verdanken. Der Junge und seine beiden jüngsten Geschwister, noch Babys, wurden zusammen mit der Mutter umgebracht.
Als die Mädchen ihren Vater schließlich wiedersahen, erkannten sie ihn nicht. Nicht nur hatten sie ihn sieben Jahre lang nicht gesehen, sondern die Leiden, denen er ausgesetzt war, hatten ihn auch stark verändert. Ihr weiteres Familienleben dürfte alles andere als leicht gewesen sein, besonders als ihr Vater sich wieder verheiratete. Für die junge Stiefmutter, die versuchte, mit den unglücklichen Jugendlichen, die in ihrem Leben schon ein Übermaß an Leid zu ertragen hatten, zu Rande zu kommen, schien die Lösung zu sein, sehr frühe Heiraten für die drei Mädchen zu arrangieren. Sie schienen alles gut überstanden zu haben und sind zufriedene Ehefrauen mit Kindern und zum Teil auch Enkelkindern. Aus ihren Erzählungen klang keine Verbitterung.
Elfi erzählte uns von ihrem Umzug in der Nazizeit von Leoben in der Steiermark nach Wien. Auch österreichische Juden aus der Provinz hofften, in der Hauptstadt anonymer leben zu können. Das sollte sich jedoch nicht bewahrheiten. Die SS tauchte auf und nahm ihre Eltern, ihre Tante und ihren Onkel mit. Die Tante und der Onkel schafften es schließlich, Österreich auf illegalem Weg zu verlassen, aber Elfis Eltern konnten nicht entkommen. Elfi kam vergleichsweise früh, im März 1939, in England an. Am Anfang war sie natürlich sehr unglücklich, fand aber Trost in der Schule, wo sie erfolgreich war, besonders im Erlernen der englischen Sprache. Früher als bei uns übrigen riß Elfis Kontakt zu ihren Eltern ab. Von den Österreichern wurden sie als Polen angesehen, obwohl sie ihr ganzes Leben lang in Österreich gelebt hatten. Pol-

nische Juden wurden als erste beseitigt. Elfi erinnerte sich daran, wie unfair sie es empfunden hatte, daß ich die Möglichkeit erhielt, eine weiterführende Schule zu besuchen, sie aber nicht. Später erhielt sie doch eine Ausbildung, wenn auch auf größeren Umwegen als in meinem Fall.
Helga erinnerte daran, daß sie zwei Emigrationen mitmachen mußte – eigentlich sogar drei, wenn man die letzte Auswanderung in die USA am Ende des Kriegs mitzählte. Als Hitler, der mit offenen Armen empfangen wurde, Österreich annektierte, wurde Helga von ihren Eltern zu ihren Cousinen, der Familie Reiss, nach Prag geschickt. Für das noch sehr kleine Mädchen bedeutete das eine neue Umgebung und eine fremde Sprache. Ein Jahr später annektierte Hitler auch die Tschechoslowakei. Dieses Mal wurde Helga, wenige Wochen vor ihren Cousinen Vera und Liesel, nach England geschickt. Helga kann sich an das Heim nicht mehr gut erinnern. Die Jahre dort schienen sie weniger geprägt zu haben als die übrigen von uns. Sie hat diese Zeit überwunden. Ihre distanzierte Einstellung zum Heim und ihre Gelassenheit rührten sicher daher, daß ihr Vater damals in Windermere lebte und ihre Mutter in den USA in Sicherheit war.
Unser Treffen war für viele von uns mit unterschiedlichen Folgen verbunden. Vera war sehr froh darüber, daß wir Daša in Sydney gefunden hatten. Ihre beiden Familien waren in Prag befreundet gewesen. Aber nicht nur das. Veras Schwester Lisie (Liesel im Heim) lebte ebenfalls in Sydney und freute sich darauf, Daša treffen zu können. Daraus entwickelte sich eine feste Freundschaft.
Als ich wieder nach Leicester zurückkam, klingelte das Telefon schon, als ich die Tür noch nicht richtig geschlossen hatte. Es war Inge, die auf der Isle of Wight lebte. Sie hatte an uns gedacht, wollte gerne wissen, wie das Treffen verlaufen war und alles darüber erfahren.
Ich traf mich später mit ihr und auch mit ihrer Schwester Ruth, die aus Israel auf Besuch bei ihr war. Wir erkannten uns sofort wieder, und es war, als ob die vielen Jahre gar nicht zählten.
Auch Lore kam später aus Neuseeland auf einen Besuch zu mir. Sie hatte viel durchzumachen gehabt. Als sie ihre Familie verlassen mußte, war sie noch zu jung. Auch sie mußte mit einer zweiten Auswanderung fertig werden, von allem getrennt, mit dem sie vertraut war. Sie machte einen ausgeglichenen, fröhlichen Eindruck, und sie hat in ihrem Leben viel Gutes getan.
Lisl und ich hatten uns schon vorher getroffen. Nachdem wir uns 35 Jahre nicht gesehen hatten, besuchte ich sie zum ersten Mal in Israel. Ich erkannte sie nicht, hörte aber plötzlich jemanden laut »Biggie« quer durch den großen, internationalen Flughafen rufen. Diesen Namen hatte ich seit vielen Jahren nicht mehr gehört, und ich hatte gehofft, ihn vergessen zu können. Da es im Heim einmal die kleine Ruth Adamecz gab und mich, das größte Mädchen im

Heim, auch eine Ruth, wurde ich zweckmäßigerweise mit »Big Ruth« (engl. »Große Ruth«, d.Ü.) und später in der Abkürzung »Biggie« gerufen. Ich hatte diesen Namen, den ich verabscheute, glücklicherweise vergessen. Er hatte mir das Gefühl vermittelt, übermäßig groß zu sein.

Schließlich trafen Elfi und ich auch Daša wieder. Sie kam aus Australien zusammen mit ihrem Mann nach Europa. Elfi und ich fuhren nach Amsterdam, um sie dort zu treffen.

Unweigerlich war jedes dieser Treffen mit viel Emotionen verbunden. Wir hatten in schweren Tagen zusammengelebt, und durch die unmittelbare Begegnung mit einem früheren Mädchen aus dem Heim erwachte diese vergangene Zeit wieder zum Leben. Aber es war auch Freude dabei und Dankbarkeit für die Freundschaften und dafür, überlebt zu haben.

Einige Monate nach unserem historischen Treffen erhielt ich einen Brief aus Quebec. Eva Riegler (Leß) schrieb erfreut: »... ihr habt mich gefunden, ich werde kommen!«

Das war eine Aufregung, aber auch eine Enttäuschung. Jedenfalls blieb zumindest die Hoffnung, daß wir uns eines Tages treffen könnten. Sie war schon mit Ilse zusammengetroffen, und sie hatten beide festgestellt, daß frühe Freundschaften wiederbelebt und gefestigt werden können. Ich hatte nach ihr ausführlich in Nordamerika gesucht. Meine amerikanischer Cousin Joe hatte in einer deutsch-amerikanischen Zeitung inseriert, und ich hatte kanadische Zeitungen angeschrieben. Ich hatte das Canada House in London um Unterstützung gebeten und an die Einwanderungsbehörden in Ottawa geschrieben. Von diesen erhielt ich eine schroffe Antwort, daß ich nicht das Recht hätte, in die Privatsphäre von Menschen einzudringen. Es handle sich um geschützte Daten. Wieder war es nicht Eva selbst gewesen, die die Suchmeldung gelesen hatte, sondern eine Schwesternkollegin, die Eva kannte und zufällig über ihren früheren Mädchennamen informiert war, den sie seit langem nicht mehr benutzte.

Das Treffen war ein riskantes Unternehmen gewesen. Wir sind froh, daß wir den Mut hatten, es durchzuführen. Es war eine Erfahrung, die uns alle veränderte. Neue Freundschaften wurden geschlossen, alte wurden gefestigt. Die meisten von uns, wenn auch nicht alle, sind zuversichtlich geblieben, ohne daß zuviel Bitterkeit oder Haß zurückblieb. Keine von uns hat ihre Herkunft vergessen.

Rückkehr nach Deutschland

Auf dem Treffen wurde unweigerlich das Thema berührt, ob man nach Deutschland zurückkehren könne oder nicht.
Unsere Einstellung war nicht einhellig. Einige Frauen vertraten die Auffassung, daß sie niemals wieder in der Lage sein würden, Deutschland oder Österreich zu besuchen.
Andere, darunter ich, meinten, daß es nicht nur möglich, sondern sogar wichtig sei. Die Ansichten waren individuell unterschiedlich. Niemand hat das Recht zu behaupten, daß sein Standpunkt der einzig richtige sei. Ich verstand diejenigen voll und ganz, die keinen Fuß mehr auf deutschen Boden setzen wollten. Jahrelang hatte ich dieselbe Einstellung gehabt.
Meine erste Rückkehr nach Deutschland kam mit Hilfe meiner frühesten englischen Freunde zustande, Margaret und Alan Forrest, die in den fünziger Jahren in Deutschland arbeiteten. Sie überredeten mich, nach Köln zu kommen, wo sie wohnten. Nicht nur sollte ich so in eine Gegend in Deutschland fahren, die ich überhaupt nicht kannte, sie schlugen vor, daß ich nach Brüssel fahren sollte, von wo sie mich abholen wollten, um so jede Gelegenheit zu vermeiden, bei der ich allein mit deutschen Beamten an der Grenze oder auf einem Flughafen in Kontakt treten mußte. Es waren und sind wirklich aufmerksame und verständnisvolle Freunde.
Mein Aufenthalt in Deutschland war nicht einfach für mich. Obwohl es ein anderes Deutschland war, erinnerte mich viel an das Deutschland, das ich gekannt hatte, sowohl im positiven wie auch im negativen Sinn. Die Bauweise der Häuser erinnerte mich an Bilder von früher; die Stimmen der Menschen lösten manchmal ein sehr unangenehmes Echo in mir aus.
Mit der Hilfe der Forrests, die nach ihr gesucht hatten, traf ich auch Mina nach 18 Jahren der Trennung wieder. Nach anfänglichem Zögern und kurzem Nicht-Erkennen stellte sich echte Freude ein, die allerdings mit unaussprechlichen schmerzlichen Erinnerungen vermischt waren. Es sollte unsere einzige Begegnung bleiben. Ich wünschte, ich hätte ihr Fragen nach den 18 dazwischenliegenden Jahren stellen können. Ich konnte es einfach nicht. Mina lebte in Niederbreisig, einem kleinen Städtchen am Rhein, und arbeitete noch immer schwer in Hauswirtschaftsberufen, nun in einem Hotel. Der Rhein selbst

erinnerte mich an den Stolz und den Hochmut, die einstmals zu Deutschland gehörten. Ich war froh, daß ich einen ersten Schritt getan hatte.
Mein Bruder Michael war so mutig, die Grenze von Frankreich nach Deutschland viel früher zu überqueren. Er hatte zwar viel mehr unter den Nazis gelitten, war aber toleranter und weitblickender und wußte, daß nicht nur er zurückkehren mußte, auch die Deutschen benötigten uns. Einige von ihnen wollten sogar, daß wir kamen. Sehr früh nahm er seine junge Familie nach Fränkisch-Crumbach mit und traf auf Crumbacher, die sehr freundlich waren und mit denen er Kontakte knüpfen konnte. An das Dorf konnte er sich nicht mehr so gut wie ich erinnern, da er jünger war, als er es verlassen mußte.
Er machte einige befremdliche Erfahrungen. Er konnte nicht begreifen, daß die Leute wußten, wer er war, daß sich das Gerücht von seiner Ankunft wie ein Lauffeuer verbreitet hatte. Als er im einzigen Schuhgeschäft des Ortes einkaufen wollte, glaubte er lediglich ein unbekannter Kunde, ein Ausländer, ein Außenseiter zu sein. Als er gerade seine Schuhgröße nennen wollte, sagte der Ladeninhaber: »Die Schuhgröße Ihres Vaters war 43.«
Diese eigentlich ganz harmlose Bemerkung verblüffte meinen Bruder sehr. Wie konnte der Ladeninhaber wissen, daß es sich bei diesem Mann mit einem französischen Akzent um den Sohn unseres Vaters handelte? Es war sicher zwei Jahrzehnte her, daß unser Vater hier zum letzten Mal Schuhe gekauft hatte. Wie nur und warum konnte er sich daran erinnern?
Wieder zwanzig Jahre später schaffte es Michael, mich zu überreden, ihn und seine Frau bei einem kurzen Besuch Fränkisch-Crumbachs zu begleiten. Ich hatte sehr viel Angst davor, wußte aber, daß es gut so war. Überrascht war ich, daß sich das Dorf so wenig verändert hatte. Natürlich hatte es einige Zugeständnisse an den Fortschritt der zweiten Hälfte des zwanzigsten Jahrhunderts gegeben: Die Straßen waren asphaltiert worden, es gab Autos und Garagen, und es gab Fernsehantennen. Ansonsten sah es wie vor vierzig Jahren aus. Ich erkannte jede Straße, jede Ecke. Alles war mir vertraut und doch auch wieder fremd. Ich konnte mich an die Namen von Leuten erinnern, erkannte aber niemanden. Wir aber wurden erkannt. Die Neuigkeit hatte sich im ganzen Dorf verbreitet, daß »Ruth und Michael« zurück seien. Der Familienname schien nicht nötig zu sein. Wo sonst noch konnte man sich an Kinder unter zehn erinnern, die den Ort vor vierzig Jahren verlassen hatten? Die Nacht verbrachten wir im einzigen Hotel Fränkisch-Crumbachs. Der Wirt sprach mich unwillkürlich mit »Frau Oppenheimer« an, nicht mit dem Namen, der in meinem Paß stand und mit dem ich mich angemeldet hatte. Wir gingen die »Allee« entlang, um nach unserem alten Haus zu schauen. Wir trafen auf Menschen, die scheu fragten: »Erinnert ihr euch nicht an mich?«
Der für mich bewegendste Augenblick war, als Heinrich Hartmann, der Sohn unseres einstigen unmittelbaren Nachbarn, auftauchte. Man sah ihm an, daß er

Das Foto, das Heinrich Hartmann aufbewahrt hatte

es im Leben nicht leicht gehabt hatte. Die Kriegsjahre hatte er an der russischen Front verbracht. Er brachte mir ein altes, abgegriffenes Foto mit den vier jüngeren Geschwistern Oppenheimer mit, das vor unserem Haus in der Allee aufgenommen worden war. Ich wollte meinen Augen nicht trauen. Heinrich war seinerzeit ein guter Freund meiner Schwester Hannah gewesen. Sie hatten zusammen kleine Streiche und harmlosen Schabernack getrieben. Eines Tages war diese Freundschaft plötzlich zu Ende gegangen. Für Hannah bedeutete das einen großen Verlust. Wir waren nicht nur unerwünschte Personen geworden, sondern waren für die Menschen einfach nicht mehr vorhanden. Warum hatte Heinrich dieses Foto aufgehoben? Hatte er uns je vermißt? Ich schaffte es nicht, ihn danach zu fragen. Dankbar nahm ich das Foto an mich, ließ Kopien davon machen und schickte das Original wieder an ihn zurück.

Die Menschen sprachen nur zögerlich mit uns. Die Worte »Hitler«, »Nazi«, »Verfolgung«, sogar »Jude« wurden nicht ausgesprochen. Lediglich die Umschreibung »damals« riskierten sie, mit Achselzucken und abgewendetem Blick. Ich mußte annehmen, daß unter den gegebenen Bedingungen Taktgefühl, Angst und Scham mitschwangen.

Unsere ehemaligen Nachbarn in der Allee gegenüber, die Familie Schneller, luden uns in ihr Haus ein und waren sehr nett und gastfreundlich. Ich erinnerte mich, daß Helmut, der Hausherr, als Kind mit Michael gespielt hatte, bis auch das nicht länger erlaubt war. Ich weiß, daß Michael diese Freundschaft sehr vermißte. Unsere Nachbarn sprachen dann nicht mehr mit uns. Vielleicht war es eine gewisse Furcht auf beiden Seiten. Helmuts Frau Antje war selbst Flüchtling aus dem Sudetenland und war bei Kriegsende von den Tschechen vertrieben worden, nachdem Deutschland besiegt war. Das war eine Vergeltungsmaßnahme für Hitlers Versuch, das Sudetenland vor dem Krieg zu einem rein deutschen Gebiet zu machen und die Menschen slawischer Herkunft, die »minderwertiger« waren, zu vertreiben. Da sie selbst Flüchtling war, brachte sie Sympathie für unsere schwierige Lage auf. Ich war erstaunt, als ich entdeckte, wieviel sie über unsere Familie wußte. Sie hatte verfolgt, was man sich im Dorf erzählte, und sie hatte Fragen gestellt. Ich bin sicher, daß sie, die in das Dorf zugezogen war, mehr über meine Vorfahren weiß als ich.

Natürlich freuten sich einige darüber, uns zu treffen. Andere hatten das Empfinden, es sei besser gewesen, wenn wir nicht zurückgekommen wären, obwohl uns das so nicht ins Gesicht gesagt wurde. Als wir die Allee hinuntergingen, kamen wir an einem Haus vorbei, an dem die traditionellen deutschen Fensterläden verschlossen waren. Wir sahen, wie sich die Finger zweier Hände an die Lamellen der Fensterläden klammerten. Offensichtlich gehörten die Finger zu jemandem, der uns durch die Lamellen beobachtete und nicht gesehen werden wollte. Wir gingen weiter. Als ich mich noch einmal neugierig

Das frühere Oppenheimersche Fabrikgebäude heute mit Picassos Friedenstaube unter dem Fenster von Vaters ehemaligem Büro

umdrehte, bemerkte ich, daß die Knöchel der Finger noch immer zu sehen waren. Wem gehörten sie? Warum verhielt sich dieser Mensch so?
Zwei Jahre später kehrte ich noch einmal nach Fränkisch-Crumbach zurück. Dieses Mal dauerte mein Aufenthalt dort länger. Eva Rogers, meine Freundin, war mitgekommen und wollte mich begleiten, wenn ich Plätze aufsuchte, die in mir schmerzliche Erinnerungen auslösten. Sie wollte mich bei dem Versuch unterstützen, mit der Vergangenheit fertig zu werden und zum ersten mal darüber zu reden. Später schrieb sie über unseren damaligen Besuch (Der Titel: »Die Rückkehr«), wofür ich ihr sehr dankbar war. Ihre Aufzeichnungen halfen mir, mit dem fertigzuwerden, was ich dachte, was ich vergessen oder verdrängt hatte.
Wir trafen auch den gegenwärtigen Besitzer des ehemaligen Hauses der Familie Oppenheimer in der Allee Nr. 37, und er unterhielt sich mit uns. Er lebte selbst nicht dort, sondern hatte das Haus vermietet. Seine Frau zeigte uns Fotos. Sie machten uns deutlich, daß sie mit der Vergangenheit nichts zu tun hatten. Es wurde uns gestattet, mein vormaliges Zuhause zu besichtigen, zumindest die obere Hälfte, da das Haus jetzt aus zwei abgeteilten Wohnungen besteht. Es war ein merkwürdiges Gefühl, den Ort meiner frühesten Kindheitserinnerungen zu sehen. Als ich der gegenwärtigen Mieterin sagte – nur im Sinne einer Erklärung –, daß ich dort als Kind gelebt hätte, bestritt sie vehement, irgend etwas über die Vergangenheit zu wissen: »Ich weiß darüber gar nichts.«
»Natürlich nicht«, versicherte ich ihr.
Eva und ich trafen uns mit Gerd Götschmann, dem neuen Besitzer von Vaters Fabrik, einem jungen Künstler und Handwerker. Er hatte die Gebäude erworben und sie in gut geschnittene Wohnungen mit einer freundlichen Umgebung verwandelt. Einige der Räume mit Glasdach, die gebaut worden waren, um denen, die für die Endfertigung der Zigarren verantwortlich waren, beste Lichtverhältnisse zu garantieren, waren in Studios verwandelt worden. Eine sehr gute Lösung für eine Liegenschaft, die im Ort immer noch als Oppenheimer-Fabrik bekannt ist. Gerd ist ein nachdenklicher Mensch, für den es wichtig ist, Vergangenheit und Zukunft gegenüberzustellen. Im Dorf wird er als Außenseiter angesehen; tatsächlich stammt er aus einem Ort, der über 60 Kilometer entfernt und nicht im Odenwald liegt. Wenn Menschen lange mit einem Ort verbunden sind und Grund haben, über die Geschichte Scham zu empfinden, sind sie Außenstehenden gegenüber mißtrauisch. Als Gerd von den anderen Dorfbwohnern die Geschichte der Oppenheimers hören wollte, um sich ein Bild von unserem Schicksal machen zu können, wurden seine Fragen gewöhnlich so beantwortet: »Mach dir keine Sorgen über die, sie sind alle steinreich in Amerika.«
Mit anderen Worten: Das geht dich nichts an!
Warum diese Lüge? Es muß Gründe dafür geben, die Wahrheit zu vertuschen,

aber wem nützen sie? Als Gerd an den Gebäuden eine bescheidene Gedenktafel anbringen wollte, um an die Beziehung zur Familie Oppenheimer hinzuweisen, wurde er gewarnt, daß ihm dann die Fensterscheiben eingeworfen würden. Dieser mutige Mensch machte daraufhin etwas viel besseres: Er gravierte eine Reproduktion von Picassos Friedenstaube an der Fassade der Fabrik in das Erkerfenster des Zimmers ein, das einst das Büro meines Vaters gewesen war.

1988 kam ich wieder in den Odenwald. Diesmal war ich zusammen mit ehemaligen Bewohnern von Höchst oder denen, die dort die kleine provisorische jüdische Schule besucht hatten. Das Treffen war mit Unterstützung des Bürgermeisters von der örtlichen Gruppe für lokale Geschichtsforschung organisiert worden. Ich kann diese Gruppe nicht genug loben. Sie hat unter der Leitung Erwin Hofferberths Nachforschungen angestellt und daran gearbeitet, die lange Geschichte der jüdischen Gemeinde, die sich in dieser Kleinstadt einst friedlich entwickelte, offen zu legen und die Ergebnisse zu publizieren. Hartnäckig haben sie trotz großer Schwierigkeiten daran weitergearbeitet. Sie wußten zunächst nicht, wo die Überlebenden zu finden waren. Allmählich gelang es ihnen jedoch, einige von ihnen zu finden, und durch die bekamen sie weitere Adressen, bis sie schließlich ein komplettes Verzeichnis von denjenigen hatten, die überlebt hatten, und denjenigen, die umgekommen waren. Geduldig sammelten sie weltweit Zeitungen und Fotografien und durchsuchten Dokumente. Sie wissen mehr über die frühere jüdische Gemeinde von Höchst als jeder einzelne jüdische Überlebende.

Der jüdische Friedhof von Höchst war, wie die meisten anderen im Land, in der Pogromnacht im November 1938 verwüstet worden. Die Grabsteine wurden verunstaltet und umgestürzt. Fast ganz allein baute Herr Hofferberth diesen Friedhof wieder auf. Einige Jahrzehnte später wurde er von Hooligans erneut zerstört. Unverdrossen überzeugte Herr Hofferberth die örtlichen Verantwortlichen, eine hohe sichere Schutzeinrichtung um den Friedhof zu errichten, und zusammen mit Freunden reparierte er wiederum die Schäden. Wenn die Geschichte der deutschen Juden weiter im Bewußtsein der Menschen erhalten bleibt, wird es zum Teil stillen Helden wie ihm zu verdanken sein.

Von der jüdischen Gemeinde, die einst in Höchst und den umliegenden Dörfern lebte, einschließlich der Schüler, die aus dem Odenwald zeitweise dort die Schule besuchten, kamen zehn zurück. Sie kamen aus den USA, aus Argentinien, aus Paraguay und aus Israel. Ich war die einzige Vertreterin aus Europa. Es war seltsam, dort meine Cousine Bertel Neu aus Argentinien zu treffen, die ich zuletzt ein halbes Jahrhundert zuvor gesehen hatte, als sie mit ihrer Familie Fränkisch-Crumbach verließ. Wir wurden durch den Bürgermeister von Höchst begrüßt, der die kleine Gruppe, die das Projekt einer Gedenkfeier anläßlich des fünfzigsten Jahrestags der Zerstörung der Höchster Syn-

agoge durchgeführt hatte, vorbehaltlos unterstützte. Zu diesem Anlaß stellten sie ein schönes Buch über die Geschichte und das Schicksal der Höchster Juden vor: »Geschichte und Schicksal der Juden zu Höchst«. Sie widmeten es den Opfern des Naziterrors mit den Worten Theodor Litts: »Nicht durch das Wegsehen, sondern durch das Hinsehen wird die Seele frei.«
Am Abend dieses fünfzigsten Jahrestages nahmen wir an einem Gottesdienst an der Stelle teil, wo die Synagoge einst gestanden hatte. Nichts mehr ist von ihr zu sehen, aber es wurde dort ein Gedenkstein mit einer Plakette errichtet. Im Gemeindehaus wurde eine Gesprächsrunde veranstaltet, an der viele Einwohner, darunter auch viele Schulkinder, teilnahmen. Diejenigen, die noch als Zeitzeugen der Ereignisse vom November 1938 lebten oder daran teilgenommen hatten, blieben zu Hause. Ein Podium mit Vertretern der Kirchen, mit Politikern und einem Schriftsteller diskutierte über Antisemitismus und Intoleranz. Ein Student unter den Anwesenden äußerte sein Unverständnis darüber, daß er in seiner Schulzeit zwar die Geschichte der Römer lernen mußte, ihm aber nichts über die Nazizeit beigebracht worden sei. Eine Teilnehmerin unserer Gruppe, die zum ersten Mal aus ihrem Exilort in Tennessee, USA, zurück nach Deutschland gekommen war, erzählte davon, wie sie im Alter von acht Jahren in der Pogromnacht in den Wald geflohen war. Durch die tränenerstickte Stimme dieser erwachsenen Amerikanerin war die Stimme des panikerfüllten deutschen Kindes zu hören. Auf die Frage, wie die Kirchen sich verhielten und was sie dazu sagten, erhielten wir keine Antwort.
Die Historikergruppe hatte einen bewegenden ökumenischen Gottesdienst organisiert. Einer der Pfarrer sprach von dem Schweigen der Kirchen in einer Zeit, in der sie hätten sprechen müssen.
Es war ein Besuch der örtlichen höheren Schule organisiert worden, wo wir, die Zurückgekehrten, gebeten worden waren, zu den Schülern zu sprechen. Dort wurde mir die große Kluft des Schweigens zwischen den Generationen bewußt. Die jungen Leute sprachen ganz offen aus, daß ihnen von ihren Eltern und Großeltern, wenn sie Fragen über die Nazizeit stellten, gesagt wurde, daß sie nicht fragen sollten, daß es sie nichts anginge. Die Fragen, die sie uns stellten, waren nachdenklich und zeigten sowohl ihr Interesse wie auch ihre Unwissenheit darüber, was sich in ihrem Heimatort zugetragen hatte. Dasselbe hörte ich ebenfalls an verschiedenen Schulen, die ich im Saarland besuchte.
Wir besuchten zusammen Gemeinden in der Nachbarschaft, darunter Darmstadt, Michelstadt und Fränkisch-Crumbach. In Darmstadt wurde gerade eine schöne neue Synagoge ihrer Bestimmung übergeben, die anstelle der drei alten erbaut worden war, die vor fünfzig Jahren zerstört worden waren.
Der Bürgermeister der Stadt sprach mit sehr viel Gefühl. Er begrüßte diejenigen, die aus dem Exil zur Einweihung der neuen Synagoge gekommen waren: »Mit klopfenden, beklommenen Herzen und offenen Armen.«

In Michelstadt besichtigten wir die alte Synagoge, die zwischen alten Fachwerkhäusern in der Nähe des Rathauses steht. Ihr Inneres war verwüstet worden (sie war nicht in Brand gesetzt worden, weil man fürchtete, daß das Feuer auf die Häuser in der Nachbarschaft übergreifen könnte), aber sie wurde liebevoll restauriert und in ein Museum verwandelt. Am meisten bewegte mich der Anblick zweier Männer, die über die gepflasterte alte Straße zur Synagoge kamen und in einer sehr zurückhaltenden Geste einen Kranz vor der Tür niederlegten. Wer waren sie? Ich begab mich zu dem Kranz, um die daran hängenden Bänder zu lesen. Der Kranz war im Gedenken an die 1938 angerichteten Verwüstungen von den Lehrern und Schülern des Michelstädter Gymnasiums niedergelegt worden. Es war die alte Schule meines Bruders Ernest.

Wir wohnten ferner einer bewegenden Umbenennung einer Straße in Höchst bei, dem »Lehrer-Kahn-Weg«, zur Erinnerung an den früheren Direktor des Odenwaldchors und -orchesters, des Geigers und Vorstehers der jüdischen Gemeinde und ihrer Gottesdienste, Direktor unserer kleinen Schule, die nur sehr kurz bestand. An ihn wurde mit Liebe, Respekt und Würde erinnert.

Auch wurden wir zu einem Empfang in das Rathaus von Fränkisch-Crumbach gebeten. Es war ein merkwürdiges Gefühl, ein Gebäude zu betreten – es handelte sich um die frühere Volksschule –, das ich 54 Jahre zuvor in Ungnade zu verlassen gezwungen worden war. Der Empfang verlief etwas einseitig. Die Crumbacher wurden durch den Bürgermeister und seine Sekretärin vertreten. Keine weiteren Einwohner waren eingeladen worden. Hilde Katzenmeier, meine Freundin aus dem Dorf, war zusammen mit einem weiteren Einwohner ungebeten erschienen, um bei mir zu sein. Der Bürgermeister erklärte, daß er zur Generation der später Geborenen gehöre. Er wollte damit zum Ausdruck bringen, daß das, was uns angetan worden war, nicht Teil seiner eigenen Erfahrungen und seines Wissens war. Er sprach über die Geschichte des Dorfes, die im sechzehnten Jahrhundert zu enden schien. Mit keinem Wort erwähnte er die jüdische Gemeinde, die einst integraler Bestandteil des Dorfes gewesen war, noch die Synagoge oder den Industriebetrieb, der von meiner Familie aufgebaut worden war. Das Wort »Jude« kam in seiner Rede nicht vor. Immerhin war der Bürgermeister so rücksichtsvoll, in einem Privatgespräch mit Bertel und mir zuzugeben, daß wir Kinder des Dorfes gewesen waren. Er wisperte mir zu, daß seine Mutter sich an meine Familie erinnerte. Zum Abschluß der Veranstaltung stießen wir miteinander an, worüber Gäste wie Gastgeber gleichermaßen erleichtert schienen.

Ich hatte nun das Gefühl, daß uns an einigen Ecken Fränkisch-Crumbachs Freundschaft entgegengebracht wurde. Die Schwestern Hilde Katzenmeier und Ottilie Born-Röhmer zeigten deutlich ihre aufrichtigen Gefühle des Willkommens. Sie fühlen sich nicht nur der Geschichte gegenüber verpflichtet, sondern auch dem Frieden und der Gerechtigkeit in einer Welt, die bisher wenig von beidem erfahren hat. Als Frauen setzen sie sich gegen den Krieg ein und das Elend, das er für die Menschen mit sich bringt. Sie haben Angst vor der Anhäufung zerstörerischer Waffen. Sie beklagen das Schicksal der Kinder von Tschernobyl und bringen ihre Betroffenheit darin zum Ausdruck, daß sie überlebende, manchmal todkranke Kinder ins Dorf bringen, um sie dort zu pflegen. Sie sorgen sich um die Menschheit.

Später besuchte ich wieder Fränkisch-Crumbach. Meine Freunde waren nicht untätig gewesen. Hilde und Ottilie hatten mit Pastor Kunz und einem Lehrer aus dem Dorf, Rudhart Knodt, die Geschichte der Juden im Dorf erforscht und das ganze publiziert. Durch ihre sorgfältige und ausdauernde Arbeit ist ein sehr gutes Werk entstanden: »Geschichte der Juden in Fränkisch-Crumbach«.

Das Buch gibt die geschichtlichen Ereignisse so ausführlich und ehrlich wie möglich wieder. Wenn man es mehrere tausend Male multipliziert, ergibt dieses Buch gewissermaßen die Geschichte der Juden in Deutschland.

Das schmale Buch endet sinnvollerweise bei der Errichtung und Einweihung eines Denkmals für die einst blühende, wenn auch kleine jüdische Gemeinde.

Viele Jahre lang haben sich meine Freunde – denn so möchte ich diese guten Menschen jetzt nennen – bemüht, in bescheidenem Umfang das Gebäude zu kennzeichnen, das einst die jüdische Synagoge war. In Deutschland gibt es nur wenige derartige Plätze, und dieser blieb erhalten, weil er in der Pogromnacht von 1938 schon nicht mehr in jüdischem Besitz war. Die Gruppe, die sich diesem Projekt verschrieben hatte, hoffte damit der Nachkriegsgeneration, der Mehrheit des Dorfes, vermitteln zu können, welchem Zweck dieses Gebäude einst diente. Das umzusetzen war nicht möglich, da der Besitzer wie auch sein Vater, der das Gebäude seinerzeit von der schrumpfenden und verängstigten jüdischen Gemeinde gekauft hatte, die Erlaubnis dafür verweigert hatte, zweifellos aus guten Gründen. Wie die Höchster war auch diese Gruppe unermüdlich. Sie gaben nicht auf, auch wenn ihnen die Zusammenarbeit verweigert wurde oder sie auf Ablehnung stießen. Schließlich gab die Bank in der Erbacherstraße, eine Filiale der Volksbank Gersprenztal, die gegenüber der früheren Synagoge steht, großzügigerweise die Genehmigung, auf ihrem Grund ein Denkmal zu errichten. Das wurde nun wirklich in die Tat umgesetzt. Die Gruppe fand einen sehr schönen großen Stein aus rotem Odenwald-Granit, auf dem die folgende Inschrift zu lesen ist:

»SHALOM
FRIEDE
DAS HAUS GEGENÜBER DIENTE DER
JÜDISCHEN GEMEINDE FRÄNKISCH-CRUMBACH
BIS 1936 ALS SYNAGOGE

ZUM GEDENKEN DEN VERFOLGTEN
UND ERMORDETEN JUDEN
ZUR MAHNUNG FÜR DIE LEBENDEN«

Diese Worte könnten deutlicher nicht sein. Ich bewundere die Gruppe wegen dieser Textauswahl. Ich habe andere Mahnmale gesehen, für die ich dankbar bin, aber ihre Inschrift blieb oft vage. Sie sprechen von Opfern, Faschismus, vielleicht von Terror. In Fränkisch-Crumbach wurden derartige abstrakte Formulierungen vermieden und die Geschichte beim Namen genannt. Sie haben angedeutet, wie diese Geschichte sich auf reale Menschen ausgewirkt hat.

Die Einweihung des Denkmals fand im November 1991 statt, 53 Jahre nach der Pogromnacht. Überlebende waren eingeladen worden. Aus Paris kamen mein Bruder Michael und seine Frau. Meine Tochter Margaret und ich kamen aus England. Zu unserer Überraschung erschien Ernst Haas aus Leandro N. Alem, mehr als 500 Kilometer nördlich von Buenos Aires, Argentinien. Seiner Frau Bertel, unserer Cousine, die aus Fränkisch-Crumbach stammte, ging es nicht gut genug für eine solche Reise. Obwohl er keineswegs mehr jung war, hatte Ernst diese lange Reise unternommen, da er der Meinung war, daß es unerläßlich sei, an der Veranstaltung teilzunehmen. Er selbst war auch im Odenwald geboren, in Mümling-Grumbach, in der Nähe von Höchst.

Es war ein bewegendes und feierlicher Ereignis mit dem örtlichen katholischen Kirchenchor und dem evangelischen Posaunenchor. Die Menschen versammelten sich schweigend um das Denkmal. Ich war sehr glücklich, daß meine Freundin Renate Starck aus Krefeld die weite Reise unternommen hatte, um bei uns zu sein. Andere Freunde kamen aus Weinheim, und ich war erfreut, die Historikergruppe aus Höchst in voller Stärke zu sehen. Ich war ihrer persönlichen Unterstützung bewußt.

Hilde Katzenmeier hielt als eine der HauptinitiatorInnen eine bewegende Ansprache. Grundlage dafür war die berühmte Rede des ehemaligen Bundespräsidenten Richard von Weizsäckers, die zum Thema hatte, daß es unmöglich sei, die Vergangenheit zu bewältigen. Weder könne man die Vergangenheit verändern, noch könne man sie ungeschehen machen. Wir dürften vor nichts unsere Augen verschließen. Wenn wir nicht an die Unmenschlichkeit der Vergangenheit erinnern werden wollten, würden wir anfällig für ein Ausbrechen derselben Krankheit. Mit ihren eigenen Worten betonte Hilde Katzenmeier, daß wir aus der Vergangenheit lernen müssen, wir müssen sicherstellen, daß die Unmenschlichkeit nicht erneut aufkommt, daß Minderheiten nicht wieder diskriminiert werden. Ihre abschließenden Worte waren: »Möge er [der Gedenkstein] allen zeigen, daß wir bereit sind, aus der Vergangenheit zu lernen und die Zukunft in Verantwortung zu gestalten, damit wir selbst in Recht, Sicherheit und Freiheit leben können.«

Ebenso bewegend war die Ansprache von Dr. Kunz, des evangelischen Pfarrers von Fränkisch-Crumbach: »Vergessen führt in die Verbannung, Erinnerung beschleunigt die Erlösung.«
Auch er sagte, daß wir nur durch die Erinnerung an die Vergangenheit von unserer Last befreit werden können. Er beschrieb die jüdische Geschichte Fränkisch-Crumbachs als integralen Bestandteil der Dorfgeschichte. Er deutete in die Richtung, wo früher die Synagoge stand, und sagte, daß die Juden innerhalb deren Wände sechzig Jahre lang Gott im Gebet dankten und ihn um Hilfe baten in ihren Nöten. Er erinnerte an die Novembernacht in 1938: »Mit Trauer und Scham erinnern wir uns an die Pogromnacht vom 9. November 1938, dem wohl dunkelsten und schändlichsten Punkt in der Geschichte von Fränkisch-Crumbach überhaupt...«
Feierlich sprach er die Namen derjenigen jüdischen Mitbewohner des Dorfes aus, die ihr Leben in den Konzentrationslagern verloren hatten. Er dankte uns, die wir mit den Toten verbunden waren, für unser Kommen: »...ohne Haß, aber natürlich mit Schmerz und Trauer im Herzen.«
Der Bürgermeister konnte nicht an der Veranstaltung teilnehmen, und sein Stellvertreter sprach über die Geschichte der Juden in Fränkisch-Crumbach.
Als ehemalige Bewohnerin des Dorfes und weil ich mich noch immer auf deutsch verständlich machen konnte, wurde auch ich gebeten, vor den Versammelten eine Ansprache zu halten. Ohne zu wissen, was der Pfarrer sagen würde, entdeckte ich, daß wir dieselbe gemeinsame Grundlage besaßen. Ich erklärte, in welch hohem Maß die Psalmen Teil jüdischer Gebete seien und rezitierte einige Verse aus Psalm 116:
»Denn du entrissest meine Seele aus dem Tod,
mein Auge der Träne,
meinen Fuß dem Sturz.
Ich werde wandeln vor dem Herrn
im Lande der Lebendigen...«
Unsere Schwester Féo, die im letzten Augenblick entschieden hatte, nicht mitzukommen, hatte mich gebeten, einen Ausschnitt aus Psalm 30 zu lesen:
»Ich preise Dich, Herr, denn Du hast mich erhört und lässest meine Feinde sich nicht über mich freuen. Herr mein Gott, da schrie ich zu Dir, und Du machtest mich gesund. Herr. Du hast meine Seele aus der Hölle geführt. Du hast mich lebend erhalten, da jene in die Grube fuhren. Ihr Heiligen, lobsinget dem Herrn: Danket und preiset seine Heiligkeit.«
Ich schloß mit der Bemerkung, daß wir, die zurückgekommen waren, die Vergangenheit beklagten, aber mit dem Gefühl der Dankbarkeit gegenüber dem gekommen seien, was gute Menschen zu erreichen versuchten.
Ich schätze mich selbst glücklich, daß ich so viele gute Menschen in Deutschland getroffen habe, auf die ich stolz bin, sie meine Freunde nennen zu kön-

nen. Es sind Menschen, die wissen, daß die Vergangenheit nicht vergessen werden kann; daß wir der Zukunft mit Ehrlichkeit und Mut gegenübertreten müssen, mit offenem Verstand und offenen Herzen. Sie haben nicht nur Krefeld, Saarbrücken, Saarlouis, Fränkisch-Crumbach, Höchst, Weinheim, Mannheim, Mönchengladbach, Berlin und Dresden zu besseren Plätzen gemacht. Sie haben die Welt verbessert.